지난 영어는 잊자!

이선미쌤 강의를
타보름에서 만나자!

현장 강의 경력 10년, 블로그 이웃 9000명,
영어 관련 포스팅 누적 3천만 뷰의 이선미쌤
강의를 taborm.com에서!

(선)미 영어 기초편 (이론) 52강 65,000원

빈번하게 쓰이는 의미상의 주(어)

He's nice.

내가 여기 해당한다면?

1

항상 시작만 하고
쉽게 포기한다.

2

영어 공부를 하고는싶은데
뭘 해야 할지 모르겠다.

3

시작은 했는데
제대로 하고 있는지
모르겠다.

이제 이선미쌤과 강의에서 만나요!

공시각 교재 소개

공무원 직렬별 영단어 기출 100%

- 공무원 영단어 적중률 1위
- 시험에 많이 나온 순으로 외운다
- 국가직, 지방직, 경찰, 소방, 해경, 법원직, 국회직

영단어 테스트지 무한 생성기 제공
정가 16,800원

공무원 노베이스 탈출 마왕영어 [핸드북]

- 공무원 영어 만점을 위한 핵심 문법 총 정리
- 언제든지 쉽게 공부할 수 있는 핸디한 사이즈
- 전 범위 저자 직강 무료 동영상 강의 제공

무료 동영상 강의 및 추가 문제 제공
정가 8,800원

마왕보카-공무원 영어단어 끝판왕

10개년 공무원 기출 단어 완벽 수록
기출 통계 빅데이터를 통한 예상 단어 완벽 수록
표제어에 대한 파생어와 동의어 수록
유사한 뜻의 단어들을 묶어 테마별로 구성
한글 발음 기호, 인덱스 수록

어 테스트지 생성기, 듣기 Mp3 무료 다운
가 16,500원

마왕영어-공무원 영어문법 끝판왕

공무원 영어 시험 7개년 기출 완전 분석 반영
공무원 영어 문법&독해 한 번에 완성
확실한 이해와 기출 동형 훈련으로 90% 이상 완성

가 18,000원

마왕한자-공무원 빈출순 한자

최신 8개년 기출 빅데이터 빈출순 공무원 한자
기출 1,011자, 예상 658자 성어,숙어 100% 수록
순서대로 500자 암기시 공무원 한자 80% 이상 완성

다 테스트지 생성기, 듣기 MP3 무료 다운
가 9,500원

http://cafer.naver.com/790net

편입 공무원 토익 텝스 수능

한 권에 다 담았다

1000개가 넘는
최신 기출 예문

600쪽 육박!!
영문법 종합서

이야기 영문법
끝판왕편

—

이해하기 쉽게 이야기하듯 설명해주는
신개념 영문법 종합서 **이야기 영문법**이
600페이지에 육박하는 **끝판왕편**으로 돌아왔다!

마왕한자

6000제

공무원 한자 문제집

2020 마왕한자 6000제 공무원 한자 문제집

저자　　　김철수
편집　　　공시각 연구소
발행인　　도서출판 공시각
발행처　　도서출판 공시각
발행일　　초판 1쇄 2020년 3월 2일
홈페이지　http://cafe.naver.com/790net

목차

2020 마왕한자 6000제

魔王漢字

※ 공무원 한자 시험에 특화

1. 최근 9년간의 공무원, 군무원 기출 한자, 성어 포함
2. 공무원 시험 기출 한자 1,011자 기반 관련 문제 수록
3. 공무원 전직렬, 군무원, 계리직 상용한자 완벽 대비

※ 과학적인 구성

1. 최초로 기출 한자를 빈출순 정렬하여 학습효율 최적화
2. 한자 관련 성어와 숙어, 단어 문제 6,000여 개 수록
3. 눈으로 문제를 신속히 풀고 채점할 수 있는 간편한 구성

※ 완벽한 복습 체계

한자 시험지 생성기 & 한자성어 듣기 mp3 파일 제공
다운로드 – http://cafe.naver.com/790net

효율적인 학습 방법

좌측 문제 페이지를 보며 한자 문제를 눈으로 빠르게 풀고,
우측 해답 페이지에서 간편하게 해답을 확인하세요.
이동하면서, 자투리 시간에 간편하게 한자 문제를 풀 수 있습니다.

객관식 문제 풀이에서는 한자어와 한자성어의 모든 한자를 몰라도 풀 수 있어,
한자를 완벽히 학습하는 것보다 눈에 익을 정도로만 적당히 학습하시는 것이
훨씬 효율적입니다.

좌측 문제 페이지

한자 문제　　　　한자어 문제　　　　한자성어 문제

文

漢文	論文	文武兼備
文化	死後藥方文	文物交流
文章	文房四友	

우측 해답 페이지

한자어 해답

한문漢文(한자로 쓰인 문장이나 문학)　　　　문장文章(글의 단위, 글 잘쓰는 사람)
문화文化(사회 구성원 간에 공유하는 양식의 총칭)　　논문論文(의견이나 주장을 적은 글, 학술적 연구문)
사후약방문 死後藥方文 죽은 뒤에 약듣고 방문함. 다 끝난 후에 대책 세워봐야 소용 없음
문방사우 文房四友 종이, 붓, 먹, 벼루
문무겸비 文武兼備 문식과 무력을 겸비하고 있음
문물교류 文物交流 문화와 산물을 교류함

글자文

한자 해답　　　　한자성어 해답

之			
	師弟之間	無我之境	刎頸之交
	興仁之門	莫逆之交	

不			
	不可避	不在	過猶不及
	不正	不動産	目不識丁
	不足	不合理	
	不幸	不朽	

天			
	天地	天高馬肥	天地開闢
	天命	知天命	
	天壽	不俱戴天	

語			
	言語	英語	流言蜚語
	國語	語塞	語不成說
	論語	解語花	言語道斷

人			
	他人	人死留名	絶世佳人
	個人	眼下無人	人生無常
	人權	寸鐵殺人	

生			
	生活	生死	焉敢生心
	學生	九死一生	起死回生
	先生	生者必滅	
	發生	見物生心	

的			
	目的	~的	弓的相適

心			
	關心	銘心	一片丹心
	疑心	以心傳心	惻隱之心
	核心	虛心坦懷	
	決心	作心三日	

갈지	
사제지간 師弟之間 스승과 제자 사이	
흥인지문 興仁之門 동대문의 원래 이름	
무아지경 無我之境 불교용어 정신이 한쪽에 통일되어 나를 잊고 있는 경지	
막역지교 莫逆之交 뜻이 서로 맞아 가까운 벗	
문경지교 刎頸之交 자신의 목을 대신 벨 수 있는 벗	

아닐**부/불**	
불가피不可避(피할 수 없음)	**부동산**不動産(이동 못하는 자산)
부정不正(옳지 못함)	**불합리**不合理(모순, 부도덕)
부족不足(모자람)	**불후**不朽(썩지 않음)
불행不幸(행복하지 않음)	**과유불급** 過猶不及 지나침은 부족함만 못 함
부재不在(자리에 없음)	**목불식정** 目不識丁 낫 놓고 ㄱ자도 모름

하늘**천**	
천지天地(하늘과 땅)	**지천명** 知天命 50살. 하늘의 뜻을 아는 나이
천명天命(하늘의 뜻)	**불구대천** 不俱戴天 하늘 아래 같이 살 수 없는 원수
천수天壽(타고난 수명)	**천지개벽** 天地開闢 하늘과 땅이 처음 열림. 이 세상의 시작
천고마비 天高馬肥 하늘은 높고 말은 살찜. 가을을 의미함	

말씀**어**	
언어言語(말을 나타내는 음성이나 체계)	**해어화** 解語花 말하는 꽃. 미녀나 예쁜 기생
국어國語(국민이 쓰는 말)	**유언비어** 流言蜚語 근거 없이 널리 퍼진 소문
논어論語(유교 경전의 하나)	**어불성설** 語不成說 말이 이치에 맞지 않음
영어英語(미국, 영국, 호주 등에서 사용하는 언어)	**언어도단** 言語道斷 말할 길이 끊어짐. 어이가 없어서
어색함塞(서먹함, 서투름)	말하려 해도 할 수 없음

사람**인**	
타인他人(다른 사람)	**안하무인** 眼下無人 눈 아래 사람이 없고 교만함
개인個人(한 사람, 각자)	**촌철살인** 寸鐵殺人 한치의 칼로 사람을 죽임. 간단한
인권人權(사람의 권리)	말로 핵심을 찌름
인사유명 人死留名 사람은 죽어서 이름을 남김	**절세가인** 絶世佳人 세상에 비할 데 없는 미녀
	인생무상 人生無常 인생이 덧없음

날**생**	
생활生活(일정한 환경에서 살아감, 생계를 꾸림)	**구사일생** 九死一生 죽을 고비에서 살아남
학생學生(공부하는 사람)	**생자필멸** 生者必滅 살아 있는 자는 언젠가는 죽음. 삶은
선생先生(학생을 가르치는 사람)	어떻게 사는가의 문제
발생發生(어떤 것이 생겨남)	**견물생심** 見物生心 물건을 보고 욕심이 생김
생사生死(삶과 죽음)	**언감생심** 焉敢生心 어찌 감히 그런 마음을 품을 수 있으랴
	기사회생 起死回生 거의 죽었다가 살아남

과녁**적**	
목적目的(실현하려 나아가는 방향)	~적的(어떤 성격을 가진, 상태인, 관계된)
궁적상적 弓的相適 활과 과녁이 들어 맞음. 일과 기회가 잘 들어맞음	

마음**심**	
관심關心(어떤 것에 마음이 끌림)	**이심전심** 以心傳心 말을 하지 않더라도 마음이 통하여 앎
의심疑心(믿지 못하는 마음)	**허심탄회** 虛心坦懷 마음속 생각을 터놓고 말함
핵심核心(가장 중심이 되는 부분)	**작심삼일** 作心三日 결심한 것이 3일을 못 감. 의지박약
결심決心(마음을 굳게 정함)	**일편단심** 一片丹心 오로지 한곳을 향한 참된 마음
명심銘心(마음에 깊이 새김)	**측은지심** 惻隱之心 불쌍히 여기는 마음

漢文	論文	文武兼備
文化	死後藥方文	文物交流
文章	文房四友	

文

事實	好事多魔	人事不省
事件	多事多難	盡人事待天命
事態	事必歸正	
事例	蓋棺事定	

事

山脈	江山	他山之石
登山	愚公移山	塵合泰山

山

漢字	赤字	一字無識
數字	識字憂患	

字

中心	中斷	畫中之餠
中央	熱中	空中樓閣
中國	囊中之錐	井中之蛙
集中	五里霧中	

中

一旦	一般	乾坤一擲
一定	一括	群鷄一鶴
一部	一筆揮之	千載一遇

一

同盟	同時	附和雷同
同僚	帶同	表裏不同
共同	同病相憐	同床異夢

同

學校	學習	博學多識
大學	學者	教學相長
學生	曲學阿世	道學先生

學

글월**문**	한문漢文(한자로 쓰인 문장이나 문학)	문장文章(글의 단위, 글 잘쓰는 사람)
	문화文化(사회 구성원 간에 공유하는 양식의 총칭)	논문論文(의견이나 주장을 적은 글, 학술적 연구문)
	사후약방문 死後藥方文 죽은 뒤에 약들고 방문함. 다 끝난 후에 대책 세워봐야 소용 없음	
	문방사우 文房四友 종이, 붓, 먹, 벼루	
	문무겸비 文武兼備 문식과 무력을 겸비하고 있음	
	문물교류 文物交流 문화와 산물을 교류함	

일**사**	사실事實(실제 사건, 솔직)	**사필귀정 事必歸正** 무슨 일이나 결국 옳은 이치대로 돌아감
	사건事件(사회적으로 주목 받은 뜻밖의 일)	**개관사정 蓋棺事定** 관 뚜껑을 덮고 난 뒤에야 깨달음.
	사태事態(벌어진 일의 상태나 상황)	사람이 죽은 후에 올바르게 평가함
	사례事例(전에 실제로 일어난 예)	**인사불성 人事不省** 정신을 잃고 예절을 모름
	호사다마 好事多魔 좋은 일에는 흔히 장애가 생겨나기 쉬움	**진인사대천명 盡人事待天命** 노력을 다한 후에 하늘의
	다사다난 多事多難 여러 가지 일로 바쁘고 어려운 일도 많음	뜻을 기다림

뫼**산**	산맥山脈(산지가 길게 연결된 지형)	**우공이산 愚公移山** 끊임없이 노력하면 반드시 이룸
	등산登山(산에 오름)	**타산지석 他山之石** 남의 허물에서도 배울 것이 있음
	강산江山(강과 산, 자연의 경치, 국토)	**진합태산 塵合泰山** 티끌 모아 태산

글자**자**	한자漢字(중국에서 만들어 쓰고 있는 문자)	**식자우환 識字憂患** 학식이 도리어 근심을 이끌어 옴
	수자數字(수를 나타내는 글자)	**일자무식 一字無識** 글자 한자도 알지 못함
	적자赤字(장부상의 손해, 붉은 글씨)	

가운데**중**	중심中心(한가운데)	**낭중지추 囊中之錐** 주머니 속의 송곳. 뛰어난 재주는
	중앙中央(한가운데, 중요한 곳)	돋보임
	중국中國(나라)	**오리무중 五里霧中** 도무지 종적을 알 수 없음
	집중集中(중심에 모임, 몰두함)	**화중지병 畵中之餠** 그림의 떡. 실속 없음
	중단中斷(도중에 끊어지거나 멈춤)	**공중누각 空中樓閣** 내용이 없는 문장이나 쓸데없는 이론
	열중熱中(집중)	**정중지와 井中之蛙** 우물 밑의 개구리. 견문이 좁음

한**일**	일단一旦(우선)	**일필휘지 一筆揮之** 단숨에 글이나 그림을 완성함
	일정一定(변동이 없음)	**건곤일척 乾坤一擲** 하늘과 땅을 한 번에 결정함. 모든
	일부一部(부분)	것을 건 승부
	일반一般(보통임, 한가지 모양이나 상태)	**군계일학 群鷄一鶴** 닭 떼 사이의 한 마리 학. 돋보이는
	일괄一括(묶음)	뛰어난 인재
		천재일우 千載一遇 다시 얻기 어려운 좋은 기회

한가지**동**	동맹同盟(함께 하는 조직 관계를 맺음)	**동병상련 同病相憐** 처지가 서로 비슷한 사람끼리 동정함
	동료同僚(함께 일하는 사람)	**부화뇌동 附和雷同** 주관 없이 남들을 쫓음
	공동共同(함께함)	**표리부동 表裏不同** 겉과 속이 다름
	동시同時(같은 때)	**동상이몽 同床異夢** 같은 잠자리에서 다른 꿈을 꿈. 같
	대동帶同(함께 감)	이 행동하나 딴생각을 가짐

배울**학**	학교學校(학생에게 교육하는 기관)	**곡학아세 曲學阿世** 학문을 굽혀 세속에 아첨함. 출세를
	대학大學(고등 교육하는 기관)	위해 처신하는 학자를 비꿈
	학생學生(공부하는 사람)	**박학다식 博學多識** 학문이 넓고 식견이 많음
	학습學習(배움)	**교학상장 敎學相長** 가르치고 배우면서 서로 성장함
	학자學者(연구자)	**도학선생 道學先生** 도덕의 이론만 캐고 세상사에 어두
		운 사람을 조롱하는 말

| 三 | 三國志 | 三顧草廬 | 三水甲山 |
| | 朝三暮四 | 君子三樂 | |

說	說明	學說	語不成說
	說得	遊說	橫說竪說
	辱說	甘言利說	
	演說	說往說來	

言	言及	發言	有口無言
	言論	言中有骨	巧言令色
	宣言	甘言利說	

大	大統領	呵呵大笑	大同小異
	大學	拍掌大笑	
	廓大	大器晚成	

| 教 | 教育 | 教授 | 孟母三遷之教 |
| | 教師 | 教條 | 斷機之教 |

明	說明	淸明	明若觀火
	糾明	明文	燈下不明
	闡明	明澄	明鏡止水

| 而 | 而立 | 和而不同 | 子欲養而親不待 |
| | 渴而穿井 | 樹欲靜而風不止 | |

本	根本	日本	物有本末
	資本	見本	本末顚倒
	基本	拔本塞源	

석삼	삼국지三國志(중국 촉, 오, 위 삼국의 역사책)	
	조삼모사 朝三暮四 간사한 꾀로 농락함. 거기서 거기인 말로 현혹함	
	삼고초려 三顧草廬 유비가 제갈량을 세 번이나 찾아가 등용함	
	군자삼락 君子三樂 군자의 3가지 즐거움. 부모의 생존과 형제의 무고, 떳떳함, 영재를 가르침	
	삼수갑산 三水甲山 험난한 오지를 뜻함	

말씀설 달랠세	설명說明(잘 알 수 있도록 밝혀 말함)	유세遊說(정치 선전을 하며 돌아다님)
	설득說得(따르도록 말함)	**감언이설 甘言利說** 입에 발린 달콤한 말로 현혹함
	욕설辱說(모욕하는 말)	**설왕설래 說往說來** 변론이 오가며 말다툼 함
	연설演說(사람들 앞에서 주장함)	**어불성설 語不成說** 말이 이치에 맞지 않음
	학설學說(학문적 주장)	**횡설수설 橫說竪說** 말을 두서 없이 아무렇게나 함

말씀언	언급言及(관련하여 말함, 말이 닿음)	**언중유골 言中有骨** 말 속에 뼈가 있음. 말 속에 뜻이 단단함
	언론言論(생각을 발표함, 매체로 알림)	**감언이설 甘言利說** 입에 발린 달콤한 말로 현혹함
	선언宣言(널리 말함, 주장을 표명함)	**유구무언 有口無言** 입은 있으나 말이 없음. 변명을 못 함
	발언發言(말을 꺼냄)	**교언영색 巧言令色** 교묘한 말과 아첨하는 얼굴빛

클대	대통령大統領(국가 원수)	**박장대소 拍掌大笑** 손바닥을 치면서 크게 웃음
	대학大學(고등 교육 기관)	**대기만성 大器晩成** 크게 될 인물은 오래 공적을 쌓아 늦게 이뤄짐
	확대廓大(넓고 커지게 함)	**대동소이 大同小異** 약간 차이는 있지만 거의 같음
	가가대소 呵呵大笑 소리를 크게 내며 웃음	

가르칠교	교육敎育(가르침)	**맹모삼천지교 孟母三遷之敎** 맹자의 어머니가 자식 교육을 위해 이사를 3번 함
	교사敎師(가르치는 사람)	
	교수敎授(가르침, 가르치는 사람)	**단기지교 斷機之敎** 학문을 중도 포기하면 짜다 만 베처럼 쓸모가 없음
	교조敎條(불변의 진리로 여김, 종교적 신념)	

밝을명	설명說明(잘 알 수 있도록 밝혀 말함)	명징明澄(밝고 맑음)
	규명糾明(사실을 밝혀냄)	**명약관화 明若觀火** 불을 보듯이 뻔함. 명백함
	천명闡明(사실, 입장을 드러냄)	**등하불명 燈下不明** 가까이 있는 것을 모름
	청명淸明(24절기)	**명경지수 明鏡止水** 고요하고 잔잔한 마음
	명문明文(명백한 문구, 증명서)	

말이을이	이립而立(30살)	
	갈이천정 渴而穿井 목이 말라서야 우물을 팜. 닥쳐서 하면 이미 늦음	
	화이부동 和而不同 남과 사이 좋게 지내지만 자신의 중심을 잃지 않음	
	수욕정이풍부지 樹欲靜而風不止 나무가 조용하려 하나 바람이 그치지 않음. 부모님을 공양하려 해도 돌아가심	
	자욕양이친부대 子欲養而親不待 부모를 봉양하고자 하지만 부모는 기다려주지 않음. 부모 잃은 자식의 슬픔	

근본본	근본根本(근원, 본질)	**발본색원 拔本塞源** 폐단이 되는 근원을 뽑아 버림
	자본資本(기본이 되는 돈, 상품을 생산하는 수단)	**물유본말 物有本末** 모든 사물에는 질서가 있음
	기본基本(기초와 근본)	**본말전도 本末顚倒** 처음과 나중이 바뀜. 본질보다 부분에 집착함
	일본日本견본見本(샘플)	

空	空間	卓上空論	色卽是空
	空港	空中樓閣	空手來空手去
	空氣	獨守空房	射空中鵠
	空虛	空前絶後	隻手空拳

| 國 | 國民 | 外國 | 傾國之色 |
| | 國家 | 祖國 | 國士無雙 |

靑	靑年	靑出於藍	靑一點
	靑寫眞	靑天霹靂	二八靑春
	靑少年	獨也靑靑	靑山流水

虛	謙虛	虛僞	虛送歲月
	虛點	虛心坦懷	
	虛構	虛張聲勢	

| 風 | 颱風 | 風景 | 風前燈火 |
| | 熱風 | 馬耳東風 | 風樹之嘆 |

樂	音樂	樂觀	快快不樂
	娛樂	安貧樂道	樂山樂水
	苦樂	君子三樂	

| 子 | 子息 | 骨子 | 父傳子傳 |
| | 孫子 | 獅子吼 | 梅妻鶴子 |

馬	騎馬	馬脚	天高馬肥
	乘馬	塞翁之馬	
	出馬	指鹿爲馬	

| 빌공 | 공간空間(물리적 장소) | 공기空氣(무색 무취의 기체, 분위기) |
| | 공항空港(비행장) | 공허空虛(텅 빔) |

탁상공론 卓上空論 허황된 공상론
공중누각 空中樓閣 내용이 없는 문장이나 쓸데없는 이론
독수공방 獨守空房 사별이나 별거로 남편 없이 혼자 지냄
공전절후 空前絶後 비교 대상이 이전에도 이후에도 없음
색즉시공 色卽是空 형태가 있는 것의 본질은 고유하지 않고 허무함
공수래공수거 空手來空手去 빈손으로 왔다 빈손으로 감. 인생이 허무함
사공중곡 射空中鵠 무턱대고 쏴서 과녁을 맞춤. 우연히 들어 맞어 성공함
척수공권 隻手空拳 맨손과 맨주먹. 가진 것이 없음

나라국	국민國民(국가의 구성원)	조국祖國(조상들의 나라)
	국가國家(나라)	**경국지색** 傾國之色 나라를 기울게 할 미인
	외국外國(다른 나라)	**국사무쌍** 國士無雙 나라에 둘도 없는 인재

푸를청	청년靑年(청춘기 사람)	
	청사진靑寫眞(설계도, 미래계획)	**독야청청** 獨也靑靑 홀로 푸름. 홀로 높은 절개를 드러냄
	청소년靑少年(청년과 소년)	**청일점** 靑一點 여자들 사이에 남자 한 명
	청출어람 靑出於藍 제자가 스승보다 뛰어남	**이팔청춘** 二八靑春 열여섯 전후의 젊은 나이
	청천벽력 靑天霹靂 생각지 않은 일	**청산유수** 靑山流水 청산에 흐르는 물. 말을 잘 함

빌허	겸허謙虛(겸손)	**허심탄회** 虛心坦懷 마음속 생각을 터놓고 말함
	허점虛點(허술한 부분)	**허장성세** 虛張聲勢 실속 없이 허세만 부림
	허구虛構(거짓)	**허송세월** 虛送歲月 세월을 헛되게 보냄
	허위虛僞(거짓)	

바람풍	태풍颱風(폭풍우)	**마이동풍** 馬耳東風 남의 말을 귀담아 듣지 않고 흘러버림
	열풍熱風(뜨거운 바람)	**풍전등화** 風前燈火 바람 앞의 등불. 매우 위급한 상황
	풍경風景(경치, 분위기)	**풍수지탄** 風樹之嘆 바람과 나무의 탄식. 효도 못한 자식의 슬픔

즐거울낙 노래악 좋아할요	음악音樂(노래, 가락)	**안빈낙도** 安貧樂道 가난함에도 편한 마음으로 도를 즐김
	오락娛樂(게임, 유흥)	**군자삼락** 君子三樂 군자의 3가지 즐거움. 부모 형제의 무고, 떳떳함, 영재를 가르침
	고락苦樂(괴로움과 즐거움)	**앙앙불락** 怏怏不樂 마음에 차지 않아 괴로움
	낙관樂觀(긍정)	**요산요수** 樂山樂水 산과 물의 경치를 좋아함

아들자	자식子息(부모가 낳은 아이)	**사자후** 獅子吼(사자의 울부짖음. 열변을 토함. 소리침)
	손자孫子(자식의 아들)	**부전자전** 父傳子傳 아버지의 것이 아들에게 전해짐
	골자骨子(중심 내용)	**매처학자** 梅妻鶴子 매화를 아내로 삼고 학을 자식으로 삼음. 속세를 떠난 선비의 삶

| 말마 | 기마騎馬(말을 탐) | 출마出馬(선거에 나감) |
| | 승마乘馬(말을 탐, 말을 타는 경기) | 마각馬脚(숨긴 정체, 진상) |

새옹지마 塞翁之馬 세상 일은 어느게 복이고 화인지 알 수 없음. 새옹의 고사
지록위마 指鹿爲馬 사슴 보고 말이라고 함. 윗사람을 농락하여 권세를 마음대로 함
천고마비 天高馬肥 하늘은 높고 말은 살찜. 가을을 의미함

異	差異	大同小異	同聲異俗
	異見	於異阿異	
	異常	異口同聲	

實	事實	實在	名實相符
	實際	現實	有名無實
	實踐	確實	以實直告
	誠實	實事求是	虛虛實實

| 論 | 論難 | 輿論 | 卓上空論 |
| | 論議 | 勿論 | 甲論乙駁 |

| 會 | 社會 | 機會 | 牽强附會 |
| | 國會 | 會談 | |

| 音 | 騷音 | 雜音 | 訓民正音 |
| | 音樂 | 知音 | 空谷足音 |

| 其 | 各其 | 其間 | |
| | 其他 | 及其也 | |

理	理由	理判事判	黑白論理
	處理	更無道理	
	管理	空理空論	

傳	傳達	訛傳	父傳子承
	傳播	傳說	敎外別傳
	宣傳	立志傳	

다를**이**	차이差異(다름)	어이아이 於異阿異 어 다르고 아 다르다. 같은 말이라도 말하기에 따라 다름
	이견異見(다른 의견)	
	이상異常(비정상)	이구동성 異口同聲 여러 사람의 말이 한결같음
	대동소이 大同小異 약간 차이는 있지만 거의 같음	동성이속 同聲異俗 날 때는 같으나 자라며 환경에 따라 달라짐

열매**實**	사실事實(실제, 현존)	확실確實(정확함)
	실제實際(사실의 경우나 형편)	실사구시 實事求是 있는 그대로의 사실을 탐구함
	실천實踐(실제로 해냄)	명실상부 名實相符 이름과 실상이 서로 일치함
	성실誠實(착실함)	유명무실 有名無實 이름뿐이고 실상은 없음
	실재實在(실존함)	이실직고 以實直告 사실대로 말함
	현실現實(현재의 사실)	허허실실 虛虛實實 허점을 찌르고 실리를 취하는 계책. 허점을 살펴 상대를 파악함

논할**논** 조리**윤**	논란論難(서로 다른 주장으로 다툼)	물론勿論(당연히)
	논의論議(서로 의견을 나눔)	탁상공론 卓上空論 허황된 공상론
	여론輿論(대중의 공통된 의견)	갑론을박 甲論乙駁 주장을 세우고 남의 주장을 반박함

모일**회**	사회社會(집단, 생활 영역)	회담會談(모여서 이야기함)
	국회國會(국민의 대표로 구성한 입법 기관)	
	기회機會(가능성 있는 때)	견강부회 牽强附會 이치에 어긋난 것을 억지로 끌어 붙임

소리**음**	소음騷音(불쾌한 소리의 총칭)	훈민정음 訓民正音 세종대왕이 창제한 한글에 대한 해설책
	음악音樂(노래, 가락)	
	잡음雜音(불쾌한 잡소리)	공곡족음 空谷足音 빈 골짜기에 울리는 발자국 소리. 쓸쓸할 때 기쁜 소식이 옴
	지음知音(속마음까지 알아주는 친구)	

그**기**	각기各其(저마다)	기간其間(시간 동안)
	기타其他(그밖에)	급기야及其也(결국에는)

다스릴**이**	이유理由(까닭)	갱무도리 更無道理 되돌이 킬 수 없음
	처리處理(다루어 끝마침)	공리공론 空理空論 헛된 이치와 논의. 사실에 맞지 않은 이론과 논의
	관리管理(다루고 지휘함)	
	이판사판 理判事判 방법 없는 막다른 상황임	흑백논리 黑白論理 모든 것을 흑 아니면 백의 극단으로 구분하는 편협한 논리

전할**전**	전달傳達(전하여 줌)	전설傳說(전해 오는 이야기)
	전파傳播(퍼트림)	입지전立志傳(어려운 환경에서 출세한 사람의 전기)
	선전宣傳(널리 퍼트려 알림)	부전자승 父傳子承 대대로 아버지가 아들에게 전함
	와전訛傳(본래 뜻이나 내용이 잘못 전해짐)	교외별전 敎外別傳 마음에서 마음으로 전함

| 別 | 特別 | 差別 | 別世界 |
| | 別途 | 訣別 | |

世	世界	別世	絶世佳人
	世上	隔世之感	經世濟民
	世襲	曲學阿世	與世推移

物	物件	人物	見物生心
	物質	賂物	物心一如
	膳物	格物致知	

| 吾 | 吾鼻三尺 | 三省吾身 | 吾不關焉 |

| 於 | 甚至於 | 於中間 | 間於齊楚 |
| | 於此彼 | 靑出於藍 | 苛政猛於虎 |

| 與 | 參與 | 與否 | 與世推移 |
| | 寄與 | 與件 | |

| 雲 | 靑雲 | 浮雲之志 | 雲雨之情 |
| | 靑雲之志 | 望雲之情 | |

命	生命	抗命	見危授命
	運命	佳人薄命	
	命令	命在頃刻	

| 나눌**별** | 특별特別(보통과 다름, 비범함)
별도別途(다른 용도)
차별差別(우위를 나누어 구별함) | 결별訣別(기약 없는 이별)
별세계 別世界 딴 세상 |

나눌**별**
특별特別(보통과 다름, 비범함)
별도別途(다른 용도)
차별差別(우위를 나누어 구별함)

결별訣別(기약 없는 이별)
별세계 別世界 딴 세상

인간**세**
세계世界(지구상의 모든 나라, 특정 사회)
세상世上(모든 사회, 일생, 활동 공간)
세습世襲(상속해 물려받음)
별세別世(죽음)
격세지감 隔世之感 세월이 많이 지난 기분

곡학아세 曲學阿世 학문을 굽혀 세속에 아첨함. 출세를 위해 처신하는 학자를 비꼼
절세가인 絕世佳人 세상에 비할 데 없는 미녀
경세제민 經世濟民 세상을 다스리고 백성을 구제함
여세추이 與世推移 세상이 변함에 따라 변함

물건**물**
물건物件(물질적 대상, 뛰어난 존재)
물질物質(물체의 실체나 구성요소)
선물膳物(남에게 선사하는 물건)
인물人物(생김새나 됨됨이, 뛰어난 사람)

뇌물賂物(청탁을 위해 불법적으로 주는 물건)
격물치지 格物致知 사물의 이치를 밝혀 지식을 넓힘
견물생심 見物生心 물건을 보고 욕심이 생김
물심일여 物心一如 마음과 형체가 하나로 일치함

나**오**
오비삼척 吾鼻三尺 내 코가 석 자. 자신도 어려워 남을 도울 수 없음
삼성오신 三省吾身 날마다 세 번씩 자신을 반성함
오불관언 吾不關焉 나는 상관하지 않음

어조사**어**
심지어甚至於(더욱이)
어차피於此彼(이왕에)
청출어람 靑出於藍 제자가 스승보다 뛰어남
간어제초 間於齊楚 큰 나라 사이에 끼어 고초를 겪음. 등나라의 고사
가정맹어호 苛政猛於虎 가혹한 정치는 호랑이보다 무서움

어중간於中間(중간쯤, 애매)

더불어**여**
줄**여**
참여參與(끼어들어 참견함)
기여寄與(도움)
여부與否(그러한지 아닌지, 의심의 여지)

여건與件(주어진 조건)
여세추이 與世推移 세상이 변함에 따라 변함

구름**운**
청운靑雲(높은 이상)
청운지지 靑雲之志 출세하고자 함
부운지지 浮雲之志 뜬구름 같은 부귀를 추구하는 마음

망운지정 望雲之情 자식이 타향에서 부모를 그리는 정
운우지정 雲雨之情 남녀간의 육체적인 사랑

목숨**명**
생명生命(목숨, 살아가는 힘)
운명運命(결정된 목숨, 명운)
명령命令(아랫사람에게 시킴, 의무적 지시)
항명抗命(명령에 반항함)

가인박명 佳人薄命 예쁜 사람은 빨리 죽음
명재경각 命在頃刻 거의 목숨이 곧 넘어갈 지경
견위수명 見危授命 나라가 위급할 때 목숨을 바침

家	國家	專門家	家徒壁立
	家族	自家撞着	草家三間
	家庭	家鷄野雉	

時	時間	時代	啐啄同時
	時刻	晩時之歎(嘆)	
	當時	今時初聞	

上	上昇	雪上加霜	下石上臺
	引上	錦上添花	沙上樓閣
	以上	莫上莫下	上漏下濕
	下剋上	卓上空論	

夫	夫婦	匹夫匹婦	漁父之利
	夫人	漁夫之利	

主	主導	主要	主客一體
	主張	客反爲主	主客顚倒

間	時間	水刺間	指呼之間
	瞬間	犬猿之間	三間草家
	期間	伯仲之間	
	馬廏間	氷炭之間	

道	道路	安貧樂道	道不拾遺
	道理	假道滅虢	三從之道
	報道	假途滅虢	

正	正確	更正	矯枉過正
	正直	事必歸正	破邪顯正
	嚴正	公明正大	正正堂堂

집家	국가國家(나라)	가정家庭(한 가족의 집, 가족 생활 공동체)
	가족家族(친족 집단, 식구)	전문가專門家(한 분야에 정통한 사람)
	자가당착 自家撞着 언행이 모순됨	
	가계야치 家鷄野雉 집 닭과 밖의 꿩. 자신의 것 보다 남의 것을 귀하게 여김	
	가도벽립 家徒壁立 집에 벽만 있고 아무것도 없음. 집안이 가난함	
	초가삼간 草家三間 세 칸짜리 초가. 아주 좁은 초가집	

때時	시간時間(때, 세월)	만시지탄 晩時之歎(嘆) 기회를 놓친 한탄
	시각時刻(특정 시점)	금시초문 今時初聞 처음 듣는 말
	당시當時(그 때)	줄탁동시 啐啄同時 알은 안팎에서 동시에 깨야함. 사제지간의 호흡. 합심하여 일이 잘 됨
	시대時代(기간, 연대)	

윗上	상승上昇(오름)	탁상공론 卓上空論 허황된 공상론
	인상引上(끌어 올림)	하석상대 下石上臺 아랫돌과 윗돌을 바꿔서 굄. 임시변통으로 이리저리 함
	이상以上(기준과 같거나 더 높음)	
	하극상下剋上(낮은 신분으로 높은 신분을 꺾음)	사상누각 沙上樓閣 모래위의 누각. 기초가 나쁘면 오래 견디지 못함
	설상가상 雪上加霜 불행한 일이 거듭하여 겹침	
	금상첨화 錦上添花 비단 위에 꽃을 놓음. 좋은 일이 겹침	상루하습 上漏下濕 위에는 비가 새고 아래는 습기가 참. 가난한 집
	막상막하 莫上莫下 실력이 비슷함	

지아비夫	부부夫婦(남편과 아내)	필부필부 匹夫匹婦 평범한 남녀
	부인夫人(아내)	어부지리 漁夫之利/漁父之利 어부의 이익. 둘이 다투는 사이 다른 이가 이익을 봄

임금主 주인主	주도主導(이끌음)	객반위주 客反爲主 손님이 주인 행세를 함
	주장主張(의견)	주객일체 主客一體 주체와 객체가 하나로 됨. 자아와 자연이 하나로 됨
	주요主要(주되고 소중함)	주객전도 主客顚倒 입장이 서로 뒤바뀜

사이間	시간時間(때, 세월)	견원지간 犬猿之間 개와 원숭이처럼 사이가 나쁨
	순간瞬間(아주 짧은 동안)	백중지간 伯仲之間 우열을 가리기 어려움
	기간期間(일정 시기의 사이 동안)	빙탄지간 氷炭之間 서로 화합할 수 없는 사이
	마구간馬廐間(말을 기르는 곳)	지호지간 指呼之間 부르면 곧 대답할 만한 가까운 거리
	수라간水剌間(임금의 식사를 준비하던 주방)	삼간초가 三間草家 세 칸 크기의 집. 작은 집

길道	도로道路(차가 다니는 길)	보도報道(뉴스)
	도리道理(마땅히 따라야 할 길)	
	안빈낙도 安貧樂道 가난함에도 편한 마음으로 도를 즐김	
	가도멸괵 假道滅虢 /假途滅虢 길을 빌려서 괵나라를 멸망시킴	
	도불습유 道不拾遺 길에 떨어진 물건도 줍지 않음. 잘 다스려져 태평하고 부유한 세상	
	삼종지도 三從之道 여자가 지켜야 할 세 가지 도리. 부모, 남편, 아들을 따름	

바를正	정확正確(바르고 확실함)	공명정대 公明正大 마음이 공평하고 사심없이 밝고 큼.
	정직正直(마음이 곧음)	교왕과정 矯枉過正 잘못을 고치려다 지나쳐 되려 나쁜 결과가 생김
	엄정嚴正(엄격히 공정함)	
	경정更正(바르게 고침)	파사현정 破邪顯正 사한 것을 버리고 정도를 드러냄
	사필귀정 事必歸正 무슨 일이나 결국 옳은 이치대로 돌아감	정정당당 正正堂堂 떳떳함

萬物	氣高萬丈	萬古不易
千萬	萬壽無疆	千差萬別
萬難	千辛萬苦	
萬古絶色	森羅萬象	

萬

縮小	小寒	大同小異
小暑	小貪大失	積小成大

小

洪水	雨水	水魚之交
水準	山戰水戰	我田引水

水

個月	月光	康衢煙月
歲月	日就月將	花容月態
月給	堂狗風月	空山明月

月

一齊	擧案齊眉	修身齊家
整齊	伐齊爲名	

齊

經濟	經緯	牛耳讀經
經營	涇渭	經世濟民
經驗	經綸	經國濟世

經

義務	見利思義	大義名分
講義	桃園結義	君臣有義
民主主義	三從之義	見利忘義
捨生取義	大義滅親	仁義禮智

義

일만 萬	만물萬物(세상 모든 것, 갖은 물건)	만수무강 萬壽無疆 수명이 끝이 없음
	천만千萬(1,000만)	천신만고 千辛萬苦 엄청난 고생
	만난萬難(많은 고난)	삼라만상 森羅萬象 우주에 존재하는 온갖 사물과 현상
	만고절색 萬古絕色 전례 없이 뛰어난 미인	만고불역 萬古不易 오랜 세월 변함없음
	기고만장 氣高萬丈 기운이 만장(30km)이 뻗침. 기운이 대단하고 잘 풀림	천차만별 千差萬別 차이가 있고 구별이 있음

작을 소	축소縮小(작게 함)	소탐대실 小貪大失 작은 것을 탐하다가 큰 것을 잃음
	소서小暑(24절기)	대동소이 大同小異 약간 차이는 있지만 거의 같음
	소한小寒(24절기)	적소성대 積小成大 작은 것이 모여서 큰 것이 됨

물 수	홍수洪水(물난리)	雨水우수(24절기)
	수준水準(가치나 평가의 정도)	
	산전수전 山戰水戰 산과 물에서의 전투를 다 겪음. 세상 경험이 많음	
	수어지교 水魚之交 고기와 물처럼 떨어질 수 없는 특별한 친분	
	아전인수 我田引水 자기 논에만 물을 끌어 공급함. 억지로 자신에게만 이롭게 함	

달 월	개월個月(달을 세는 단위)	당구풍월 堂狗風月 사당 개가 풍월을 읊음. 무식해도 유식한 사람의 영향을 받음
	세월歲月(흘러가는 시간)	
	월급月給(한 달치 급료)	강구연월 康衢煙月 태평한 시대의 평화로운 풍경
	월광月光(달빛)	화용월태 花容月態 아름다운 여자의 모습
	일취월장 日就月將 날로 발전하여 나아감	공산명월 空山明月 사람 없는 산에 비치는 밝은 달

가지런할 제 엄숙할 제 재계할 재	일제一齊(한번에)	벌제위명 伐齊爲名 어떤 일을 하는 척 하면서 다른 일을 함
	정제整齊(가지런히)	수신제가 修身齊家 몸을 닦고 집안을 다스림
	거안제미 擧案齊眉 밥상을 눈썹 높이로 들어올림. 아내가 남편을 공경함	

글 경 지날 경	경제經濟(경세제민, 재화와 용역의 모든 활동)	경륜經綸(수완, 포부)
	경영經營(관리하고 운영함, 사업)	우이독경 牛耳讀經 소 귀에 경 읽기. 가르쳐도 알아듣지 못함
	경험經驗(겪음, 경력)	
	경위經緯(사건의 전말, 과정)	경세제민 經世濟民 세상을 다스리고 백성을 구제함
	경위涇渭(사리의 분별)	경국제세 經國濟世 나라 일을 잘 다스려 세상을 구제함

옳을 의	의무義務(부과되는 직분)	민주주의民主主義(국민이 권력을 행사함)
	강의講義(가르침)	
	사생취의 捨生取義 목숨을 버리고 의리를 쫓음	
	견리사의 見利思義 눈앞에 이익이 보일 때 의리를 우선함	
	도원결의 桃園結義 유비, 관우, 장비가 의형제를 맺음. 삼국지의 고사	
	삼종지의 三從之義 여자가 지킬 도리. 어려서 아버지, 시집가서 남편, 늙어서 아들을 따름	
	대의멸친 大義滅親 대의를 위해 사적인 감정은 돌보지 않음	
	대의명분 大義名分 표면상 내 건 구실이나 이유. 사람이 지켜야 할 도리	
	군신유의 君臣有義 임금과 신하는 의리가 있어야 함	
	견리망의 見利忘義 이익을 보면 의리를 잊음	
	인의예지 仁義禮智 사람이 갖추어야 할 네 성품. 인정, 정의, 예의, 지혜	

| 塞 | 梗塞 | 語塞 | 塞翁之馬 |
| | 窘塞 | 要塞 | 拔本塞源 |

| 楚 | 苦楚 | 間於齊楚 | 朝秦暮楚 |
| | 四面楚歌 | 肝膽楚越 | |

| 也 | 及其也 | 獨也靑靑 | 言則是也 |

見	意見	見地	見危授命
	發見	管見	見危致命
	偏見	見金如石	先見之明
	見解	見利思義	
	謁見	見蚊拔劍	

知	知識	溫故知新	安分知足
	知慧	格物致知	聞一知十
	周知	不問可知	無不通知
	知天命	知彼知己	一文不知
	知己之友	知命之年	

| 法 | 法律 | 法院 | |
| | 方法 | 憲法 | |

| 院 | 病院 | 法院 | |

막힐색 변방새	경색梗塞(막힘) 군색窘塞(옹졸) 어색語塞(서먹함)	요새要塞(성) 새옹지마 塞翁之馬 세상 일은 어느게 복이고 화인지 알 수 없음. 새옹의 고사 **발본색원** 拔本塞源 폐단이 되는 근원을 뽑아 버림
초나라초 회초리초	고초苦楚(괴롭고 어려움) 사면초가 四面楚歌 사방으로 적에게 고립됨 간어제초 間於齊楚 큰 나라 사이에 끼어 고초를 겪음. 등나라의 고사	간담초월 肝膽楚越 관점에 따라 비슷한 것도 전혀 다름. 가까운 것도 멀어 보임 조진모초 朝秦暮楚 아침에는 진나라에서 저녁에는 초나라에서 거처함. 정처 없이 살아감
어조사야 잇기야	급기야及其也(결국에) **독야청청** 獨也靑靑 홀로 푸름. 홀로 높은 절개를 드러냄 언즉시야 言則是也 옳은 말임	
볼견 나타날현	의견意見(어떤 것에 대한 생각) 발견發見(찾아냄) 편견偏見(치우친 생각) 견해見解(의견) 알현謁見(찾아 뵘) 견지見地(관찰하는 입장) 관견管見(식견이 좁음)	견금여석 見金如石 황금을 보기를 돌같이 함. 욕심을 버림 견리사의 見利思義 눈앞에 이익이 보일 때 의리를 우선함 견문발검 見蚊拔劍 모기를 보고 칼을 뺌. 조그만 일에도 성을 냄 견위수명 見危授命 나라가 위급할 때 목숨을 바침 견위치명 見危致命 나라의 위태로움을 보고 목숨을 바침 선견지명 先見之明 앞일을 예측하여 판단하는 능력
알지	지식知識(배운 것) 지혜知慧(슬기) 주지周知(사람들이 알고 있음) **지천명** 知天命 50살. 하늘의 뜻을 아는 나이 **지기지우** 知己之友 서로 뜻이 통하는 친한 친구 **온고지신** 溫故知新 옛 것을 익히어 새것을 앎 **격물치지** 格物致知 사물의 이치를 밝혀 지식을 넓힘 **불문가지** 不問可知 묻지 않아도 알 수 있음	지피지기 知彼知己 적을 알고 나를 앎 지명지년 知命之年 하늘의 뜻을 아는 나이. 쉰살 (50살) *지천명 안분지족 安分知足 편한 마음으로 제 분수를 지키며 만족을 앎 문일지십 聞一知十 하나를 듣고 열을 앎. 총명함 무불통지 無不通知 무슨 일이든 모르는 것이 없음 일문부지 一文不知 한 글자도 모름
법법	법률法律(나라의 규율) 방법方法(목적을 위한 수단과 요령)	법원法院(국가 사법 기관) 헌법憲法(국가 통치 체제의 근원적 법률)
집원	병원病院(의료 기관)	법원法院(국가 사법 기관)

相	相對	相衝	骨肉相殘
	相當	刮目相對	類類相從
	相互	肝膽相照	名實相符
	樣相	同病相憐	一脈相通
	相殺	心心相印	

化	變化	文化	羽化登仙
	强化	橘化爲枳	
	惡化	變化無雙	

落	墜落	灑落	烏飛梨落
	下落	衰落	沈魚落雁
	墮落	難攻不落	
	漏落	孤城落日	

者	患者	會者定離	似而非者
	勤勞者	結者解之	角者無齒
	消費者	近墨者黑	

才	才能	英才	蓋世之才
	才質	天才	
	秀才	才弄	

强	强化	强烈	自强不息
	强制	强姦	弱肉强食
	强勁	牽强附會	富國强兵
	强調	强弩之末	
	强力	强近之親	

서로상 相양		
상대相對(겨룸)		양상樣相(현상, 상태)
상당相當(적잖음)		상쇄相殺(서로 영향을 주어 효과가 없어짐)
상호相互(서로)		상충相衝(서로 어긋남)
괄목상대 刮目相對 눈을 비비고 상대를 다시 보며 대함. 능력이 갑자기 뛰어나짐		
간담상조 肝膽相照 서로의 마음을 터놓고 사귐		
동병상련 同病相憐 처지가 서로 비슷한 사람끼리 동정함		
심심상인 心心相印 마음에서 마음으로 전해짐		
골육상잔 骨肉相殘 형제나 민족간의 살육		
유유상종 類類相從 끼리끼리 만남		
명실상부 名實相符 이름과 실상이 서로 일치함		
일맥상통 一脈相通 서로 통함. 서로 비슷함		

서로상相양

될화 化 잘못와		
변화變化(바뀜)		귤화위지 橘化爲枳 귤을 화수 건너 심으면 탱자가 됨. 주변 환경에 따라 바뀜
강화强化(강해짐)		
악화惡化(나빠짐)		변화무쌍 變化無雙 빠르게 변함
문화文化(삶의 양식)		우화등선 羽化登仙 껍질을 벗고 날개를 달아 하늘로 감. 사람이 신선이 됨

될화化잘못와

떨어질락 落		
추락墜落(떨어짐)		누락漏落(빠짐)
하락下落(가치가 떨어짐)		쇄락灑落(상쾌함)
타락墮落(악덕에 빠짐)		쇠락衰落(쇠퇴)
난공불락 難攻不落 공격하기 어려워 함락되지 않는 성. 제갈량의 고사		
고성낙일 孤城落日 외로운 성의 지는 해. 세력이 다 하여 외로운 처지		
오비이락 烏飛梨落 까마귀 날자 배 떨어짐. 일이 공교롭게 동시에 일어남		
침어낙안 沈魚落雁 물고기를 잠수하게 하고 기러기를 떨어뜨릴만큼 대단한 미녀		

떨어질락落

놈자 者 사람자		
환자患者(치료를 받아야 할 사람)		결자해지 結者解之 스스로 저지른 일은 스스로 해결함
근로자勤勞者(근로 소득으로 생활하는 사람)		근묵자흑 近墨者黑 악한 사람을 가까이 하면 물들기 쉬움
소비자消費者(재화를 소비하는 사람)		사이비자 似而非者 겉보기에는 비슷하나 아주 다른 가짜
회자정리 會者定離 만나면 반드시 헤어지게 마련		각자무치 角者無齒 뿔 난 짐승은 이가 없음. 여러 재주를 겸비할 수 없음

놈자者사람자

재주재 才		
재능才能(재주와 능력)		천재天才(하늘이 내린 재주, 그런 재능인)
재질才質(재주와 기질)		재롱才弄(어린아이의 귀여운 장난)
수재秀才(뛰어난 재주, 그런 재능인)		개세지재 蓋世之才 세상을 덮을 만한 재주
영재英才(매우 뛰어난 재주, 그런 재능인)		

재주재才

강할강 强		
강화强化(강해짐)		견강부회 牽强附會 이치에 어긋난 것을 억지로 끌어 붙임
강제强制(억지)		강노지말 强弩之末 센 화살도 멀리 쏘면 힘이 떨어져 비단을 뚫을 수 없음. 강한 것도 결국 쇠함
강경强勁(굳세게 버팀)		
강조强調(강하게 주장함)		강근지친 强近之親 도움을 줄만한 가까운 친척
강력强力(강한 힘)		자강불식 自强不息 스스로 힘쓰고 쉬지 아니함
강렬强烈(세차고 맹렬함)		약육강식 弱肉强食 약자가 강자에게 먹힘
강간强姦(강제로 간음함)		부국강병 富國强兵 부유한 나라와 강한 군대

강할강强

成功	成長	殺身成仁
成熟	成敗	大器晚成
成績	熟成	積土成山
構成	門前成市	

成

講堂	堂堂	步武堂堂
祠堂	堂狗風月	威風堂堂
內堂	正正堂堂	

堂

對策	對	刮目相對
對應	對處	對牛彈琴
反對	對峙	

對

信賴	移木之信	半信半疑
信用	朋友有信	信賞必罰
通信	交友以信	輕諾寡信

信

活動	煽動	驚天動地
運動	靜中動	確固不動
行動	輕擧妄動	搖之不動
不動産	伏地不動	

動

招來	到來	捲土重來
未來	由來	興盡悲來
來年	本來	說往說來
去來	苦盡甘來	

來

門外漢	好色漢	漢字
怪漢	破廉恥漢	漢文
無賴漢	惡漢	漢江投石

漢

이룰성	성공成功(목적을 이룸) 성숙成熟(자람, 어른스러워짐, 익숙해짐) 성적成績(평가 결과) 구성構成(요소를 모음) 성장成長(자라남) 성패成敗(성공과 실패)	숙성熟成(발효, 익힘) 문전성시 門前成市 권세가의 문 앞이 방문객으로 붐빔 살신성인 殺身成仁 목숨을 바쳐 훌륭한 일을 이룸 대기만성 大器晚成 크게 될 인물은 오래 공적을 쌓아 늦게 이뤄짐 적토성산 積土成山 흙이 쌓여 산을 이룸. 작은 것을 모아 크게 이룸
집당	강당講堂(강연을 위한 큰 방) 사당祠堂(제사 건물) 내당內堂(안방) 당당堂堂(떳떳)	당구풍월 堂狗風月 사당 개가 풍월을 읊음. 무식해도 유식한 사람의 영향을 받음 정정당당 正正堂堂 떳떳함 보무당당 步武堂堂 걸음걸이가 씩씩하고 당당함 위풍당당 威風堂堂 풍채가 위엄이 있어 당당함
대할대	대책對策(대처할 수단과 방법) 대응對應(맞추어 행동함, 서로 짝이 됨) 반대反對(서로 맞섬, 불찬성) 대對(VS) 대처對處(대응, 조치)	대치對峙(서로 맞서고 있음) 괄목상대 刮目相對 눈을 비비고 상대를 다시 보며 대함. 능력이 갑자기 뛰어나짐 대우탄금 對牛彈琴 소에게 거문고를 들려줌. 어리석은 이에게 이치를 알려줘도 소용 없음
믿을신	신뢰信賴(믿고 의지함) 신용信用(믿음, 금융 거래상의 신뢰) 통신通信(소식을 전함) **이목지신 移木之信** 남을 속이지 않음을 밝힘. 약속을 실천함 붕우유신 朋友有信 벗과 벗은 믿음이 있어야 함 교우이신 交友以信 믿음으로 벗을 사귐	반신반의 半信半疑 거짓인지 참인지 갈피를 못 잡음. 믿음과 의심이 반반임 신상필벌 信賞必罰 공이 있으면 상을 주고 죄가 있으면 벌을 줌 경낙과신 輕諾寡信 승낙을 잘하는 사람은 약속을 어기기 쉬움
움직일동	활동活動(움직여 행동함) 운동運動(스포츠, 사회운동, 물리) 행동行動(움직여 동작함) 부동산不動産(움직일 수 없는 재산, 건물, 땅) 선동煽動(남을 부추김) 정중동靜中動(조용한 가운데 움직임이 있음)	경거망동 輕擧妄動 경솔하고 망령된 행동 복지부동 伏地不動 땅에 엎드려 움직이지 않음. 몸을 사림 경천동지 驚天動地 하늘이 놀라고 땅이 흔들림. 세상을 깜짝 놀라게 함 확고부동 確固不動 흔들리지 않고 확고함 요지부동 搖之不動 흔들어도 꼼짝 않음
올내	초래招來(결과를 부름) 미래未來(앞날) 내년來年(다음 해) 거래去來(매매) 도래到來(닥쳐 옴) 유래由來(사물이 생겨난 까닭)	본래本來(처음부터) 고진감래 苦盡甘來 괴로움이 다하면 즐거움이 옴 권토중래 捲土重來 한 번 패했다가 추스려 다시 쳐들어옴 흥진비래 興盡悲來 즐거운 일이 다하면 슬픔이 옴 설왕설래 說往說來 변론이 오가며 말다툼 함
한나라한 한수한	문외한門外漢(관련이 없거나 전문성이 없는 자) 괴한怪漢(수상한 자) 무뢰한無賴漢(막되먹고 불량한 자) 호색한好色漢(여자를 밝히는 자) 파렴치한破廉恥漢(부끄러움을 모르는 자)	악한惡漢(나쁜 자) 한자漢字(고대 중국의 표의문자) 한문漢文(한자로 지은 문장) 한강투석 漢江投石 한강에 돌 던지기. 아무리 애를 써도 소용없음

下	下落	膝下	不恥下問
	下降	麾下	下石上臺
	以下	可高可下	月下老人
	臣下	燈下不明	一言之下

出	出入	導出	杜門不出
	出口	釀出	神出鬼沒
	出衆	貸出	
	出發	不世出	

| 育 | 敎育 | 保育 | 養育 |
| | 育成 | 育兒 | 飼育 |

白	明白	白眼視	白骨難忘
	告白	白衣	淸廉潔白
	白日夢	白露	

十	十月	十匙一飯	十中八九
	數十	權不十年	
	十長生	十日之菊	

| 我 | 自我 | 我田引水 | 我歌査唱 |
| | 我執 | 唯我獨尊 | 物我一體 |

斷	遮斷	斷末魔	斷金之契
	判斷	壟斷	斷機之戒
	斷乎	斷金之交	斷章取義

| 李 | 張三李四 | 瓜田李下 | 李下不整冠 |

아래下	하락下落(가치가 떨어짐)	가고가하 可高可下 어진 사람은 지위의 상하를 가리지 않음
	하강下降(아래로 내려옴)	등하불명 燈下不明 가까이 있는 것을 모름
	이하以下(기준과 같거나 못 미침)	불치하문 不恥下問 아랫사람에게 질문을 부끄러워하지 않음
	신하臣下(임금을 섬기는 사람)	하석상대 下石上臺 아랫돌과 윗돌을 바꿔서 굄. 임시
	슬하膝下(무릎 아래. 부모의 보호)	변통으로 이리저리 함
	휘하麾下(지휘자의 아래 딸린 사람)	월하노인 月下老人 혼인을 중매하는 사람
		일언지하 一言之下 한마디로 말함

날出	출입出入(드나듦, 외출)	대출貸出(돈, 물건을 빌림)
	출구出口(나가는 곳)	불세출不世出(드물게 나타남. 뛰어남)
	출중出衆(뛰어남)	출사표(중요한 일에 각오를 보임)
	출발出發(시작)	두문불출 杜門不出 세상밖에 나가지 않음
	도출導出(결론을 냄)	신출귀몰 神出鬼沒 귀신처럼 재빨리 나타났다 사라졌다 함
	갹출醵出(여러 사람이 각기 돈을 나누어 냄)	

기를育	교육敎育(가르침)	육아育兒(어린아이를 기름)
	육성育成(길러냄)	양육養育(길러 자라게 함)
	보육保育(어린 아이를 돌보고 교육함)	사육飼育(짐승을 기름)

흰白	명백明白(확실)	백의白衣(흰 옷, 삼베옷)
	고백告白(감춘 것을 말함)	백로白露(24절기)
	백일몽白日夢(대낮의 꿈. 망상)	백골난망 白骨難忘 백골이 되더라도 잊기 어려움. 입은
	백안시白眼視(업신여김)	은혜가 엄청나 잊지 못함
		청렴결백 淸廉潔白 마음이 깨끗하고 재물 욕심이 없음

열十	시월十月(열번째 달)	권불십년 權不十年 권세는 십 년을 못 감감. 영원한 권력은
	수십數十(몇 십)	없음
	십장생十長生(장수하는 10종)	십일지국 十日之菊 국화는 9월 9일이 절정임. 이미 때가
	십시일반 十匙一飯 여러 사람이 한 사람 구제하기 쉬움	늦음
		십중팔구 十中八九 열 중에 여덟이나 아홉. 거의 대부분

나我	자아自我(스스로의 의식이나 관념)	유아독존 唯我獨尊 세상에 나보다 귀한 사람은 없음.
	아집我執(자기중심적인 고집)	독선적인 태도
	아전인수 我田引水 자기 논에만 물을 끌어 공급함. 억지로	아가사창 我歌査唱 내가 부를 노래를 사돈이 부름.
	자신에게만 이롭게 함	잘못한 사람이 큰 소리 침
		물아일체 物我一體 물건과 내가 하나로 일치함

끊을斷	차단遮斷(막거나 끊음)	단금지계 斷金之契 쇠를 자를 만큼의 굳은 약속. 친밀한
	판단判斷(판정)	우정
	단호斷乎(엄격함)	단기지계 斷機之戒 학문을 중도 포기하면 짜다 만 베처럼
	단말마斷末魔(임종, 죽을 때의 비명)	쓸모가 없음
	농단壟斷(이익을 독점함, 높은 언덕)	단장취의 斷章取義 남이 쓴 글의 일부만 취해 본래 뜻과
	단금지교 斷金之交 쇠를 자를 정도의 친밀한 우정	무관하게 왜곡함

오얏이 성씨이	장삼이사 張三李四 장씨의 셋째와 이씨의 넷째 아들. 평범한 사람들
	과전이하 瓜田李下 의심받을 행동을 하지 말라
	이하부정관 李下不整冠 오얏나무 밑에서 갓을 고쳐쓰지 말라. 오해할 짓을 하지 말라

附		
附與	添附	牽强附會
寄附	附近	附和雷同

送		
運送	放送	虛送歲月
輸送	送舊迎新	

餘		
餘裕	餘力	窮餘一策
餘地	剩餘	讀書三餘
餘波	殘餘	三餘之功
餘暇	迂餘曲折	
餘談	窮餘之策	

句		
高句麗	句讀點	句句節節
句節	一言半句	

麗		
高句麗	美辭麗句	

浮		
浮揚	浮刻	浮薄
浮遊	浮力	

君		
君主	君子三樂	博物君子
君臨	君爲臣綱	君子不器
檀君	君臣有義	不事二君
梁上君子	事君以忠	

歸		
回歸	歸家	事必歸正

붙을부	부여附與(가지게 해줌)	부근附近(근처)
	기부寄附(나눔)	견강부회 牽强附會 이치에 어긋난 것을 억지로 끌어 붙임
	첨부添附(덧붙임)	부화뇌동 附和雷同 주관 없이 남들을 쫓음

보낼송	운송運送(운반)	송구영신 送舊迎新 묵은해를 보내고 새해를 맞음
	수송輸送(운송수단에 실어 보냄)	허송세월 虛送歲月 세월을 헛되게 보냄
	방송放送(TV, 라디오)	

남을여	여유餘裕(넉넉한 상태)	잔여殘餘(남은 것)
	여지餘地(남은 땅, 일말의 가능성)	우여곡절 迂餘曲折 여러 가지로 복잡한 사정이나 변화
	여파餘波(남은 영향)	궁여지책 窮餘之策 막다른 상황에서 짜낸 계책
	여가餘暇(한가한 시간)	궁여일책 窮餘一策 막다른 상황에서 짜낸 한 가지 계책
	여담餘談(잡담)	독서삼여 讀書三餘 책읽기 좋은 3가지 시기. 겨울, 밤, 비 오는 날
	여력餘力(남은 힘)	
	잉여剩餘(나머지)	삼여지공 三餘之功 독서하기 가장 좋은 겨울밤

글귀구/귀 올가미구	고구려高句麗(나라)	일언반구 一言半句 짧은 한마디
	구절句節(단락)	구구절절 句句節節 한 구절 한 구절 마다
	구두점句讀點(마침표 부호)	

고울여	고구려高句麗(나라)	
	미사여구 美辭麗句 아름다운 말로 꾸민 듣기 좋은 글귀. 외관만을 꾸민 성의 없는 말	

뜰부	부양浮揚(떠오름, 떠오르게 함)	부력浮力(떠오르는 힘)
	부유浮遊(떠오름)	부박浮薄(가볍고 천박함)
	부각浮刻(도드라지게 새긴 조각, 도드라지게 함)	

임금군	군주君主(최고 지위자나 왕)	단군檀君(한민족의 시조)
	군림君臨(다스림)	
	양상군자 梁上君子 대들보 위의 군자. 도둑을 점잖게 부르는 말	
	군자삼락 君子三樂 군자의 3가지 즐거움. 부모의 생존과 형제의 무고, 떳떳함, 영재를 가르침	
	군위신강 君爲臣綱 신하가 임금을 섬기는 것이 근본임	
	군신유의 君臣有義 임금과 신하는 의리가 있어야 함	
	사군이충 事君以忠 충성으로 임금을 섬김	
	박물군자 博物君子 온갖 사물에 대하여 견문이 넓은 사람	
	군자불기 君子不器 군자는 일정하게 쓰이는 그릇과 다름. 군자는 두루 살펴야 함	
	불사이군 不事二君 두 임금을 섬기지 않음	

돌아갈귀	회귀回歸(다시 돌아감)	귀가歸家(집으로 돌아감)
	사필귀정 事必歸正 무슨 일이나 결국 옳은 이치대로 돌아감	

帝	皇帝	帝國	日帝

| 源 | 源泉
資源 | 拔本塞源
武陵桃源 | |

| 從 | 從事
服從 | 從業員
類類相從 | 面從腹背
女必從夫 |

| 辭 | 讚辭
固辭
辭退 | 辭讓
辭讓之心
美辭麗句 | 斗酒不辭
一言半辭
一戰不辭 |

| 更 | 變更
更迭
更生 | 更正
更年期
更新 | 更新
更無道理 |

| 思 | 思想
意思
思惟
思考 | 思考力
相思病
思無邪
易地思之 | 居安思危
見利思義
相思不忘 |

| 去 | 過去
去來 | 除去
去頭截尾 | 七去之惡
去者日疎 |

| 元 | 還元 | 復元 | 次元 |

| 임금제 | 황제皇帝(왕들을 밑에 두는 제국을 통치하는 자)
제국帝國(황제가 다스리는 나라) | 일제日帝(일본제국) |

| 근원원 | 원천源泉(근원, 출처)
자원資源(자연 자원이나 물자) | **발본색원** 拔本塞源 폐단이 되는 근원을 뽑아 버림
무릉도원 武陵桃源 신선이 살던 전설의 명승지. 속세를 떠난 곳 |

| 좇을종 | 종사從事(일 함, 근무)
복종服從(명령에 따름)
유유상종 類類相從 끼리끼리 만남
면종복배 面從腹背 앞에서는 순종하는 체하고 뒤돌아서 딴 마음을 먹음
여필종부 女必從夫 아내는 반드시 남편에게 순종해야 함 | 종업원從業員(어떤 일에 종사하는 사람) |

| 말씀사 | 찬사讚辭(칭찬의 말)
고사固辭(거부)
사양지심 辭讓之心 겸손하여 남에게 사양함
미사여구 美辭麗句 아름다운 말로 꾸민 듣기 좋은 글귀. 외관만을 꾸민 성의 없는 말
두주불사 斗酒不辭 한 말의 술도 사양하지 않음. 주량이 대단함
일언반사 一言半辭 짧은 한마디
일전불사 一戰不辭 싸움을 사양하지 않음. 싸움에 대한 강한 의지 | 사퇴辭退(물러남)
사양辭讓(좋은 것을 거부하거나 남에게 양보함) |

| 고칠경
다시갱 | 변경變更(바꿈)
경질更迭(대체자를 임명함)
갱생更生(다시 살아남)
경정更正(바르게 고침) | 갱년기更年期(노년기로 접어드는 시기)
갱신更新(새로이 고침, 다시 고침)
경신更新(기록을 깸, 옛 것을 고침)
갱무도리 更無道理 되돌이 킬 수 없음 |

| 생각사 | 사상思想(생각의 판단체계)
의사意思(마음, 생각)
사유思惟(마음으로 생각함)
사고思考(사유)
사고력思考力(생각하는 힘)
상사병相思病(좋아하는 사람을 그리워해 생기는 병) | **사무사** 思無邪(생각에 간사함이 없음)
역지사지 易地思之 처지를 바꾸어 생각함
거안사위 居安思危 편안할 때 닥쳐올 위태로움을 대비함
견리사의 見利思義 눈앞에 이익이 보일 때 의리를 우선함
상사불망 相思不忘 연인이 서로 그리워함 |

| 갈거 | 과거過去(이전)
거래去來(매매)
제거除去(없앰)
거두절미 去頭截尾 머리와 꼬리를 자름. 요점만을 말함 | **칠거지악** 七去之惡 아내를 쫓는 7가지. 불효, 불임, 비행, 질투, 질병, 말썽, 절도
거자일소 去者日疎 죽은 사람에 대한 것은 날이 갈수록 잊음 |

| 으뜸원 | 환원還元(본래로 돌아감)
복원復元(원래로 회복함) | 차원次元(수준, 공간적 단계) |

亡		
死亡	亡命	脣亡齒寒
滅亡	興亡	多岐亡羊
逃亡	敗亡	亡羊之歎(嘆)
未亡人	亡國	敗家亡身
亡兆	亡羊補牢	興亡盛衰

性		
性格	性質	性惡說
可能性	個性	本然之性
女性	性善說	

使		
使用	使嗾	白衣天使
行使	咸興差使	

訓		
訓鍊	敎訓	

科		
科學	科擧	
科目	金科玉條	

行		
施行	錦衣夜行	訥言敏行
慣行	試行錯誤	陸地行船
行爲	論功行賞	行遠必自邇

意		
弔意	意見	意氣洋洋
意味	意氣銷沈	
意識	意氣揚揚	

消		
解消	消費	終無消息

망할**망**	사망死亡(죽음)	망명亡命(탄압을 피해 다른 나라로 감)
	멸망滅亡(망해 없어짐)	흥망興亡(흥하고 망함)
	도망逃亡(달아남)	패망敗亡(패해서 망함)
	미망인未亡人(과부)	망국亡國(망한 나라)
	망조亡兆(망할 징조)	
	망양보뢰 亡羊補牢 양을 잃고서 우리를 고침. 실패한 후에 일을 대비함	
	순망치한 脣亡齒寒 입술을 잃으면 이가 시림. 가까운 이가 망하면 악영향을 받음	
	다기망양 多岐亡羊 여러 갈래의 길에서 양을 잃음.학문의 길이 여러 갈래라 진리를 찾기 어려움	
	망양지탄 亡羊之歎(嘆) 양을 찾다 갈래 길에서 길을 잃음. 진리를 찾기 어려움. 할 것이 많아 혼란함	
	패가망신 敗家亡身 가산을 모두 탕진하고 몸을 망침	
	흥망성쇠 興亡盛衰 흥하고 망함과 번성과 쇠약	

성품**성**	성격性格(정신적 개성, 사고방식)	개성個性(특유의 성질)
	가능성可能性(실현성, 기회)	성선설性善說(인간의 본성은 선천적으로 착함)
	여성女性(여자)	성악설性惡說(인간의 본성은 선천적으로 악함)
	성질性質(생명과 사물이 가진 특성)	
	본연지성 本然之性 본연의 타고난 심성. 착하고 사리사욕 없는 본연의 심성	

하여금**사**	사용使用(목적에 맞게 씀)	**함흥차사 咸興差使** 한번 간 사람이 소식없이 돌아오지 않음. 함흥으로 갔던 사신이 안 돌아옴
	행사行使(행동함, 부림)	
	사주使嗾(부추겨 시킴)	**백의천사 白衣天使** 흰옷을 입은 간호사를 일컫는 말.

가르칠**훈**	훈련訓鍊(연습)	교훈敎訓(깨우침)

과목**과**	과학科學(원리를 연구하는 학문)	과거科擧(고려와 조선의 관리 선출 시험)
	과목科目(공부의 분야)	**금과옥조 金科玉條** 몹시 귀중한 법칙이나 규정

다닐**행**	시행施行(실시함)	**논공행상 論功行賞** 세운 공을 논하여 상을 줌
	관행慣行(오래된 습관적 행위)	**눌언민행 訥言敏行** 말은 둔하게 하고 행동은 민첩해야 함
	행위行爲(의지로 하는 행동)	**육지행선 陸地行船** 육지로 배를 저으려 함. 불가능한 일을 하려 함
	금의야행 錦衣夜行 비단옷을 입고 밤에 다님. 보람 없는 행동	
	시행착오 試行錯誤 되풀이하면서 고쳐 나감	**행원필자이 行遠必自邇** 아무리 먼 곳도 가까운 곳부터 시작임

뜻**의**	조의弔意(죽음을 애도함)	의견意見(생각하는 관점과 내용)
	의미意味(내용의 뜻, 이유)	**의기소침 意氣銷沈** 기운을 잃고 소침해짐
	의식意識(정신, 인식)	**의기양양 意氣揚揚/意氣洋洋** 의기가 높아 자랑스러워함

사라질**소**	해소解消(해결하여 없앰)	**종무소식 終無消息** 끝내 소식이 없음
	소비消費(써서 없앰)	

病	疾病	同病相憐	萬病通治
	病院	無病長壽	多才多病
	病弊	生老病死	病上添病

多	多樣	多多益善	多事多難
	多數	好事多魔	博學多識
	多幸	多情多感	薄利多賣
	多讀	多岐亡羊	千萬多幸

發	發表	發射	一觸卽發
	發展	發言	先發制人
	開發	摘發	百發百中
	發生	誘發	怒發大發
	發揮	發見	發憤忘食

力	能力	力說	自力更生
	努力	全心全力	同心協力
	壓力	計窮力盡	
	勢力	全力投球	

千	千字文	千慮一得	不遠千里
	數千	千慮一失	一瀉千里
	千載一遇	千辛萬苦	
	一攫千金	一字千金	

병病	
질병疾病(몸에 문제가 생기는 병)	생로병사 生老病死 태어나 늙고 병들고 죽음
병원病院(환자를 치료하는 의료기관)	만병통치 萬病通治 여러 병에 모두 효과가 있음
병폐病弊(해로운 부분)	다재다병 多才多病 재주가 많은 사람은 몸이 약하고 병이 많음
동병상련 同病相憐 처지가 서로 비슷한 사람끼리 동정함	
무병장수 無病長壽 병 없이 장수함	병상첨병 病上添病 병 중에 다른 병에 겹쳐 걸림

많을多	
다양多樣(여러 모양이나 양식)	다기망양 多岐亡羊 여러 갈래의 길에서 양을 잃음. 학문의 길이 여러 갈래라 진리를 찾기 어려움
다수多數(여럿)	
다행多幸(일이 잘 풀림)	다사다난 多事多難 여러 가지 일로 바쁘고 어려운 일도 많음
다독多讀(많이 읽음)	박학다식 博學多識 학문이 넓고 식견이 많음
다다익선 多多益善 많으면 많을수록 좋음	박리다매 薄利多賣 개별 이익을 적게 보고 많이 팔아 이윤을 남김
호사다마 好事多魔 좋은 일에는 흔히 장애가 생겨나기 쉬움	
다정다감 多情多感 정이 많고 감정이 풍부함	천만다행 千萬多幸 매우 다행임

필發	
발표發表(널리 알림)	유발誘發(일으킴)
발전發展(향상됨, 번영함)	발견發見(찾아냄)
개발開發(발달시킴)	일촉즉발 一觸卽發 조금만 닿아도 곧 폭발할 것 같은 모양. 막 일어날 듯 위험한 지경
발생發生(생겨남)	
발휘發揮(재능을 펼침)	선발제인 先發制人 전쟁에서 기선을 제압해야 승리함
발사發射(쏨)	백발백중 百發百中 백 번 쏘면 백 번 적중함
발언發言(의견을 나타냄)	노발대발 怒發大發 몹시 크게 성을 냄
적발摘發(감춘 것을 들춰냄)	발분망식 發憤忘食 일을 성취하기 위해 식사도 잊고 바쁘게 다님

힘力	
능력能力(해낼 수 있는 힘)	전심전력 全心全力 최선을 다 함
노력努力(이루려고 애를 씀)	계궁역진 計窮力盡 꾀가 막히고 힘이 다 함. 어찌할 방도가 없음
압력壓力(누르는 힘, 권력으로 따르게함)	
세력勢力(권력 집단, 기세의 힘)	전력투구 全力投球 최선을 다 함
역설力說(강조해서 말 함)	자력갱생 自力更生 남의 힘에 의지하지 않고 혼자 해결함
	동심협력 同心協力 마음을 합해 서로 도움

일천千	
천자문千字文(한자 1,000자로 이뤄진 한자 입문서)	수천數千(몇 천)
천재일우 千載一遇 다시 얻기 어려운 좋은 기회	
일확천금 一攫千金 별 노력없이 한꺼번에 많은 재물을 얻음	
천려일득 千慮一得 천 번을 생각하면 한 번 얻는 것이 있음	
천려일실 千慮一失 천가지 생각의 한가지 실책. 지혜로운 사람도 생각이 많으면 실수함	
천신만고 千辛萬苦 엄청난 고생	
일자천금 一字千金 아주 빼어난 글이나 시문	
불원천리 不遠千里 천리도 멀지 않게 생각함	
일사천리 一瀉千里 거침없이 빨리 진행됨	

所	所得	無所不爲	各得其所
	所屬	無所不知	十目所視
	場所	罔知所措	適材適所

| 春 | 春秋 | 靑春 | 四面春風 |

| 少 | 減少 | 少數 | 老少不定 |
| | 多少 | 男女老少 | |

後	以後	先後	鷄口牛後
	午後	前無後無	先憂後樂
	後續	先公後私	前倨後恭
	後遺症	後生可畏	

長	會長	絶長補短	方長不折
	長官	敎學相長	一長一短
	成長	斷長補短	
	長廣舌	不老長生	

西	西歐	東問西答	古今東西
	西海	西施矉目	指東指西
	東奔西走	可東可西	

| 王 | 王朝 | 王佐之才 | 王佐之材 |

바소 所

소득所得(이익)
소속所屬(단체에 구성됨)
무소불위 無所不爲 못할 것이 없음
무소부지 無所不知 모르는 것이 없음
망지소조 罔知所措 허둥지둥함
각득기소 各得其所 모든 것이 제 위치에 있게 됨. 능력과 적성에 맞게 적절히 배치함
십목소시 十目所視 열 사람의 눈이 보고 있음. 세상을 속일 수 없음
적재적소 適材適所 알맞은 자리에 알맞은 인재를 배치

장소場所(위치)

봄춘 春

춘추春秋(봄가을)
사면춘풍 四面春風 사방에서 봄바람이 불어옴. 항상 남을 잘 대하여 호감을 삼

청춘靑春(젊은 나이, 시절)

적을소 少

감소減少(줄음)
다소多少(어느 정도)
소수少數(적은 수)

남녀노소 男女老少 남자, 여자, 노인, 젊은이. 모든 사람
노소부정 老少不定 수명은 정해지지 않아 언제 죽을지 모름

뒤후 後

이후以後(바로 뒤)
오후午後(정오에서 자정까지의 시간)
후속後續(계속해서)
전무후무 前無後無 전에도 앞으로도 없음
선공후사 先公後私 공적인 일을 먼저하고 사적인 일을 뒤로 미룸
후생가외 後生可畏 젊은 후배들은 두려워할 만함
계구우후 鷄口牛後 닭의 부리와 소의 꼬리. 큰 곳의 말단 보다 작은 곳의 우두머리가 나음
선우후락 先憂後樂 남보다 먼저 근심하고 남보다 나중에 즐거워함. 어진 사람의 마음
전거후공 前倨後恭 처음에는 거만하고 나중에는 공손함. 형편에 따라 태도가 변함

후유증後遺症(병을 앓고 난 뒤 남은 증상)
선후先後(앞 뒤)

기다랄장
어른장 長

회장會長(대표)
장관長官(각 행정부의 우두머리)
절장보단 絶長補短 긴 것을 잘라 짧은 것에 보강함. 장점으로 단점을 보충함
교학상장 敎學相長 가르치고 배우면서 서로 성장함
단장보단 斷長補短 긴 곳을 잘라 짧은 곳을 메움. 장점을 취하여 단점을 보강함
불로장생 不老長生 늙지 않고 오래 삶
방장부절 方長不折 한창 자라는 나무는 꺾지 않음. 앞날이 창창한 사람을 막지 말라
일장일단 一長一短 하나의 장점과 하나의 단점. 장단점

성장成長(자람, 번영)
장광설長廣舌(허가 김. 말 많음)

서녘서 西

서구西歐(서양)
서해西海(서쪽 바다, 지명)
동분서주 東奔西走 부산하게 이리저리 돌아다님
동문서답 東問西答 묻는 말에 딴 소리도 대답함
서시빈목 西施顰目 남의 흉내를 냄

가동가서 可東可西 동쪽, 서쪽 모두 좋다. 아무거나 상관없음
고금동서 古今東西 옛날과 지금, 동서양을 모두 통틀음
지동지서 指東指西 동쪽을 가리켰다 서쪽을 가리켰다 함. 엉뚱한 소리를 함

임금왕 王

왕조王朝(왕족의 계열, 왕의 다스림)

왕좌지재 王佐之才/王佐之材 왕을 보필할만한 인재

先	于先	先則制人	率先垂範
	先祖	先公後私	先憂後樂
	先生	先發制人	先見之明

| 東 | 東海 | 遼東豕 | |
| | 東洋 | 馬耳東風 | |

想	想像	發想	奇想天外
	思想	誇大妄想	
	豫想	無念無想	

金	金	金蘭之交	金石之交
	金融	見金如石	金石盟約
	金屬	家書萬金	金科玉條
	資金	金枝玉葉	
	都賣金	一攫千金	

破	破綻	破天荒	敝袍破笠
	破壞	破落戶	破釜沈船
	破滅	破竹之勢	勢如破竹
	突破	破顏大笑	

| 志 | 志操 | 志願 | 志向 |
| | 意志 | 志學 | 靑雲之志 |

處	處理	處暑	隨處作主
	措處	錐處囊中	
	處罰	九重深處	

먼저선	우선于先(먼저) 선조先祖(먼 윗 조상) 선생先生(가르치는 사람, 뛰어난 지식인) **선즉제인** 先則制人 남보다 먼저 앞서면 남을 이길 수 있음 **선공후사** 先公後私 공적인 일을 먼저하고 사적인 일을 뒤로 미룸	**선발제인** 先發制人 전쟁에서 기선을 제압해야 승리함 **솔선수범** 率先垂範 먼저 자신이 본보기를 보임 **선우후락** 先憂後樂 남보다 먼저 근심하고 남보다 나중에 즐거워함. 어진 사람의 마음 **선견지명** 先見之明 앞일을 예측하여 판단하는 능력
동녘동	동해東海(동쪽 바다, 지명) 동양東洋(아시아 일대)	**요동시** 遼東豕(견문이 좁아 별 것 아닌 일로 우쭐거림) **마이동풍** 馬耳東風 남의 말을 귀담아 듣지 않고 흘려버림
생각상	상상想像(공상) 사상思想(어떤 것에 대한 구체적 생각) 예상豫想(예측) 발상發想(생각해냄)	**과대망상** 誇大妄想 과장하고 믿으며 망상에 빠짐 **무념무상** 無念無想 아무것도 생각하지 않고 떠올리지 않음 **기상천외** 奇想天外 보통 쉽게 생각하기 어려운 기발한 생각
쇠금 성씨금	금金(값비싼 금속, 돈) 금융金融(돈의 융통) 금속金屬(쇠붙이 종류) **금란지교** 金蘭之交 금처럼 견고하고 난초처럼 향기로운 사귐. 친구 사이의 우정 **견금여석** 見金如石 황금을 보기를 돌같이 함. 욕심을 버림 **가서만금** 家書萬金 여행중 집에서 온 편지는 일만금의 가치가 있음 **금지옥엽** 金枝玉葉 왕족의 자손을 소중히 여김 **일확천금** 一攫千金 별 노력없이 한꺼번에 많은 재물을 얻음 **금석지교** 金石之交 쇠와 돌처럼 변함없는 굳은 사귐 **금석맹약** 金石盟約 쇠와 돌처럼 굳게 맹세한 약속 **금과옥조** 金科玉條 몹시 귀중한 법칙이나 규정	자금資金(돈) 도매금都賣金(도매가격, 각각 다르지만 대충 같은 취급을 받음)
깨뜨릴파 무너질피	파탄破綻(터짐, 망함) 파괴破壞(부숨, 무너뜨림) 파멸破滅(파괴되어 없어짐) 돌파突破(뚫고 지나감) 파천황破天荒(아무도 하지 않은 일을 행함) 파락호破落戶(방탕한 자손)	**파죽지세** 破竹之勢 대나무를 쪼개는 기세. 맹렬한 기세 **파안대소** 破顔大笑 얼굴빛을 부드럽게 하여 웃음 **폐포파립** 敝袍破笠 헤진 옷과 부러진 갓. 몹시 궁핍하고 초라한 모습 **파부침선** 破釜沈船 가마솥을 부수고 돌아갈 배도 침몰시킴. 결사의 각오로 싸움에 임함 **세여파죽** 勢如破竹 기세가 대나무를 쪼개는 것 같음
뜻지 기치치	지조志操(굽히지 않음) 의지意志(이루려는 마음) 지원志願(소속됨을 원함)	지학志學(학문에 뜻을 둔 나이, 15세) 지향志向(뜻이나 관념이 쏠리는 방향) **청운지지** 靑雲之志 출세하고자 함
곳처	처리處理(절차에 따라 마무리함) 조처措處(문제를 처리함) 처벌處罰(형벌에 처함, 벌을 줌) 처서處暑(24절기)	**추처낭중** 錐處囊中 주머니를 뚫고 나온 송곳. 뛰어난 사람은 드러남 **구중심처** 九重深處 궁궐. 깊숙한 곳 **수처작주** 隨處作主 가는 곳이 어디든 주인이 됨. 게으름 없이 주체적인 삶을 살라

爲	行爲	轉禍爲福	橘化爲枳
	爲主	指鹿爲馬	
	人爲	磨斧爲針	

| 蒙 | 啓蒙 | 蒙昧 | 無知蒙昧 |
| | 蒙古 | 吳下阿蒙 | |

| 如 | 如前 | 如干 | 百聞不如一見 |
| | 缺如 | 見金如石 | 生不如死 |

| 拔 | 選拔 | 拔擢 | 見蚊拔劍 |
| | 拔萃 | 拔本塞源 | |

| 解 | 解決 | 解消 | 結者解之 |
| | 理解 | 解弛 | 不可知解 |

玉	玉石	金枝玉葉	桂玉之艱
	玉篇	錦衣玉食	衒玉賈石
	氷姿玉質	仙姿玉質	

黨	與黨	脫黨	不偏不黨
	野黨	黨同伐異	
	政黨	無偏無黨	

滅	消滅	潰滅	滅私奉公
	滅亡	死滅	不生不滅
	湮滅	生者必滅	滅門之禍
	撲滅	假道滅虢	
	壞滅	假途滅虢	

할위 爲	행위行爲(행하는 짓)	인위人爲(자연적이지 않고 사람이 저지른 일)
	위주爲主(주된 것으로 삼음)	
	전화위복 轉禍爲福 화가 바뀌어 복이 됨	
	지록위마 指鹿爲馬 사슴 보고 말이라고 함. 윗사람을 농락하여 권세를 마음대로 함	
	마부위침 磨斧爲針 도끼를 갈아 침으로 만듦. 꾸준히 노력함	
	귤화위지 橘化爲枳 귤을 화수 건너 심으면 탱자가 됨. 주변 환경에 따라 바뀜	

어두울몽 蒙	계몽啓蒙(깨우쳐 가르침)	오하아몽 吳下阿蒙 오나라에 의지한 여몽. 보잘 것 없는 인물
	몽고蒙古(몽골)	**무지몽매** 無知蒙昧 무식하고 어리석음
	몽매蒙昧(어리석음)	

같을여 이을이 如	여전如前(변함이 없음)	견금여석 見金如石 황금을 보기를 돌같이 함. 욕심을 버림
	결여缺如(있어야 할 것이 없음)	**백문불여일견** 百聞不如一見 백 번 듣는 것이 한 번 보는 것만 못함
	여간如干(조금)	**생불여사** 生不如死 살아도 죽는 것만 못 함

뽑을발 무성할패 拔	선발選拔(골라 뽑음)	발본색원 拔本塞源 폐단이 되는 근원을 뽑아 버림
	발췌拔萃(글을 뽑음)	**견문발검** 見蚊拔劍 모기를 보고 칼을 뺌. 조그만 일에도 성을 냄
	발탁拔擢(사람을 뽑음)	

풀해 解	해결解決(풀어내 끝마침)	해이解弛(마음이 느슨해짐)
	이해理解(깨달음)	**결자해지** 結者解之 스스로 저지른 일은 스스로 해결함
	해소解消(풀어 없앰)	**불가지해** 不可知解 알 수 없음

구슬옥 玉	옥석玉石(좋은 것과 나쁜 것, 옥돌)	금의옥식 錦衣玉食 비단옷과 흰 쌀밥. 사치스러운 생활
	옥편玉篇(한자 해설서)	선자옥질 仙姿玉質 용모가 아름답고 자질도 뛰어남
	빙자옥질 氷姿玉質 얼음처럼 투명한 모습과 옥처럼 뛰어난 바탕. 용모나 재주가 뛰어남	계옥지간 桂玉之艱 물가가 비싼 곳에서 유학가서 생활고로 고생하며 살아감
	금지옥엽 金枝玉葉 왕족의 자손을 소중히 여김	현옥고석 衒玉賈石 옥을 보여주고 돌을 팖

무리당 黨	여당與黨(정부 지지 당)	당동벌이 黨同伐異 뜻이 맞는 사람끼리 어울리고 안 맞는 사람은 배척함
	야당野黨(정부 반대당)	**무편무당** 無偏無黨 편파적이지 않고 공평함
	정당政黨(이해관계로 모인 정치적 집단)	**불편부당** 不偏不黨 어느 한 쪽으로 기울어짐 없이 공평함
	탈당脫黨(당에서 탈퇴함)	

꺼질멸 멸할멸 滅	소멸消滅(사라져 없어짐)	생자필멸 生者必滅 살아 있는 자는 언젠가는 죽음. 삶은 어떻게 사는가의 문제
	멸망滅亡(망하여 없어짐)	가도멸괵 假道滅虢/假途滅虢 길을 빌려서 괵나라를 멸망시킴. 의도를 감춤
	인멸湮滅(자취까지 없앰)	
	박멸撲滅(없애버림)	**멸사봉공** 滅私奉公 사를 버리고 공을 위하여 힘씀
	괴멸壞滅(파괴되어 멸망함)	**불생불멸** 不生不滅 태어나지도 않고 죽지도 않음. 깨달음에 해탈에 다다름
	궤멸潰滅(흩어져 없어짐)	
	사멸死滅(죽어 없어짐)	**멸문지화** 滅門之禍 가문이 멸망하는 재앙

年	來年	享年	百年佳約
	昨年	百年河淸	百年大計
	每年	權不十年	

僞	虛僞	僞造	
	眞僞	僞字	

興	興味	復興	興亡盛衰
	興奮	咸興差使	興味津津
	振興	興盡悲來	

容	內容	容易	月態花容
	許容	花容月態	間不容髮
	容恕	雪膚花容	

薄	淺薄	佳人薄命	如履薄氷
	輕薄	美人薄命	

修	修正	阿修羅場	頓悟漸修
	修能	修身齊家	

拓	開拓	干拓	拓本

殺	殺害	虐殺	寸鐵殺人
	自殺	撲殺	殺身成仁
	被殺	刺殺	
	相殺	矯角殺牛	

해년	내년來年(다음해)	매년每年(해마다)
	작년昨年(지난해)	향년享年(평생 산 나이, 죽은 사람의 나이)
	백년하청 百年河清 백년이 지나도 황하강은 맑아지지 않음. 시간이 지나도 이뤄지지 않음	
	권불십년 權不十年 권세는 십 년을 못 감감. 영원한 권력은 없음	
	백년가약 百年佳約 남녀가 한 평생 함께 살자는 약속	
	백년대계 百年大計 백년을 내다 본 큰 계획	

거짓위 잘못될와	허위虛僞(거짓)	위조僞造(가짜를 만듦)
	진위眞僞(진짜와 가짜)	와자僞字(잘못 쓰이는 글자)

일흥 바를흔	흥미興味(재미를 느낌)	**함흥차사** 咸興差使 한번 간 사람이 소식없이 돌아오지 않음. 함흥으로 갔던 사신이 안 돌아옴
	흥분興奮(자극을 받아 감정이 일어남)	**흥진비래** 興盡悲來 즐거운 일이 다하면 슬픔이 옴
	진흥振興(향상)	**흥망성쇠** 興亡盛衰 흥하고 망함과 번성과 쇠약
	부흥復興(쇠퇴 되었다가 다시 일어남)	**흥미진진** 興味津津 흥미가 넘침

얼굴용	내용內容(실질, 들은 것)	**설부화용** 雪膚花容 눈처럼 흰 피부와 꽃처럼 예쁜 얼굴. 미녀
	허용許容(허락)	**월태화용** 月態花容 달 같은 태도와 꽃 같은 얼굴. 미녀
	용서容恕(잘못을 덮어줌)	**간불용발** 間不容髮 머리털 하나 들어갈 틈이 없음. 여유가 없음
	용이容易(아주 쉬움)	
	화용월태 花容月態 아름다운 여자의 모습	

엷을박	천박淺薄(언행이 상스러움)	**미인박명** 美人薄命 미인은 젊어서 죽는 일이 잦음
	경박輕薄(언행이 가벼움)	**여리박빙** 如履薄氷 살얼음판을 밟음. 몹시 위험함
	가인박명 佳人薄命 예쁜 사람은 빨리 죽음	

닦을수	수정修正(바르게 고침)	**수신제가** 修身齊家 몸을 닦고 집안을 다스림
	수능修能(수학능력의 줄임)	**돈오점수** 頓悟漸修 단번에 깨달음을 얻고 도를 닦음. 불교의 수행 방식의 하나
	아수라장 阿修羅場 어지럽고 혼잡한 장소	

넓힐척 박을탁	개척開拓(땅을 일굼, 새로운 영역을 열어 나감)	탁본拓本(먹칠판을 종이에 찍어냄)
	간척干拓(물을 막아 육지화 시킴)	

죽일살 빠를쇄	살해殺害(죽임)	박살撲殺(때려 죽임)
	자살自殺(스스로 죽음)	척살刺殺(칼로 찔러 죽임)
	피살被殺(죽임 당함)	**교각살우** 矯角殺牛 작은 일로 인해 큰일을 그르침
	상쇄相殺(상반된 영향으로 효과가 없어짐)	**촌철살인** 寸鐵殺人 한치의 칼로 사람을 죽임. 간단한 말로 핵심을 찌름
	학살虐殺(가혹하게 죽임)	**살신성인** 殺身成仁 목숨을 바쳐 훌륭한 일을 이룸

| 迷 | 迷惑 | 迷兒 | 金迷紙醉 |
| | 昏迷 | 迷信 | |

| 牽 | 牽制 | 牽引 | 牽强附會 |

| 勸 | 勸獎 | 勸誘 | 勸上搖木 |
| | 勸告 | 勸善懲惡 | 德業相勸 |

| 盡 | 未盡 | 消盡 | 無窮無盡 |
| | 賣盡 | 興盡悲來 | 氣盡脈盡 |

轉	轉換	轉落	心機一轉
	移轉	轉禍爲福	起承轉結
	榮轉	輾轉反側	天旋地轉
	轉嫁	輾轉不寐	

| 劇 | 劇的 | 悲劇 | 演劇 |

| 耳 | 耳目 | 牛耳讀經 | 烹頭耳熟 |
| | 耳鼻咽喉 | 馬耳東風 | |

미혹할**미**	미혹迷惑(정신이 홀림)	미신迷信(비과학적인 믿음)
	혼미昏迷(정신이 멍함)	**금미지취** 金迷紙醉 지극히 사치스런 생활
	미아迷兒(길 잃은 아이, 못난 아이)	

이끌**견**	견제牽制(방해함, 적을 자신에게 유리한 쪽으로 이끌어냄) 견인牽引(끌어당김)
	견강부회 牽强附會 이치에 어긋난 것을 억지로 끌어 붙임

권할**권**	권장勸獎(추천함)	권유勸誘(꾀어서 추천함)
	권고勸告(타일러 권함)	
	권선징악 勸善懲惡 착한 일은 권하고 악한 일은 징계함	
	권상요목 勸上搖木 나무 위에 오르라 하고는 나무를 흔들어 댐. 부추겨 놓고 배신함	
	덕업상권 德業相勸 좋은 일은 서로 권하여야 함	

다할**진**	미진未盡(불충분)	**흥진비래** 興盡悲來 즐거운 일이 다하면 슬픔이 옴
	매진賣盡(다 팔림)	**무궁무진** 無窮無盡 끝이 없고 다함이 없음. 무한함
	소진消盡(다 써서 없어짐)	**기진맥진** 氣盡脈盡 기운이 없고 맥이 풀림

구를**전**	전환轉換(바뀜)	전가轉嫁(잘못이나 책임을 남에게 떠밈)
	이전移轉(옮김)	전락轉落(타락함, 굴러떨어짐)
	영전榮轉(승진 출세)	
	전화위복 轉禍爲福 화가 바뀌어 복이 됨	
	전전반측 輾轉反側 누워서 이리저리 뒤척이며 잠을 이루지 못함	
	전전불매 輾轉不寐 누워서 이리저리 뒤척이며 잠을 이루지 못함	
	심기일전 心機一轉 기존의 마음가짐을 바꿔 완전히 달라짐	
	기승전결 起承轉結 시문 구성 형식의 일종. 서론-설명-부연-결말	
	천선지전 天旋地轉 세상이 크게 변함	

심할**극**	극적劇的(연극 같음)	연극演劇(각본에 따라 무대에서 공연함, 속이는 행동)
	비극悲劇(매우 슬픈 연극이나 사건)	

귀**이**	이목耳目(주의)	**마이동풍** 馬耳東風 남의 말을 귀담아 듣지 않고 흘러버림
	이비인후耳鼻咽喉(귀, 코, 식도, 기도)	**팽두이숙** 烹頭耳熟 머리를 삶으면 귀까지 삶아짐. 중요한
	우이독경 牛耳讀經 소 귀에 경 읽기. 가르쳐도 알아듣지 못함	것만 해결하면 다 해결됨

無		
無視	厚顔無恥	荒唐無稽
無責任	孤立無援	無窮無盡
無條件	四顧無親	有口無言
莫無可奈	一字無識	公平無私
眼下無人	萬壽無疆	無主空山

過		
過去	默過	改過遷善
過程	通過	知過必改
過剩	不過	
謝過	過猶不及	

首		
首席	首丘初心	白首北面
首都	鶴首苦待	頓首再拜
首肯	首鼠兩端	

決		
決定	決裂	死生決斷
解決	決裁	決死報國
判決	決濟	速戰速決

固		
固執	固陋	固執不通
確固	固守	
堅固	確固不動	

罪		
謝罪	罪悚	席藁待罪
犯罪	贖罪	叩頭謝罪

舊		
親舊	舊態	舊態依然
復舊	送舊迎新	

없을무		
무시 無視(깔봄)	일자무식 一字無識 글자 한자도 알지 못함	
무책임 無責任(책임이 없음, 책임감이 없음)	만수무강 萬壽無疆 수명이 끝이 없음	
무조건 無條件(조건 없이)	황당무계 荒唐無稽 말과 행동이 허황되어 믿을 수 없음	
막무가내 莫無可奈 어쩔 도리가 없음	무궁무진 無窮無盡 끝이 없고 다함이 없음. 무한함	
안하무인 眼下無人 눈 아래 사람이 없고 교만함	유구무언 有口無言 입은 있으나 말이 없음. 변명을 못함	
후안무치 厚顔無恥 낯가죽이 두꺼워 부끄러운 줄을 모름	공평무사 公平無私 치우침 없이 공평함	
고립무원 孤立無援 고립되어 도움을 받을 곳이 없음	무주공산 無主空山 주인이 없는 빈 산. 먼저 차지한	
사고무친 四顧無親 사방을 둘러보아도 친한 사람이 없음. 의지할 사람이 없음	사람이 임자인 상태	

지날과		
과거 過去(이전)	통과 通過(통하여 지나감)	
과정 過程(일이 되어가는 진행도)	불과 不過(겨우)	
과잉 過剩(지나침)	과유불급 過猶不及 지나침은 부족함만 못 함	
사과 謝過(용서를 빎)	개과천선 改過遷善 지나 과오를 고쳐 착하게 됨	
묵과 默過(모르는 체 넘김)	지과필개 知過必改 잘못을 알면 반드시 고쳐야 함	

머리수		
수석 首席(1등)	수긍 首肯(고개 끄덕임)	
수도 首都(서울 같은 도읍지)		
수구초심 首丘初心 여우는 죽을 때 고향 쪽으로 머리를 둠. 고향을 생각하는 마음		
학수고대 鶴首苦待 학처럼 목을 빼놓고 몹시 기다림		
수서양단 首鼠兩端 쥐가 머리를 내밀고 구멍 밖으로 나갈까 말까 망설임. 어찌해야 할지 모름		
백수북면 白首北面 재주와 덕이 없으면 나이 먹어도 스승에게 배워야 함. 배움에는 나이가 없음		
돈수재배 頓首再拜 머리가 땅에 닿도록 두 번 절함		

결단할결		
결정 決定(정함)	결제 決濟(돈을 지불함, 처리를 끝냄)	
해결 解決(문제를 잘 처리함)	사생결단 死生決斷 죽고 사는 것을 따지지 않고 덤벼듦	
판결 判決(옳고 그름을 판단하여 결정함, 선고함)	결사보국 決死報國 죽을 각오로 나라의 은혜에 보답함	
결렬 決裂(의견이 맞지 않음)	속전속결 速戰速決 싸움을 오래 끌지 않고 빨리 끝냄	
결재 決裁(재가, 안건을 승인함)		

굳을고		
고집 固執(의견이 굳음)	고수 固守(굳게 지킴)	
확고 確固(굳건함)	확고부동 確固不動 흔들리지 않고 확고함	
견고 堅固(굳세고 단단함)	고집불통 固執不通 고집이 세고 융통성이 없음	
고루 固陋(완고하고 식견이 없음)		

허물죄		
사죄 謝罪(잘못을 빎)	속죄 贖罪(공을 세워 죄를 없앰)	
범죄 犯罪(법을 어긴 잘못)	석고대죄 席藁待罪 자리에 엎드려 벌 주기를 기다림	
죄송 罪悚(미안함)	고두사죄 叩頭謝罪 머리를 조아려 사죄함	

예구		
친구 親舊(오래된 가까운 벗)	송구영신 送舊迎新 묵은해를 보내고 새해를 맞음	
복구 復舊(회복)	구태의연 舊態依然 옛 모양 그대로임	
구태 舊態(옛 모습)		

以	以後 以前 以上	以下 以心傳心 以卵擊石	以卵投石 以管窺天
臣	功臣 臣下	使臣 股肱之臣	亂臣賊子 柱石之臣
感	敏感 感謝 感染 過感	感想 感傷 感情 感激	隔世之感 今昔之感 感之德之
開	開發 開放 開幕 公開	開拓 開通 開閉 開卷有益	開門納賊 開門揖盜
陽	太陽 陽曆	陰陽 斜陽	陰德陽報 和風暖陽
分	部分 分析 充分	分類 分離 分析	安分知足 半面之分
形	形態 形式	形成 形便	形狀 形形色色
放	放送 開放 放置 放漫	放棄 釋放 放火 凍足放尿	歸馬放牛 放聲大哭 傲慢放恣

써이	
이후以後(다음)	이심전심 以心傳心 말을 하지 않더라도 마음이 통하여 앎
이전以前(과거)	이란격석 以卵擊石 계란으로 바위치기. 약한 것으로
이상以上(같거나 많음)	강한 것을 이기려는 어리석음
이하以下(같거나 적음)	이란투석 以卵投石 계란을 바위에 던지기
	이관규천 以管窺天 대롱을 통해 하늘을 봄. 식견이 좁음

신하臣	
공신功臣(공을 세운 신하)	난신적자 亂臣賊子 나라를 어지럽히는 신하와 불효하는
신하臣下(임금을 섬기는 사람)	자식. 행동이 막된 사람
사신使臣(외교관)	주석지신 柱石之臣 나라의 주춧돌이나 기둥 구실을
고굉지신 股肱之臣 임금이 가장 믿고 귀하게 여기는 신하	하는 신하

느낄감	
민감敏感(자극에 반응성이 높음)	감상感想(마음속에 생각함)
감사感謝(고마움)	감상感傷(쉽게 마음이 상함)
감염感染(병)	감정感情(느낌)
과감過感(많이 고마움)	감격感激(고마움의 감정이 솟구침)
격세지감 隔世之感 세월이 많이 지난 기분	
금석지감 今昔之感 지금과 옛날의 차이가 심하여 느껴지는 감정	
감지덕지 感之德之 감사히 여기고 덕으로 생각함. 대단히 고맙게 여김	

열개	
개발開發(발달, 개척, 제작)	개척開拓(일굼)
개방開放(열어 둠, 드나들게 함)	개통開通(길, 통신 등을 서로 통하게 함)
개막開幕(막을 엶)	개폐開閉(열고 닫음)
공개公開(널리 터놓음)	
개권유익 開卷有益 책을 펴서 읽으면 유익함	
개문납적 開門納賊 문을 열고 도적에게 바침. 스스로 화를 끌어 들임	
개문읍도 開門揖盜 문을 열고 도둑을 부름. 스스로 화를 끌어 들임	

볕양	
태양太陽(해)	음덕양보 陰德陽報 몰래 덕을 쌓은 사람은 훗날 보답을
양력陽曆(달력)	받음
음양陰陽(두 극, 남녀, 여러 방면)	화풍난양 和風暖陽 화창한 바람과 따뜻한 햇볕. 좋은
사양斜陽(해질녘, 쇠퇴하고 있음)	날씨

나눌분	
부분部分(일부)	분석分析(해석, 분해)
분석分析(해체하여 해석함)	안분지족 安分知足 편한 마음으로 제 분수를 지키며
충분充分(넉넉함)	만족을 앎
분류分類(종류를 나눔)	반면지분 半面之分 얼굴을 반만 아는 사이. 아직 서먹한
분리分離(서로 떨어짐)	사이

모양형	
형태形態(생김새)	형편形便(친척 상태, 살림살이)
형식形式(일정한 모양, 외부에서 보이는 모양)	형상形狀(사물의 모습)
형성形成(모양을 이룸)	형형색색 形形色色 모양이나 종류가 다양함

놓을방	
방송放送(음영상 전파를 내보냄)	방화放火(불지름)
개방開放(열어 둠, 드나들게 함)	동족방뇨 凍足放尿 언 발에 오줌 누기. 효력이 일시적임
방치放置(내버려 둠)	귀마방우 歸馬放牛 전쟁에 쓴 말과 소를 놓아줌. 전쟁을
방만放漫(제멋대로 풀어짐)	그만 둠
방기放棄(버리고 돌아보지 않음)	방성대곡 放聲大哭 크게 소리내어 울음
석방釋放(풀어줌)	오만방자 傲慢放恣 오만하고 제멋대로임

| 親 | 親舊 | 親戚 | 四顧無親 |

失	失踪	失敗	小貪大失
	喪失	失笑	千慮一失
	損失	茫然自失	大驚失色

代	代替	時代	絶代佳人
	代身	代代孫孫	
	代表	前代未聞	

表	發表	表面	表裏不同
	表現	代表	
	表示	辭表	

定	決定	想定	舉棋不定
	認定	會者定離	蓋棺事定
	豫定	昏定晨省	

| 功 | 成功 | 螢雪之功 | 田夫之功 |
| | 功勞 | 論功行賞 | |

自	自身	自矜	登高自卑
	自體	忽然	泰然自若
	自由	自生	自畵自讚
	自然	悠悠自適	茫然自失
	自招	自家撞着	自激之心
	自然人	自暴自棄	

친할친	친구親舊(오래 사귄 벗)	친척親戚(친족과 외가)
	사고무친 四顧無親 사방을 둘러보아도 친한 사람이 없음. 의지할 사람이 없음	

잃을실	실종失踪(자취를 모름)	망연자실 茫然自失 정신이 나가 어리둥절함
	상실喪失(잃어버림)	소탐대실 小貪大失 작은 것을 탐하다가 큰 것을 잃음
	손실損失(잃은 손해)	천려일실 千慮一失 천가지 생각의 한가지 실책. 지혜로운 사람도 생각이 많으면 실수함
	실패失敗(일이 잘못됨)	
	실소失笑(어처구니 없어 나오는 웃음, 방심한 웃음)	대경실색 大驚失色 얼굴색을 잃을 정도로 놀람

대신할대	대체代替(다른 것으로 바꿈)	대대손손 代代孫孫 대대로 내려오는 자손
	대신代身(역할 바꿈, ~이지만)	전대미문 前代未聞 지금까지 없었던 일
	대표代表(전체를 하나로 잘 나타냄, 전형적임)	절대가인 絶代佳人 세상에 비할 데 없는 미녀
	시대時代(역사)	

겉표	발표發表(널리 알림)	대표代表(전체를 하나로 나타냄, 단체의 장)
	표현表現(나타냄)	사표辭表(관둔다는 글)
	표시表示(겉으로 드러냄)	표리부동 表裏不同 겉과 속이 다름
	표면表面(바깥 면)	

정할정	결정決定(정함)	예정豫定(미리 정한 것)
	인정認定(확실하다 여김)	상정想定(가정하여 결정해놓음)
	회자정리 會者定離 만나면 반드시 헤어지게 마련	
	혼정신성 昏定晨省 자식이 부모님께 아침저녁으로 잠자리를 보살핌	
	거기부정 擧棋不定 바둑 둘 자리를 정하지 않고 두면 이길 수 없음	
	개관사정 蓋棺事定 관 뚜껑을 덮고 난 뒤에야 깨달음. 사람이 죽은 후에 올바르게 평가함	

공로공	성공成功(뜻한 것을 이룸)	논공행상 論功行賞 세운 공을 논하여 상을 줌
	공로功勞(목적 달성을 위한 수고)	전부지공 田夫之功 양자의 다툼에 제 삼자가 손쉽게 이득을 봄
	형설지공 螢雪之功 애써 공부한 보람	

스스로자	자신自身(자기 스스로)	자연인自然人(있는 그대로의 사람, 생활체로의 인간)
	자체自體(그 자신)	자긍自矜(스스로 자랑함)
	자유自由(마음대로 함)	홀연忽然(느닷없음, 갑자기)
	자연自然(의도 없이 저절로, 환경)	자생自生(저절로 생김)
	자초自招(스스로 끌어들임)	
	유유자적 悠悠自適 속세를 떠나 속박되지 않고 마음대로 삶	
	자가당착 自家撞着 언행이 모순됨	
	자포자기 自暴自棄 스스로 포기하고 해함	
	등고자비 登高自卑 무슨 일이든 순서가 있음	
	태연자약 泰然自若 마음에 충동을 받아도 태연함	
	자화자찬 自畵自讚 스스로 그린 그림을 칭찬함. 스스로 칭찬함	
	망연자실 茫然自失 정신이 나가 어리둥절함	
	자격지심 自激之心 스스로 한 일에 대해 부족하다 여김	

地		
地域	心地	易地思之
地方	荒蕪地	一敗塗地
處地	敷地	
窮地	肝腦塗地	

里		
里長	鵬程萬里	明見萬里
千里眼	一瀉千里	
五里霧中	不遠千里	

色		
色彩	變色	巧言令色
單色	色讀	草綠同色
丹色	傾國之色	

問		
疑問	問責	不問可知
諮問	問題	不恥下問
訪問	訊問	東問西答
拷問	質問	不問曲直
顧問	問安	

安		
安全	不安	安分知足
安定	居安思危	
安保	安貧樂道	

老		
老人	元老	男女老少
老鍊	百年偕老	偕老同穴

前		
以前	前提	前車覆轍
如前	門前成市	
午前	風前燈火	

重		
重要	比重	愛之重之
愼重	捲土重來	重言復言
尊重	隱忍自重	

땅**지**		
지역地域(일정한 구역)	황무지荒蕪地(내버려둔 거친 땅)	
지방地方(어떤 지역, 시골, 중앙 하위 지역)	부지敷地(땅)	
처지處地(처한 상황)	간뇌도지 肝腦塗地 간과 뇌가 땅에 으깨짐. 처참히 패함	
궁지窮地(곤란한 처지)	역지사지 易地思之 처지를 바꾸어 생각함	
심지心地(마음의 본바탕)	일패도지 一敗塗地 싸움에 한 번 패하여 재기불능이 됨	

마을**리**		
이장里長(마을 대표)	일사천리 一瀉千里 거침없이 빨리 진행됨	
천리안千里眼(통찰력, 시력이 뛰어남)	불원천리 不遠千里 천리도 멀지 않게 생각함	
오리무중 五里霧中 도무지 종적을 알 수 없음	명견만리 明見萬里 만리 밖의 일을 환하게 알고 있음. 통찰력이나 관찰력이 뛰어남	
붕정만리 鵬程萬里 붕새가 날아가는 길이 만 리로 트임. 장래가 유망함		

빛**색**		
색채色彩(색의 빛깔)	색독色讀(글자 그대로만 이해하며 읽음)	
단색單色(한가지 색)	경국지색 傾國之色 나라를 기울게 할 미인	
단색丹色(붉은색)	교언영색 巧言令色 교묘한 말과 아첨하는 얼굴빛	
변색變色(색이 변함)	초록동색 草綠同色 풀색과 녹색은 같은 색깔. 동의어. 끼리끼리 어울린다.	

물을**문**		
의문疑問(의심함, 의심하는 물음)	신문訊問(캐물음)	
자문諮問(조언)	질문質問(의문을 물음)	
방문訪問(찾아감)	문안問安(안부를 여쭘)	
고문拷問(고통을 주면서 물음)	불문가지 不問可知 묻지 않아도 알 수 있음	
고문顧問(전문가에게 의견을 물음)	불치하문 不恥下問 아랫사람에게 질문을 부끄러워하지 않음	
문책問責(잘못을 꾸짖음)		
문제問題(해답 얻기 위한 물음, 말썽)	동문서답 東問西答 묻는 말에 딴 소리도 대답함	
	불문곡직 不問曲直 옳고 그르고를 따지지 않고 함부로 함	

편안**안**		
안전安全(위험할 일이 없음)	거안사위 居安思危 편안할 때 닥쳐올 위태로움을 대비함	
안정安定(평안)	안빈낙도 安貧樂道 가난함에도 편한 마음으로 도를 즐김	
안보安保(보전됨, 안전 보장)	안분지족 安分知足 편한 마음으로 제 분수를 지키며 만족을 앎	
불안不安(몸이나 마음이 불편함, 걱정됨)		

늙을**노**		
노인老人(늙은이)	백년해로 百年偕老 부부가 사이좋게 늙어감	
노련老鍊(경험 많고 능숙함)	남녀노소 男女老少 남자, 여자, 노인, 젊은이. 모든 사람	
원로元老(경험 많은 전문가)	해로동혈 偕老同穴 부부의 금실이 좋아 함께 늙어 묻힘	

앞**전**		
이전以前(과거)	문전성시 門前成市 권세가의 문 앞이 방문객으로 붐빔	
여전如前(늘, 전과 같음)	풍전등화 風前燈火 바람 앞의 등불. 매우 위급한 상황	
오전午前(자정부터 정오까지의 시간)	전거복철 前車覆轍 앞에 가던 수레가 엎어진 바퀴자국. 앞 사람의 실패를 교훈 삼음	
전제前提(가정하여 기본으로 삼음)		

무거울**중**		
중요重要(귀중하고 요긴함)	권토중래 捲土重來 한 번 패했다가 추스려 다시 쳐들어옴	
신중愼重(매우 조심함)	은인자중 隱忍自重 괴로움을 참고 몸가짐을 조심함	
존중尊重(중히 여김)	애지중지 愛之重之 매우 사랑하고 귀중히 여김	
비중比重(중요도, 질량비)	중언부언 重言復言 이미 한 말을 계속 되풀이함	

氣			
	雰圍氣	氣魄	氣高萬丈
	節氣	氣分	同氣相求
	感氣	蜃氣樓	憤氣撑天
	氣槪	浩然之氣	殺氣騰騰

有			
	保有	有名稅	鷄卵有骨
	所有	有備無患	前途有望

五			
	重五節	五里霧中	三綱五倫
	五倫	三三五五	五臟六腑

流			
	流通	流出	落花流水
	交流	高山流水	靑山流水
	漂流	流言蜚語	

轍		
	前車覆轍	螳螂拒轍

師			
	敎師	師事	反面敎師
	牧師	君師父一體	
	講師	德無常師	

田			
	田畓	桑田碧海	瓜田不納履
	油田	我田引水	過麥田大醉
	田園	滄海桑田	

武			
	武器	武陵桃源	乃武乃文
	武裝	文武兼全	
	武力	文武兼備	

기운 기	분위기 雰圍氣(상황이나 느낌, 지구를 둘러싼 기체)	기백氣魄(굳세고 진취적인 정신)
	절기節氣(24절기)	기분氣分(마음의 상태, 분위기)
	감기感氣(호흡기 질병)	신기루蜃氣樓(실제하지 않는 허상. 사막에서 발생하는 빛의 굴절 현상)
	기개氣槪(꿋꿋함)	
	호연지기 浩然之氣 도의에 근거를 두고 흔들리지 않는 바른 마음	
	기고만장 氣高萬丈 기운이 만장(30km)이 뻗침. 기운이 대단하고 잘 풀림	
	동기상구 同氣相求 끼리끼리 모임	
	분기탱천 憤氣撑天 분한 마음이 하늘을 찌를 듯함	
	살기등등 殺氣騰騰 살기가 잔뜩 오름	

있을 유	보유保有(보존하여 유지함)	**계란유골 鷄卵有骨** 계란에도 뼈가 있음. 좋은 기회가 생겨도 잘 안 풀림
	소유所有(가지고 있음)	**전도유망 前途有望** 앞으로 발전하여 성공할 가망성이 있음
	유명세有名稅(유명하여 겪는 불편을 세금에 비유)	
	유비무환 有備無患 미리 준비가 있으면 뒷걱정이 없음	

다섯 오	중오절重五節(단오)	**삼삼오오 三三五五** 3~6명 내외가 함께 무리지어 다님
	오륜五倫(인간이 지켜야 할 다섯 도리)	**삼강오륜 三綱五倫** 유교에서 사람들이 지켜야 할 3가지 강령과 5가지 인륜
	오리무중 五里霧中 도무지 종적을 알 수 없음	**오장육부 五臟六腑** 인체 내장의 총칭

흐를 유	유통流通(흘러 통함, 세상에 널리 쓰임, 널리 분배됨)	고산유수 高山流水 높은 산과 흐르는 물
	교류交流(서로 주고 받음, AC 전류)	유언비어 流言蜚語 근거 없이 널리 퍼진 소문
	표류漂流(물위에서 흘러다님, 떠돎)	낙화유수 落花流水 떨어지는 꽃과 흐르는 물. 늦 봄의 경치
	유출流出(흘러나감)	청산유수 靑山流水 청산에 흐르는 물. 말을 잘 함

바퀴자국 철	**전거복철 前車覆轍** 앞에 가던 수레가 엎어진 바퀴자국. 앞 사람의 실패를 교훈 삼음	당랑거철 螳螂拒轍 분수도 모르고 강적에게 덤빔

스승 사	교사敎師(학생을 가르치는 사람)	**군사부일체 君師父一體** 임금과 스승과 아버지의 은혜는 같음
	목사牧師(개신교의 성직자)	
	강사講師(강의하는 사람)	**덕무상사 德無常師** 덕을 닦는데는 스승이 없음
	사사師事(스승으로 섬김, 가르침 받음)	**반면교사 反面敎師** 부정적인 면을 보고 가르침을 얻음

밭 전	전답田畓(논밭)	전원田園(시골)
	유전油田(석유가 나는 땅)	
	상전벽해 桑田碧海 뽕밭이 푸른 바다가 됨. 세상의 변화가 심함	
	아전인수 我田引水 자기 논에만 물을 끌어 공급함. 억지로 자신에게만 이롭게 함	
	창해상전 滄海桑田 푸른 바다가 뽕밭이 됨. 세상이 변했음	
	과전불납리 瓜田不納履 오이 밭에서 신을 고쳐 신지 않음. 의심 받을 짓은 하지 않음	
	과맥전대취 過麥田大醉 밀밭을 지나기만 해도 취함. 술을 아예 못 마심	

호반 무	무기武器(싸움에 사용되는 도구)	무력武力(싸우는 능력, 군사력)
	무장武裝(전투 장비)	
	무릉도원 武陵桃源 신선이 살던 전설의 명승지. 속세를 떠난 곳	
	문무겸전 文武兼全 문식과 무력을 겸비하고 있음	
	문무겸비 文武兼備 문식과 무력을 겸비하고 있음	
	내무내문 乃武乃文 문무를 겸비함	

| 柔 | 柔軟 | 外柔內剛 | 優柔不斷 |
| | 懷柔 | 內柔外剛 | 柔能制剛 |

助	協助	助長	鷄鳴之助
	補助	救助	天佑神助
	共助	幇助	拔苗助長

眞	眞實	弄假成眞	天眞爛漫
	眞摯	假弄成眞	閑中眞味
	眞情	純眞無垢	

| 若 | 萬若 | 傍若無人 | 泰然自若 |
| | 若干 | 明若觀火 | |

| 舍 | 舍廊房 | 官舍 | 作舍道傍 |
| | 寄宿舍 | 舍己從人 | |

| 盃 | 毒盃 | 巡盃 | |

欲	欲求	意慾	從心所欲
	欲心	欲速不達	
	意欲	欲巧反拙	

| 蓋 | 覆蓋 | 蓋棺事定 | |
| | 蓋然性 | 方底圓蓋 | |

부드러울 **유**	유연柔軟(부드럽고 연함) 외유내강 外柔內剛 겉으로 보기에는 부드럽지만 속은 강인함 내유외강 內柔外剛 속은 부드럽고 겉은 강함. 사람이나 사물의 성질을 표현함 우유부단 優柔不斷 결단을 내리지 못함 유능제강 柔能制剛 부드러움이 강함을 이김	회유懷柔(달래고 설득함)

도울**조**	협조協助(협력하여 도움) 보조補助(거들어 도움) 공조共助(목표를 위해 함께 도움) 조장助長(부추김) 구조救助(구해줌)	방조幇助(도와줌) 계명지조 鷄鳴之助 닭 울음의 도움. 어진 아내의 내조 천우신조 天佑神助 하늘과 신령이 도움 발묘조장 拔苗助長 급하게 서두르다 일을 망침

참**진**	진실眞實(거짓 없는 사실) 진지眞摯(착실함) 진정眞情(진심) 농가성진 弄假成眞 장난삼아 한 말이 진짜가 됨	가롱성진 假弄成眞 장난으로 시작한 것이 진짜가 됨 순진무구 純眞無垢 마음이 깨끗하고 순진함 천진난만 天眞爛漫 천진함이 넘침. 꾸밈 없이 순진함 한중진미 閑中眞味 한가로운 때를 즐김

같을**약**	만약萬若(만에 하나, 혹시나) 약간若干(조금) 방약무인 傍若無人 제 세상인 듯 함부로 날뜀	명약관화 明若觀火 불을 보듯이 뻔함. 명백함 태연자약 泰然自若 마음에 충동을 받아도 태연함

집**사**	사랑방舍廊房(손님방) 기숙사寄宿舍(학생이나 직원을 위한 숙식 시설) 관사官舍(관청 기숙사)	사기종인 舍己從人 자신의 버릇을 버리고 타인을 배워 본받음 작사도방 作舍道傍 길가에 집짓기. 참견하는 사람이 많아 제대로 안 됨

잔**배**	독배毒盃(독이 든 잔)	순배巡盃(잔 돌리기)

하고자할 **욕**	욕구欲求(바라는 일) 욕심欲心(탐내는 마음, 분에 넘치는 욕구) 의욕意欲/意慾(적극적인 욕망)	욕속부달 欲速不達 마음만 급하다고 일이 잘 풀리지 않음 욕교반졸 欲巧反拙 기교를 너무 부리면 도리어 잘 되지 않음 종심소욕 從心所欲 마음대로 함

덮을**개**	복개覆蓋(덮개, 덮음) 개관사정 蓋棺事定 관 뚜껑을 덮고 난 뒤에야 깨달음. 사람이 죽은 후에 올바르게 평가함 방저원개 方底圓蓋 네모난 바닥에 둥근 뚜껑. 서로 맞지 않음	개연성蓋然性(불확실하나 가능성이 높은 성질)

| 察 | 警察 | 檢察 | 觀察 |

離	離脫	距離	黍離之歎(嘆)
	分離	會者定離	支離滅裂
	乖離	愛別離苦	

| 梨 | 凍梨 | 梨花 | 烏飛梨落 |

| 起 | 惹起 | 隆起 | 七顚八起 |
| | 提起 | 起訴 | 起死回生 |

| 詩 | 詩人 | 詩文 | 刻燭爲詩 |

利	利用	見利思義	利害得失
	利益	朝名市利	漁夫之利
	權利	利害打算	漁父之利
	勝利	見利忘義	
	甘言利說	私利私慾	

| 墨 | 墨子 | 近墨者黑 | 紙筆硯墨 |
| | 水墨畫 | 墨翟之守 | |

살필**찰**	경찰警察(공공질서 보호 조직, 경계하고 살핌) 검찰檢察(범죄 수사 및 기소 기관)	관찰觀察(자세히 살펴봄)

떠날이
이탈離脫(무리에서 떨어져 나감)　　　　　괴리乖離(동떨어짐)
분리分離(나뉘어짐)　　　　　　　　　　거리距離(지점간의 길이)
회자정리 會者定離 만나면 반드시 헤어지게 마련
애별리고 愛別離苦 불교에서 말하는 여덟 고통의 하나. 사랑하는 사람과 헤어지는 괴로움
서리지탄 黍離之歎(嘆) 망한 나라의 궁궐 터에 자란 잡곡을 보고 탄식함. 지난 날의 영광이 덧없음
지리멸렬 支離滅裂 체계 없이 흩어져 갈피를 잡을 수 없음

배나무이
동리凍梨(서리 맞은 배, 90세 노인)　　　　이화梨花(배나무 꽃)
오비이락 烏飛梨落 까마귀 날자 배 떨어짐. 일이 공교롭게 동시에 일어남

일어날기
야기惹起(일으킴)　　　　　　　　　　　기소起訴(공소를 제기함)
제기提起(의견을 드러냄)　　　　　　　　칠전팔기 七顚八起 여러 번의 실패에도 다시 일어남
융기隆起(불룩해짐)　　　　　　　　　　기사회생 起死回生 거의 죽었다가 살아남

시시
시인詩人(시를 짓는 사람)　　　　　　　각촉위시 刻燭爲詩 촛불이 한 치타는 동안 시를 지음
시문詩文(시와 산문)

이로울이
이용利用(이익을 위해 씀)　　　　　　　권리權利(권세와 이익)
이익利益(보탬이 됨, 수입에서 비용을 뺀 금액)　승리勝利(이김)
감언이설 甘言利說 입에 발린 달콤한 말로 현혹함
견리사의 見利思義 눈앞에 이익이 보일 때 의리를 우선함
조명시리 朝名市利 명예는 조정에서 이익은 시장에서 따짐. 장소에 알맞은 일을 행하라
이해타산 利害打算 이해관계를 따져봄
견리망의 見利忘義 이익을 보면 의리를 잊음
사리사욕 私利私慾 사사로운 이익과 욕심
이해득실 利害得失 이익과 손해. 얻음과 잃음
어부지리 漁夫之利/漁父之利 어부의 이익. 둘이 다투는 사이 다른 이가 이익을 봄

먹묵
묵자墨子(인물)　　　　　　　　　　　수묵화水墨畫(먹 그림)
근묵자흑 近墨者黑 악한 사람을 가까이 하면 물들기 쉬움
묵적지수 墨翟之守 자기 의견을 끝까지 고집함. 융통성이 없음
지필연묵 紙筆硯墨 종이, 붓, 벼루, 먹

| 精 | 精誠 | 精密 | 博而不精 |
| | 精神 | 博而精 | |

虎	猛虎	豹死留皮	苛政猛於虎
	虎皮	狐假虎威	三人成虎
	虎死留皮	虎視眈眈	不入虎穴不得虎子

| 故 | 故鄉 | 故障 | 竹馬故友 |
| | 故人 | 溫故知新 | 竝州故鄉 |

守	遵守	保守	獨守空房
	守護	守株待兎	
	固守	墨翟之守	

劍	劍客	口蜜腹劍	笑中有劍
	長劍	刻舟求劍	舌芒於劍
	短劍	見蚊拔劍	賣劍買牛

腐	腐敗	豆腐	流水不腐
	腐蝕	不正腐敗	
	陳腐	切齒腐心	

| 驛 | 鐵道驛 | 驛前 | 驛馬煞 |

| 倫 | 倫理 | 悖倫 | 三綱五倫 |
| | 天倫 | 不倫 | 滅倫敗常 |

정할**정**	정성精誠(온갖 힘을 다함)	박이정博而精(다방면으로 넓고 깊게 앎)
	정신精神(영혼, 마음, 의지)	**박이부정** 博而不精 넓게 알고 있으나 깊지는 못함
	정밀精密(자세함)	

범호	맹호猛虎(사나운 호랑이)	**가정맹어호** 苛政猛於虎 가혹한 정치는 호랑이보다 무서움
	호피虎皮(호랑이 가죽)	**삼인성호** 三人成虎 세 사람이면 없던 호랑이도 만듦. 다수의 거짓은 통하기 쉬움
	호사유피 虎死留皮 호랑이는 죽어서 가죽을 남김	
	*표사유피 豹死留皮 표범은 죽어서 가죽을 남김	**불입호혈부득호자** 不入虎穴不得虎子 호랑이 굴에 들어가야 호랑이가 새끼를 잡음
	호가위 狐假虎威 남의 세력을 빌어 위세를 부림	
	호시탐탐 虎視眈眈 호랑이가 먹이를 노림. 기회를 노리는 모습	

연고**고**	고향故鄕(태어난 곳)	온고지신 溫故知新 옛 것을 익히어 새것을 앎
	고인故人(죽은 사람)	죽마고우 竹馬故友 대나무 말을 타고 놀며 자란 옛 친구
	고장故障(작동 불가)	병주고향 竝州故鄕 타향이지만 오래 살아서 고향 같음. 제2의 고향

지킬**수**	준수遵守(규칙을 따름)	고수固守(위치나 입장을 굳게 지킴)
	수호守護(지키고 보호함)	보수保守(기존 것을 지킴)
	수주대토 守株待兎 우연히 나무에 박아 죽은 토끼를 잡음. 하나에 얽혀 발전이 없는 어리석음	
	묵적지수 墨翟之守 자기 의견을 끝까지 고집함. 융통성이 없음	
	독수공방 獨守空房 사별이나 별거로 남편 없이 혼자 지냄	

칼**검**	검객劍客(검술가)	견문발검 見蚊拔劍 모기를 보고 칼을 뺌. 조그만 일에도 성을 냄
	장검長劍(긴 양날 칼)	
	단검短劍(짧은 양날 칼)	소중유검 笑中有劍 웃음 속에 칼이 있음. 겉으로는 친절하지만 속으로 헤치려 함
	구밀복검 口蜜腹劍 입으로 좋은 말을 하지만 속으로는 해치려고 함	설망어검 舌芒於劍 혀는 칼보다 날카로움
	각주구검 刻舟求劍 어리석고 융통성이 없음	매검매우 賣劍買牛 칼을 팔아 소를 삼. 전쟁을 그만두고 농사를 지음

썩을**부**	부패腐敗(썩음)	**부정부패** 不正腐敗 바르지 못하고 부패함
	부식腐蝕(삭음)	**절치부심** 切齒腐心 몹시 분하고 속을 썩임
	진부陳腐(케케묵음)	유수불부 流水不腐 흐르는 물은 썩지 않음. 항상 움직이는 것은 썩지 않음
	두부豆腐(콩으로 만든 식품)	

역**역**	철도역鐵道驛(기차가 발착하는 곳)	역마살驛馬煞(늘 떠돌아다닐 운명)
	역전驛前(역 앞)	

인륜**륜**	윤리倫理(사람으로서의 도리)	불륜 不倫(인륜에 어긋남)
	천륜天倫(가족간의 도리)	**삼강오륜** 三綱五倫 유교에서 사람들이 지켜야 할 3가지 강령과 5가지 인륜
	패륜悖倫(도리에 어긋남)	멸륜패상 滅倫敗常 도덕과 예의를 짓밟음

| 塵 | 粉塵
防塵 | 積塵成山
塵合泰山 | 和光同塵 |

| 椿 | 椿府丈 | | |

| 雇 | 雇用 | 解雇 | |

| 夷 | 東夷
四夷 | 以夷制夷
夷蠻戎狄 | 尊王攘夷 |

| 豫 | 豫想
豫定 | 豫告
豫期 | 豫斷 |

| 困 | 困難
貧困
困境 | 困窮
困惑
困辱 | 困獸猶鬪
困窮而通 |

| 威 | 威脅
示威 | 權威
狐假虎威 | 假虎威狐
借虎威狐 |

| 看 | 看板
看做
看過 | 看破
走馬看山
矮者看戲 | 看雲步月 |

티끌진	분진粉塵(먼지)	방진防塵(먼지를 막음)
	적진성산 積塵成山 흙이 쌓여 산을 이룸. 작은 것을 모아 크게 이룸	
	진합태산 塵合泰山 티끌 모아 태산	
	화광동진 和光同塵 빛을 감추고 티끌에 섞여 있음. 뛰어남을 감추고 세상 사람과 어울려 살아감	

참죽나무 춘	춘부장椿府丈(남의 아버지를 부르는 말)	

품팔고	고용雇用(직원을 등용함)	해고解雇(직원을 자름)

오랑캐이	동이東夷(한민족을 지칭)	이만융적 夷蠻戎狄 동서남북의 오랑캐
	사이四夷(중국 사방의 이민족들을 뜻함)	존왕양이 尊王攘夷 왕실을 높이고 오랑캐를 물리침
	이이제이 以夷制夷 오랑캐를 이용해 오랑캐를 제거함	

미리예	예상豫想(예측)	예기豫期(미리 기다림)
	예정豫定(미리 정함)	예단豫斷(미리 내린 판단)
	예고豫告(미리 알림)	

곤할곤	곤란困難(난처)	곤욕困辱(심한 모욕, 모욕을 당함)
	빈곤貧困(가난)	곤수유투 困獸猶鬪 위급한 짐승은 적에게 덤빔. 궁지에 몰리면 덤빔
	곤경困境(어려움)	
	곤궁困窮(궁핍)	곤궁이통 困窮而通 손 쓸 도리가 없는 지경에 이르게 되면 오히려 활로가 생긴다는 뜻
	곤혹困惑(곤란하여 당황함)	

위엄위	위협威脅(힘으로 협박)	호가호위 狐假虎威 남의 세력을 빌어 위세를 부림
	시위示威(운동)	가호위호 假虎威狐 호랑이의 위세를 여우가 빌려 사용함
	권위權威(위세, 통솔하는 힘)	차호위호 借虎威狐 호랑이의 위엄을 빌린 여우. 남의 권세를 빌어 위세를 부림

볼간	간판看板(상점 광고판)	주마간산 走馬看山 말타고 달리며 산을 바라봄. 바빠서 대충 봄
	간주看做(~라 여김)	
	간과看過(대강 넘김)	왜자간희 矮者看戲 난쟁이가 큰 사람들에 가려 보지 못하고 주위들은 이야기로 아는체 함
	간파看破(본질을 꿰뚫어 봄)	간운보월 看雲步月 객지에서 가족과 고향을 그리워함

否	拒否	否決	曰可曰否
	否認	否運	
	否定	否塞	

歲	歲月	歲寒孤節	歲時風俗
	歲拜	歲寒松柏	年年歲歲
	歲	虛送歲月	

| 願 | 所願 | 祈願 | 各心所願 |
| | 民願 | 所願成就 | |

牛	牛乳	矯角殺牛	牛首馬關
	狂牛病	九牛一毛	
	碧昌牛	牛耳讀經	

雨	降雨	穀雨	雨後竹筍
	暴風雨	晴耕雨讀	
	雨水	櫛風沐雨	

熱	熱氣	熱血	熱血男兒
	加熱	熱狂	
	過熱	以熱治熱	

切	適切	切迫	切磋琢磨
	切實	一切	切齒腐心
	懇切	貸切	時宜適切

| 鼻 | 鼻炎 | 阿鼻叫喚 | 宿虎衝鼻 |
| | 鼻音 | 吾鼻三尺 | 耳目口鼻 |

아닐부 **막힐비**	거부拒否(거절) 부인否認(인정 않음) 부정否定(옳지 않다 반대함) 부결否決(거부 결정)	비운否運(불운) 비색否塞(운이 막힘) **왈가왈부** 曰可曰否 맞다 아니다 하며 떠들음
해세	세월歲月(흘러가는 시간) 세배歲拜(새해에 하는 절) **세한고절** 歲寒孤節 추운 계절에도 혼자 푸르른 대나무. 겨울 **세한송백** 歲寒松柏 역경 속에서도 변하지 않는 굳은 절개 **허송세월** 虛送歲月 세월을 헛되게 보냄 **세시풍속** 歲時風俗 매년 반복되는 고유의 풍속 **연년세세** 年年歲歲 해마다 계속 이어짐	세歲(나이)
원할원	소원所願(원하는 것) 민원民願(국민의 청원) 기원祈願(소망을 빔)	**소원성취** 所願成就 소원을 이룸 **각심소원** 各心所願 사람마다 소원이 다 다름
소우	우유牛乳(소 젖) 광우병狂牛病(소에게 발생하는 뇌병) **교각살우** 矯角殺牛 작은 일로 인해 큰일을 그르침 **구우일모** 九牛一毛 소 아홉마리에서 떨어진 털 하나. 아주 하찮은 것 **우이독경** 牛耳讀經 소 귀에 경 읽기. 가르쳐도 알아듣지 못함 **우수마관** 牛首馬關 겉은 화려하나 본바탕은 나쁨	벽창우碧昌牛(평안도의 고집 센 소. 고집 센 벽창호의 원말)
비우	강우降雨(비) 폭풍우暴風雨 **청경우독** 晴耕雨讀 맑을 땐 밭을 갈고 비가 올 땐 책을 읽음. 삼국지 제갈량의 고사 **즐풍목우** 櫛風沐雨 바람에 머리 빗고 비로 목욕함. 갖은 고생을 다 함 **우후죽순** 雨後竹筍 비가 온 뒤에 여기저기 무럭무럭 솟는 죽순. 빈번하게 생김	우수雨水(24절기) 곡우穀雨(24절기)
더울열	열기熱氣 가열加熱(열을 가함) 과열過熱(지나치게 뜨거움) 열혈熱血(끓는 피, 다혈질)	열광熱狂(좋아서 미친듯이 날뜀) **이열치열** 以熱治熱 열로 열을 다스림 **열혈남아** 熱血男兒 피가 끓는 성격인 사내
끊을절 **온통체**	적절適切(알맞음) 절실切實 **간절**懇切(열렬히 절실하게 바람) 절박切迫(매우 급함) 일절/일체一切(전부, 절대)	대절貸切(임대, 전세) **절차탁마** 切磋琢磨 학문이나 인격을 닦음 **절치부심** 切齒腐心 몹시 분하고 속을 썩임 **시의적절** 時宜適切 사정이나 요구에 딱 알맞음
코비	비염鼻炎(콧속의 염증) **아비규환** 阿鼻叫喚 아비지옥과 규환지옥. 매우 비참하고 끔찍한 상황 **오비삼척** 吾鼻三尺 내 코가 석 자. 자신도 어려워 남을 도울 수 없음 **숙호충비** 宿虎衝鼻 자는 호랑이 코를 찌르기. 화를 스스로 불러들임 **이목구비** 耳目口鼻 귀, 눈, 입, 코	비음鼻音(콧소리)

勞			
勤勞	犬馬之勞	徒勞無益
勞動	勞心焦思	
勞組	勞而無功	

善			
善惡	改過遷善	見善如渴
善意	多多益善	從善如流
改善	善男善女	
最善	勸善懲惡	

德			
道德	德分	背恩忘德
德談	德澤	

加			
增加	加一層	走馬加鞭
追加	雪上加霜	
加入	卵上加卵	

技			
技術	特技	黔驢之技
技能	基本技	

仙			
神仙	仙人	仙姿玉質

情			
情報	事情	人之常情
情緒	望雲之情	戀慕之情
感情	多情多感	

識			
認識	標識	博學多識
意識	一面識	多聞博識
知識	目不識丁	不知不識
常識	識字憂患	
識別	一字無識	

일할 로	
근로勤勞(정해진 시간에 하는 일)	노조勞組(노동조합)
노동勞動(몸을 움직여 일 함)	
견마지로 犬馬之勞 개와 말의 하찮은 힘. 윗사람을 위한 노력을 겸손하게 표현함	
노심초사 勞心焦思 애를 써 속을 태움	
노이무공 勞而無功 애를 썼으나 아무런 보람이 없음	
도로무익 徒勞無益 애만 쓰고 이익이 없음	

착할 선	
선악善惡(착한 것과 악한 것)	**다다익선 多多益善** 많으면 많을수록 좋음
선의善意(착한 의도)	**선남선녀 善男善女** 보통사람
개선改善(고침)	**권선징악 勸善懲惡** 착한 일은 권하고 악한 일은 징계함
최선最善(가장 좋음)	**견선여갈 見善如渴** 착한 일을 목마르듯이 행함
개과천선 改過遷善 지난 과오를 고쳐 착하게 됨	**종선여류 從善如流** 물이 낮은 곳으로 흐르듯이 당연하게 선행을 베풂

큰덕	
도덕道德(사회 구성원의 행동 규범)	덕택德澤(베푼 은혜)
덕담德談(좋은 말)	**배은망덕 背恩忘德** 은혜를 잊고 배반함
덕분德分(남의 도움과 베품 때문)	

더할 가	
증가增加(양이 늘어남)	**설상가상 雪上加霜** 불행한 일이 거듭하여 겹침
추가追加(더함)	**난상가란 卵上加卵** 알 위에 알을 포갬. 정성이 지극하면 하늘이 감동함
가입加入(참가함)	
가일층加一層(한층 더)	**주마가편 走馬加鞭** 달리는 말에 채찍질. 현재에 만족하지 않고 계속 노력함

재주 기	
기술技術(테크닉, 잘 다루는 능력)	기본기基本技(가장 기초가 되는 밑바탕)
기능技能(기술적 능력)	**검려지기 黔驢之技** 당나귀의 뒷발질. 보잘 것 없는 솜씨를 비웃음
특기特技(특별한 재주나 기능)	

신선 선	
신선神仙(도에 통달한 사람)	**선자옥질 仙姿玉質** 용모가 아름답고 자질도 뛰어남
선인仙人(수행하는 현자)	

뜻 정	
정보情報(소식)	**망운지정 望雲之情** 자식이 타향에서 부모를 그리는 정
정서情緒(감정)	**다정다감 多情多感** 정이 많고 감정이 풍부함
감정感情(느낌이나 기분)	**인지상정 人之常情** 사람이라면 누구나 가진 인정
사정事情(형편, 부탁)	**연모지정 戀慕之情** 사랑하며 그리워하는 정

알 식 적을 지	
인식認識(분별)	**목불식정 目不識丁** 낫 놓고 ㄱ자도 모름
의식意識(정신, 인식)	**식자우환 識字憂患** 학식이 도리어 근심을 이끌어 옴
지식知識(배우거나 이해한 것)	**일자무식 一字無識** 글자 한자도 알지 못함
상식常識(일반적 지식)	**박학다식 博學多識** 학문이 넓고 식견이 많음
식별識別(구별)	**다문박식 多聞博識** 보고 들은 것이 많고 학식이 넓음
표지標識(표시 해놓은 것)	**부지불식 不知不識** 미처 생각도 못하고 알지도 못함
일면식一面識(한 번 본 사이)	

身

自身	滿身瘡痍	敗家亡身
代身	殺身成仁	明哲保身
出身	立身揚名	身土不二
身體	子子單身	身體髮膚受之父母
處身	三省吾身	
粉骨碎身	身言書判	

現

現象	現實
現在	表現

待

期待	待遇	席藁待罪
企待	忽待	何待明年
虐待	守株待兎	
待接	鶴首苦待	

黃

黃色	黃粱一炊	天地玄黃宇宙洪荒
黃金	黃口小兒	
黃沙	牝牡驪黃	

根

根據	事實無根	草根木皮
根本	同根連枝	孤根弱植
根絶	落葉歸根	
盤根錯節	無根之說	

朝

朝鮮	朝會	朝令暮改
王朝	朝三暮四	朝不謀夕
朝餐	人生朝露	危如朝露

몸신

자신自身(스스로)

신체身體(사람의 몸)

대신代身(대체)

처신處身(세상 살아가는데 가져야 할 몸가짐이나 행동)

출신出身(태생지, 신분이나 이력, 벼슬길에 나섬)

분골쇄신 粉骨碎身 뼈는 가루가 되고 몸은 산산조각남. 목숨을 걸고 최선을 다함

만신창이 滿身瘡痍 온 몸 이 상처투성이 가 됨. 어떤 사물이 엉망진창이 됨.

살신성인 殺身成仁 목숨을 바쳐 훌륭한 일을 이룸

입신양명 立身揚名 인정 받고 출세하여 이름을 날림

혈혈단신 孑孑單身 의지할 곳 없는 홀몸

삼성오신 三省吾身 날마다 세 번씩 자신을 반성함

신언서판 身言書判 인물을 선택하는 4가지 조건. 몸, 말씨, 글씨, 판단력

패가망신 敗家亡身 가산을 모두 탕진하고 몸을 망침

명철보신 明哲保身 사리에 따라 처신을 온전하게 함. 요령있게 처세를 잘 함

신토불이 身土不二 몸과 태어난 땅은 하나. 국산이 체질에 맞음

신체발부수지부모 身體髮膚受之父母 몸, 털, 피부는 부모의 것이니 소중히 여겨라

나타날현

현상現象(나타나는 모습)

현실現實(현재의 상황)

현재現在(지금)

표현表現(나타냄)

기다릴대

기대期待/企待(고대함)

학대虐待(괴롭힘)

대접待接(처우, 접대)

대우待遇(예의를 갖춰 대함, 처우)

홀대忽待(소홀히 대접함)

수주대토 守株待兎 우연히 나무에 박아 죽은 토끼를 잡음. 하나에 얽매여 발전이 없는 어리석음

학수고대 鶴首苦待 학처럼 목을 빼놓고 몹시 기다림

석고대죄 席藁待罪 자리에 엎드려 벌 주기를 기다림

하대명년 何待明年 기다리기가 매우 지루함

누런황

황색黃色(누런색)

황사黃沙(중국발 미세먼지)

황금黃金(누런빛의 금)

황량일취 黃粱一炊 죽을 쑤는 짧은 동안. 부귀가 덧 없음

황구소아 黃口小兒 어린아이라는 뜻. 참새 새끼의 황색 주둥이

빈모여황 牝牡驪黃 본질을 파악하는 데에 외관은 중요한 것이 아님

천지현황우주홍황 天地玄黃宇宙洪荒 하늘이 현묘하고 땅은 누렇고 우주는 넓고 큼

뿌리근

근거根據(근본이 되는 토대, 이유)

근절根絕(뿌리 뽑음)

근본根本(식물 뿌리, 본바탕)

반근착절 盤根錯節 굽은 뿌리와 엉클어진 마디. 뒤얽혀 처리하기 어려운 일

사실무근 事實無根 뿌리도 잎도 없음. 전혀 사실이 아님

동근연지 同根連枝 같은 뿌리와 잇닿은 나뭇가지. 형제자매

낙엽귀근 落葉歸根 떨어진 잎사귀는 뿌리로 돌아감. 모든 생명체는 죽으면 근본으로 돌아감

무근지설 無根之說 근거 없는 이야기

초근목피 草根木皮 풀뿌리와 나무 껍질. 한방약의 원료

고근약식 孤根弱植 친척이나 주변에서 돌봐줄 사람이 없음

아침조

조선朝鮮(나라)

왕조王朝(왕의 계열, 왕정 시대)

조찬朝餐(아침 식사)

조회朝會(아침 모임)

조삼모사 朝三暮四 간사한 꾀로 농락함. 거기서 거기인 말로 현혹함

인생조로 人生朝露 인생은 아침이슬과 같이 덧없음

조령모개 朝令暮改 아침에 명령을 내리고 저녁에 다시 고침. 일관성이 없음

조불모석 朝不謀夕 아침에 저녁 일도 헤아리지 못함. 앞 일을 생각할 겨를이 없음

위여조로 危如朝露 아침 이슬은 해가 뜨면 곧 사라짐. 위기가 임박함

始作	自作劇	回賓作主
製作	作心三日	
作業	磨斧作針	

作

最高	高難度	秋高馬肥
高校	可高可下	高峯峻嶺
高等	天高馬肥	高麗公事三日
高齡	登高自卑	
高調	氣高萬丈	

高

使用	濫用	無用之用
雇用	用處	用意周到
利用	利用厚生	
適用	無用之物	

用

古代	古稀	古今東西
古蹟	萬古絶色	萬古不變

古

技術	美術
藝術	權謀術數

術

海洋	東洋	前途洋洋
太平洋	望洋之歎(嘆)	
西洋	亡羊之歎(嘆)	

洋

緩和	和解	和而不同
平和	附和雷同	家和萬事成
調和	琴瑟相和	

和

新聞	刷新	謹賀新年
革新	更新	溫故知新
新規	更新	送舊迎新

新

지을작		
시작始作(처음)	작심삼일 作心三日 결심한 것이 3일을 못 감. 의지박약	
제작製作(만듦)	마부작침 磨斧作針 어려운 일이라도 꾸준하면 언젠가는 이룰 수 있음	
작업作業(일, 공작)		
자작극自作劇(거짓으로 꾸밈)	회빈작주 回賓作主 손님이 주인 행세를 함. 자기 멋대로 행동함	

높을고		
최고最高(가장 높음)	고령高齡(나이가 많음)	
고교高校(고등학교)	고조高調(분위기가 무르익음)	
고등高等(높은 등급)	고난도高難度(매우 어려운 정도임)	
가고가하 可高可下 어진 사람은 지위의 상하를 가리지 않음		
천고마비 天高馬肥 하늘은 높고 말은 살찜. 가을을 뜻함		
등고자비 登高自卑 무슨 일이든 순서가 있음		
기고만장 氣高萬丈 기운이 만장(30km) 뻗침. 기운이 대단하고 잘 풀림		
추고마비 秋高馬肥 가을이 깊어가니 말이 살찜		
고봉준령 高峯峻嶺 높은 산봉우리와 험한 고개		
고려공사삼일 高麗公事三日 고려의 정책은 3일이면 바뀜. 오래 지속되지 못 함		

쓸용		
사용使用(목적에 맞게 씀)	이용후생 利用厚生 의식주를 넉넉하게 하여 백성을 이롭게 함	
고용雇用(직원을 등용함)		
이용利用(이익을 위해 씀)	무용지물 無用之物 쓸모없는 물건	
적용適用(맞게 씀, 맞춰 사용하다)	무용지용 無用之用 쓸모없어 보이는데 큰 역할을 함	
남용濫用(기준을 넘어 함부로 사용함)	용의주도 用意周到 마음의 준비가 두루 당음. 준비가 철저하여 실수가 없음	
용처用處(사용처, 쓸 곳)		

예고		
고대古代(옛 시대)	만고절색 萬古絶色 전례 없이 뛰어난 미인	
고적古蹟(옛 유적)	고금동서 古今東西 옛날과 지금. 동서양을 모두 통틀음	
고희古稀(장수는 희귀함, 70세)	만고불변 萬古不變 오랜 세월 변하지 않음	

재주술		
기술技術(재주)	미술美術(아름다움을 표현하는 예술)	
예술藝術(기예와 학술)	권모술수 權謀術數 목적 달성을 위해 술수를 가리지 않음	

큰바다양		
해양海洋(넓고 큰 바다)	망양지탄 望洋之歎(嘆) 넓은 바다를 보고 탄식을 한다. 자신의 힘이 미치지 못해 탄식함	
태평양太平洋(오대양의 하나)		
서양西洋(유럽과 아메리카 대륙의 통칭)	*망양지탄 亡羊之歎(嘆) 양을 찾다 갈래 길에서 길을 잃음. 진리를 찾기 어려움.	
동양東洋(아시아 지역)	전도양양 前途洋洋 앞날이 크게 열려 희망참	

화할화		
완화緩和(느슨하게 함)	금슬상화 琴瑟相和 거문고와 비파 소리가 조화를 잘 이룸	
평화平和(평온함)	화이부동 和而不同 남과 사이 좋게 지내지만 자신의 중심을 잃지 않음	
조화調和(어울림)		
화해和解(풂)	가화만사성 家和萬事成 집안이 화목하면 모든 일이 잘 이루어짐	
부화뇌동 附和雷同 주관 없이 남들을 쫓음		

새로울신		
신문新聞(새로운 소식)	경신更新(기록을 깸, 옛 것을 고침)	
혁신革新(완전 새롭게 바꿈)	근하신년 謹賀新年 새해를 축하함	
신규新規(새 것, 새 규정)	온고지신 溫故知新 옛 것을 익히어 새것을 앎	
쇄신刷新(새롭게 함)	송구영신 送舊迎新 묵은해를 보내고 새해를 맞음	
갱신更新(새로이 고침, 다시 고침)		

反

反撥	反映	賊反荷杖
反對	反芻	客反爲主
反駁	反義	輾轉反側
反射	反響	反哺之孝
反證	反骨	

禮

禮節	克己復禮	虛禮虛飾
婚禮	仁義禮智	
茶禮	過恭非禮	

冬

立冬	嚴冬雪寒	冬蟲夏草
冬至	夏爐冬扇	冬將軍

花

花草	錦上添花	落花流水
花卉	月態花容	花無十日紅
開花	雪膚花容	解語花
落花	枯木生花	
花容月態	閉月羞花	

名

名譽	名文	有名無實
名分	名望	大義名分
有名稅	人死留名	伐齊爲名
匿名	名實相符	同名異人
名門	立身揚名	名不虛傳

立

立場	而立	孤立無依
立春	孤立無援	三十而立
立冬	不立文字	

돌이킬**반**	반발反撥 반대反對 반박反駁(반론을 말함) 반사反射(되돌아감) 반증反證(반대 증명) 반영反映(현상을 나타냄, 반사) 반추反芻(곱씹음) 반의反義(반대)	반향反響(소리울림, 반응) 반골反骨(반항하는 기질) **적반하장** 賊反荷杖 도둑이 매를 들고 성냄. 잘못한 사람이 성냄 **객반위주** 客反爲主 손님이 주인 행세를 함 **전전반측** 輾轉反側 누워서 이리저리 뒤척이며 잠을 이루지 못함 **반포지효** 反哺之孝 자식이 자라서 부모를 봉양함
예도**예**	예절禮節 혼례婚禮(결혼의 형식 예절) 차례茶禮(명절 제사) **극기복례** 克己復禮 사리사욕을 극복하고 예의를 따름	**인의예지** 仁義禮智 사람이 갖추어야 할 네 성품. 인정, 정의, 예의, 지혜 **과공비례** 過恭非禮 지나친 공손함은 예의가 아님 **허례허식** 虛禮虛飾 실속이나 정성 없이 겉으로만 거창하게 예절을 차림
겨울**동**	입동立冬(24절기) **엄동설한** 嚴冬雪寒 눈이 오는 추운 겨울 **하로동선** 夏爐冬扇 여름의 화로와 겨울의 부채. 상황이나 격에 맞지 않음 **동충하초** 冬蟲夏草 겨울에는 벌레이지만 여름에는 풀이 됨. 곤충에 기생하는 식물 **동장군** 冬將軍 겨울의 추위를 인격화함	동지冬至(24절기)
꽃**화**	화초花草(관상용 식물) 화훼花卉(화초, 그림) 개화開花(꽃 핌) 낙화落花(떨어진 꽃) **화용월태** 花容月態 아름다운 여자의 모습 **금상첨화** 錦上添花 비단 위에 꽃을 놓음. 좋은 일이 겹침 **월태화용** 月態花容 달 같은 태도와 꽃 같은 얼굴. 미녀 **설부화용** 雪膚花容 눈처럼 흰 피부와 꽃처럼 예쁜 얼굴. 미녀	**고목생화** 枯木生花 마른나무에서 꽃이 핌. 뜻밖의 행운을 만남 **폐월수화** 閉月羞花 달이 숨고 꽃이 부끄러워함. 엄청난 미녀 **낙화유수** 落花流水 떨어지는 꽃과 흐르는 물. 늦 봄의 경치 **화무십일홍** 花無十日紅 열흘 붉은 꽃은 없음. 영원한 권세는 없음 **해어화** 解語花 말하는 꽃. 미녀나 예쁜 기생
이름**명**	명예名譽(훌륭히 이름 남) 명분名分(구실) 유명세有名稅(유명한 탓에 당하는 불편) 익명匿名(이름을 숨김) 명문名門(훌륭한 가문, 학교) 명문名文(뛰어난 글) 명망名望(명성과 인망) **인사유명** 人死留名 사람은 죽어서 이름을 남김	**명실상부** 名實相符 이름과 실상이 서로 일치함 **입신양명** 立身揚名 인정 받고 출세하여 이름을 날림 **유명무실** 有名無實 이름뿐이고 실상은 없음 **대의명분** 大義名分 표면상 내 건 구실이나 이유. 사람이 지켜야 할 도리 **벌제위명** 伐齊爲名 어떤 일을 하는 척 하면서 다른 일을 함 **동명이인** 同名異人 같은 이름을 가진 다른 사람 **명불허전** 名不虛傳 명성은 괜히 전해지는 것이 아님. 명성에는 그럴만한 이유가 있음
설**입**	입장立場(처지) 입춘立春(24절기) **고립무원** 孤立無援 고립되어 도움을 받을 곳이 없음 **불립문자** 不立文字 마음에서 마음으로 전함 **고립무의** 孤立無依 외롭고 의지할 곳이 없음 **삼십이립** 三十而立 나이 삼십에 이르러 비로소 학문상 자립할 수 있음. 공자의 고사	입동立冬(24절기) 이립而立(30세)

記	記錄 記念 記述 記憶 史記	

左	左翼 左顧右眄 左衝右突 左派 右往左往 左遷 左之右之	

歌	歌手 凱歌 歌舞音曲 校歌 四面楚歌 軍歌 我歌查唱	

北	北韓 敗北 南船北馬 南北 泰山北斗 北邙山川 北進 南橘北枳	

父	祖父 父子有親 父爲子綱 父親 漁父之利 父傳子傳 漁夫之利	

四	四寸 張三李四 四面春風 四方 文房四友 四通五達 四月 四面楚歌 四捨五入 朝三暮四 四通八達	

母	父母 孟母三遷 賢母良妻 祖父母 孟母斷機	

蚊	見蚊拔劍 蚊蝄之勞	

기록할**기**	기록記錄(사실을 적음, 적은 서류) 기억記憶(생각해 냄, 암기함) 기념記念(오래 잊지 않고 남김)	사기史記(역사책) 기술記述(문장으로 서술함)
왼**좌**	좌익左翼(왼쪽 날개, 정치 성향) 좌파左派(정치 성향) 좌천左遷(강등) **좌고우면 左顧右眄** 좌우를 자주 살핌. 망설임	**우왕좌왕 右往左往** 사방으로 왔다 갔다 함 **좌지우지 左之右之** 이리저리 마음대로 휘두름 **좌충우돌 左衝右突** 이리저리 마구 부딪침
노래**가**	가수歌手(노래 부르기가 직업인 사람) 교가校歌(학교 노래) 군가軍歌(군대의 사기를 높이는 노래) 개가凱歌(승리의 노래)	**사면초가 四面楚歌** 사방으로 적에게 고립됨 **아가사창 我歌査唱** 내가 부를 노래를 사돈이 부름. 잘못한 사람이 큰 소리 침 **가무음곡 歌舞音曲** 노래, 춤, 음악
북녘**북** 달아날**배**	북한北韓(한반도의 휴전선 북쪽 지역) 남북南北(남쪽과 북쪽, 남한과 북한) 북진北進(북으로 뻗침) 패배敗北(져서 도망감)	**태산북두 泰山北斗** 존경을 받는 뛰어난 존재 **남귤북지 南橘北枳** 강남의 귤을 강북에 심으면 탱자가 됨. 환경에 따라 변함 **남선북마 南船北馬** 바쁘게 여기저기를 돌아다님 **북망산천 北邙山川** 사람이 죽어 묻히는 곳. 무덤이 많은 곳
아버지**부**	조부祖父(할아버지) 부친父親(아버지) **부전자전 父傳子傳** 아버지의 것이 아들에게 전해짐	**부자유친 父子有親** 아버지와 아들 사이는 친해야 함 **어부지리 漁父之利/漁夫之利** 어부의 이익. 둘이 다투는 사이 다른 이가 이익을 봄 **부위자강 父爲子綱** 아들은 아버지를 섬기는 것이 근본임
넷**사**	사촌四寸(4촌 친척) 사방四方(동서남북) 4월四月(네번째 달) **조삼모사 朝三暮四** 간사한 꾀로 농락함. 거기서 거기인 말로 현혹함 **장삼이사 張三李四** 장씨의 셋째와 이씨의 넷째 아들. 평범한 사람들 **문방사우 文房四友** 종이, 붓, 먹, 벼루	**사면초가 四面楚歌** 사방으로 적에게 고립됨 **사통팔달 四通八達** 사방팔방으로 통해 있어 교통이 편리한 위치 **사면춘풍 四面春風** 사방에서 봄바람이 불어옴. 항상 남을 잘 대하여 호감을 삼 **사통오달 四通五達** 길이 사방으로 막힘없이 잘 통함 **사사오입 四捨五入** 반올림
어머니**모**	부모父母(아버지와 어머니) 조부모祖父母(할아버지와 할머니) **맹모삼천 孟母三遷** 맹자 어머니가 자식의 교육을 위해 세 번 이사함	**맹모단기 孟母斷機** 학문을 중도에 그만둠은 짜던 베를 끊는 것과 같음 **현모양처 賢母良妻** 어진 어머니이자 착한 아내
모기**문**	**견문발검 見蚊拔劍** 모기를 보고 칼을 뺌. 조그만 일에도 성을 냄 **문맹지로 蚊蝱之勞** 모기와 등에의 수고. 극히 미약함	

外	海外	敎外別傳	外華內貧
	外交	外柔內剛	門外漢
	外國	內柔外剛	

| 綻 | 破綻 | 綻露 | |

| 擾 | 騷擾 | 擾亂 | |

| 搔 | 隔靴搔痒 | 麻姑搔痒 | |

| 灼 | 鑽灼 | 灼熱 | 夭夭灼灼 |

| 擦 | 摩擦 | 擦過傷 | 摩拳擦掌 |

| 獄 | 監獄 | 牢獄 | 阿鼻地獄 |
| | 地獄 | 無間地獄 | |

| 走 | 逃走 | 走者 | 走馬看山 |
| | 走行 | 東奔西走 | 夜半逃走 |

바깥外	해외海外 외교外交 교외별전 敎外別傳 마음에서 마음으로 전함 외유내강 外柔內剛 겉으로 보기에는 부드럽지만 속은 강인함 내유외강 內柔外剛 속은 부드럽고 겉은 강함. 사람이나 사물의 성질을 표현함 외화내빈 外華內貧 겉치레는 화려하지만 실속이 없음 문외한 門外漢 어떤 일에 전문성이나 지식이 없는 사람	외국外國
터질탄	파탄破綻(터짐, 중단됨)	탄로綻露(비밀이 알려짐)
시끄러울 요	소요騷擾(난리를 일으킴)	요란擾亂(떠들썩함)
긁을소	격화소양 隔靴搔痒 신을 신고 가려운 데를 긁음. 애썼지만 효과는 없음 마고소양 麻姑搔痒 마고 선녀가 긴 손톱으로 가려운 곳을 긁어줌. 바라던 일이 이뤄짐	
불사를작	찬작鑽灼(갈고 닦음) 작열灼熱(새빨갛게 불탐)	요요작작 夭夭灼灼 젊고 아름다움
문지를찰	마찰摩擦(서로 닳아 비벼짐, 분쟁, 이해충돌) 마권찰장 摩拳擦掌 주먹과 손바닥을 비빔. 기운을 모아 기회를 엿봄	찰과상擦過傷(쓸리거나 문질러서 생긴 상처)
옥옥	감옥監獄(죄인을 가두는 곳) 지옥地獄(죄인이 사후에 벌 받는 곳) 뇌옥牢獄(감옥)	무간지옥 無間地獄 영원히 고통 받는 지옥 아비지옥 阿鼻地獄 고통이 극심한 지옥
달릴주	도주逃走(도망) 주행走行(탈것이 달림) 주자走者(달리는 사람)	동분서주 東奔西走 부산하게 이리저리 돌아다님 주마간산 走馬看山 말타고 달리며 산을 바라봄. 바빠서 대충 봄 야반도주 夜半逃走 밤중에 몰래 도망감

進	推進	邁進	遲遲不進
	進行	前進	辟邪進慶
	進展	進退維谷	
	促進	進退兩難	

| 齒 | 齒牙 | 脣亡齒寒 | 切齒腐心 |
| | 齒列 | 丹脣皓齒 | |

| 慈 | 慈悲心 | | |

| 仲 | 仲裁 | 仲介 | 伯仲之間 |
| | 仲秋節 | 伯仲之勢 | 伯仲叔季 |

| 府 | 司法府 | 立法府 | |
| | 行政府 | 政府 | |

| 丈 | 丈夫 | 大丈夫 | 垂涎萬丈 |
| | 椿府丈 | 氣高萬丈 | 波瀾萬丈 |

步	進步	讓步	雀學鸛步
	踏步	邯鄲之步	
	初步	五十步百步	

| 辱 | 侮辱 | 辱說 | 知足不辱 |
| | 恥辱 | 壽則多辱 | |

나아갈**진**	추진推進(밀고 나감)	전진前進(앞으로 나아감)
	진행進行(앞으로 향함, 처리함)	진퇴유곡 進退維谷 오지도 가지도 못함. 궁지에 빠짐
	진전進展(발전)	진퇴양난 進退兩難 오지도 가지도 못함. 궁지에 빠짐
	촉진促進(재촉함)	지지부진 遲遲不進 일이 잘 진행되지 않음
	매진邁進(전력으로 나아감)	벽사진경 辟邪進慶 사악한 것을 쫓고 경사가 들어옴

이**치**	치아齒牙(이)	치열齒列(이가 줄지어 난 모양)
	순망치한 脣亡齒寒 입술을 잃으면 이가 시림. 가까운 이가 망하면 악영향을 받음	
	단순호치 丹脣皓齒 붉은 입술과 하얀 이. 아름다운 여자의 얼굴	
	절치부심 切齒腐心 몹시 분하고 속을 썩임	

사랑**자**	자비심慈悲心(자비나 사랑을 베푸는 마음)

버금**중**	중재仲裁(사이에서 조정함)	백중지세 伯仲之勢 우열을 가리기 어려움
	중추절仲秋節(추석)	백중지간 伯仲之間 우열을 가리기 어려움
	중개仲介(사람들 중간에서 일을 주선함)	백중숙계 伯仲叔季 형제의 차례. 백=첫째, 중=둘째, 숙=셋째, 계=넷째

마을**부** 관청**부**	사법부司法府(법의 판결을 관할하는 기관)	입법부立法府(법률 제정을 관할하는 기관)
	행정부行政府(법의 행정을 관할하는 기관)	정부政府(입법, 사법, 행정을 통틀어 이름)

어른**장**	장부丈夫(사나이)	대장부大丈夫(사내다운 남자)
	춘부장椿府丈(남의 아버지)	
	기고만장 氣高萬丈 기운이 만장(30km)이 뻗침. 기운이 대단하고 잘 풀림	
	수연만장 垂涎萬丈 욕심이 많아 침을 만 장(30km)이나 흘리고 다님	
	파란만장 波瀾萬丈 물결의 파장이 심함. 변화가 심함	

걸음**보**	진보進步(발달)	초보初步(첫걸음)
	답보踏步(제자리 걸음)	양보讓步(희생)
	한단지보 邯鄲之步 억지로 남의 흉내를 내면 실패함. 자기 것을 잃음	
	오십보백보 五十步百步 오십 걸음이나 백 걸음이나 거기서 거기임	
	작학관보 雀學鸛步 참새가 황새의 걸음을 배움. 분수를 모르고 따라함	

욕될**욕**	모욕侮辱(깔보고 욕함)	욕설辱說(모욕적인 말)
	치욕恥辱(수치스러움)	
	수즉다욕 壽則多辱 오래 살수록 망신스러운 일을 많이 겪음	
	지족불욕 知足不辱 분수를 알고 만족하면 모욕당하지 않음	

勿	勿論	非禮勿視	來者勿拒

偏	偏頗 偏狹	偏愛 無偏無黨	不偏不黨

求	要求 促求 請求	追求 緣木求魚 上山求魚	刻舟求劍 苛斂誅求 實事求是

喪	喪失 喪家	好喪 喪家之狗	

翩	翩翩		

假	假定 假處分	假象 狐假虎威	

腹	腹痛 腹案	腹部 遺腹子	口蜜腹劍 面從腹背

城	城郭 籠城	鐵甕城 傾城之美	孤城落日 墨城之守

말勿	물론勿論(말할 것도 없음, 당연히)	
	비례물시 非禮勿視 예의에 어긋나는 일은 보지도 말아야 함	
	내자물거 來者勿拒 오는 사람 막지 않음	

치우칠偏	편파偏頗(한쪽에 치우침)	무편무당 無偏無黨 편파적이지 않고 공평함
	편협偏狹(속이 좁음)	불편부당 不偏不黨 어느 한 쪽으로 기울어짐 없이 공평함
	편애偏愛(치우친 사랑)	

구할求	요구要求(필요한 것을 청함, 기대)	청구請求(요구)
	촉구促求(재촉하는 요구)	추구追求(쫓음)
	연목구어 緣木求魚 나무에 올라 물고기를 구함. 되지 않을 일을 함	
	상산구어 上山求魚 산 위에서 물고기를 찾음. 되지 않을 일을 함	
	각주구검 刻舟求劍 어리석고 융통성이 없음	
	가렴주구 苛斂誅求 세금을 심하게 걷고 재물을 빼앗음	
	실사구시 實事求是 있는 그대로의 사실을 탐구함	

잃을喪 죽을喪	상실喪失(없어짐, 잃음)	호상好喪(복을 누리고 장수한 사람의 죽음)
	상가喪家(사람이 죽어서 초상중인 집)	
	상가지구 喪家之狗 상갓집의 개. 초라한 꼴로 떠도는 사람을 놀리는 말	

나부낄翩	편편翩翩(훨훨 날아다님)

거짓假 임시假	가정假定(만약)	가상假象(실물 같은 가짜의 형상)
	가처분假處分(임시로 처분함)	
	호가호위 狐假虎威 남의 세력을 빌어 위세를 부림	

배腹	복통腹痛(배가 아픔)	복부腹部(배 부위)
	복안腹案(마음 속 생각)	유복자遺腹子(태어나기 전에 아버지를 여읨)
	구밀복검 口蜜腹劍 입으로 좋은 말을 하지만 속으로는 해치려고 함	
	면종복배 面從腹背 앞에서는 순종하는 체하고 뒤돌아서 딴 마음을 먹음	

재城	성곽城郭(성벽 둘레)	철옹성鐵甕城(방비가 잘 된 튼튼한 성)
	농성籠城(성 안에서 방어, 시위 농성)	
	경성지미 傾城之美 한 성을 기울게 할 미인	
	고성낙일 孤城落日 고립된 성에 지는 해. 세력이 약하고 고립됨	
	묵성지수 墨城之守 고집이 너무 완고함	

| 深 | 深刻 | 深夜 | 深思熟考 |
| | 深化 | 深山幽谷 | 九重深處 |

| 租 | 租稅 | 十一租 | |

| 稅 | 稅金 | 課稅 | |

| 誘 | 誘惑 | 誘導 | |
| | 誘致 | 誘發 | |

| 維 | 維持 | 維新 | 景行維賢 |
| | 纖維 | 進退維谷 | |

是	亦是	是正	今是昨非
	是非	似是而非	空卽是色
	是認	實事求是	
	或是	是非之心	

悲	悲劇	悲慘	風木之悲
	悲鳴	悲淚	
	慈悲	興盡悲來	

提	提起	提携	左提右挈
	提供	提高	
	提示	提唱	

깊을**심**	심각深刻(마음 깊이 중대함) 심화深化(깊어짐) 심야深夜(깊은 밤)	심산유곡 深山幽谷 깊숙하고 고요한 산골짜기 심사숙고 深思熟考 깊이 생각하고 신중하게 생각함 구중심처 九重深處 궁궐. 깊숙한 곳
조세**조** 쌀**저**	조세租稅(세금)	십일조十一租(교회 헌금)
세금**세**	세금稅金(국가가 국민과 기업에 강제로 거두는 돈)	과세課稅(세금을 부과함)
꾈**유**	유혹誘惑(꾐) 유치誘致(끌어옴)	유도誘導(이끎) 유발誘發(일으킴)
버리**유**	유지維持(지속) 섬유纖維(실 종류) 유신維新(개혁)	진퇴유곡 進退維谷 오지도 가지도 못함. 궁지에 빠짐 경행유현 景行維賢 행실을 당당하게 하면 어진 사람이 됨
이**시** 옳을**시**	역시亦是(마찬가지로, 또한) 시비是非(옳거나 그른) 시인是認(맞다고 인정함) 혹시或是(만약) 시정是正(잘못을 고침) 사시이비 似是而非 겉은 옳아 보이나 속은 다름	실사구시 實事求是 있는 그대로의 사실을 탐구함 시비지심 是非之心 옳고 그름을 가릴 줄 아는 마음 금시작비 今是昨非 오늘은 옳고 어제는 잘못됨. 과거의 잘못을 깨달음 공즉시색 空卽是色 우주 만물은 공허하나 인연에 의해 별개로 존재함
슬플**비**	비극悲劇(슬프고 비참함) 비명悲鳴(외침) 자비慈悲(가엾게 여김) 비참悲慘(끔직함)	비루悲淚(슬픔의 눈물) 흥진비래 興盡悲來 즐거운 일이 다하면 슬픔이 옴 풍목지비 風木之悲 효도하려 하나 부모님이 돌아가심
끌**제**	제기提起(의논을 일으킴) 제공提供(줌) 제시提示(나타내어 줌) 제휴提携(공동의 목적을 위해 협력함)	제고提高(쳐들어 높임) 제창提唱(어느 학설이나 의견을 처음으로 주장함) 좌제우설 左提右挈 왼쪽에서 끌고 오른쪽에서 이끎. 서로 도움

| 濟 | 經濟 | 濟州道 | 經國濟世 |
| | 救濟 | 經世濟民 | 濟河焚舟 |

| 越 | 超越 | 追越 | 吳越同舟 |
| | 卓越 | 越權 | 肝膽楚越 |

| 譯 | 飜譯 | 內譯 | 譯官 |

益	有益	收益	開卷有益
	利益	多多益善	延年益壽
	國益	老益壯	益者三友

肉	筋肉	肉薄	骨肉相殘
	肉體	羊頭狗肉	魚東肉西
	肉身	酒池肉林	髀肉之嘆(歎)

指	指摘	指示	指呼之間
	指揮	指向	射魚指天
	指定	指鹿爲馬	

弊	弊害	疲弊	法久弊生
	弊端	積弊	
	病弊	弊帚千金	

| 巧 | 巧妙 | 技巧 | 巧言令色 |
| | 精巧 | 工巧 | |

건널제	
경제經濟(생산 소비의 사회적 관계, 절약)	제주도 濟州道(섬 이름)
구제救濟(재해를 당한 사람을 도움)	
경세제민 經世濟民 세상을 다스리고 백성을 구제함	
경국제세 經國濟世 나라 일을 잘 다스려 세상을 구제함	
제하분주 濟河焚舟 배를 타고 물을 건넌 후 배를 불태움. 필사의 각오	

넘을월	
초월超越(넘음)	추월追越(앞지름)
탁월卓越(훌륭)	월권越權(권한 밖의 일)
오월동주 吳越同舟 원수인 오나라와 월나라 사람이 같은 배를 탐. 적끼리 협력함	
간담초월 肝膽楚越 관점에 따라 비슷한 것도 전혀 다름. 가까운 것도 멀어 보임	

번역할역	
번역飜譯(어떤 언어를 다른 언어로 옮김)	역관譯官(통역담당관)
내역內譯(자세한 내용)	

더할익	
유익有益(이로움)	**노익장** 老益壯 나이는 많으나 기운은 더욱 좋음
이익利益(보탬이 되는 것, 수입에서 비용을 뺀 금액)	**개권유익** 開卷有益 책을 펴서 읽으면 유익함
국익國益(국가에 이로움)	**연년익수** 延年益壽 나이를 먹고 더 오래 삶
수익收益(이익을 얻음)	**익자삼우** 益者三友 유익한 세가지 친구. 정직한 사람,
다다익선 多多益善 많으면 많을수록 좋음	도리를 지키는 사람, 유식한 사람

고기육	
근육筋肉(힘줄과 살)	육신肉身(몸)
육체肉體(몸)	육박肉薄(특정 수치에 근접함, 몸으로 돌진함)
양두구육 羊頭狗肉 양 머리를 내걸고 개고기를 판매함. 겉과 속이 다름. 말과 행동이 불일치함	
주지육림 酒池肉林 호사스럽고 방탕한 술자리	
골육상잔 骨肉相殘 형제나 민족간의 살육	
어동육서 魚東肉西 제사상에서 생선은 동쪽에 고기는 서쪽에 놓음	
비육지탄 髀肉之嘆(歎) 다리가 살찜을 탄식함. 허송세월하는 것을 한탄함	

가리킬지	
지적指摘(집어냄)	지시指示(일을 시킴, 가리킴)
지휘指揮(단체를 통솔함)	지향指向(특정 방향으로 향하게 함)
지정指定(가리켜 정함)	
지록위마 指鹿爲馬 사슴 보고 말이라고 함. 윗사람을 농락하여 권세를 마음대로 함	
지호지간 指呼之間 부르면 곧 대답할 만한 가까운 거리	
사어지천 射魚指天 고기를 잡으려 하늘에다 쏨. 불가능한 일을 함	

폐단폐 해질폐	
폐해弊害(나쁜 일)	적폐積弊(오래 쌓인 폐단)
폐단弊端(해로움)	**폐추천금** 弊帚千金 자기 것은 무조건 좋다고 생각함
병폐病弊(폐단, 병통)	**법구폐생** 法久弊生 좋은 법도 세월이 지나면 폐단이 생김
피폐疲弊(궁핍함)	

공교할교	
교묘巧妙(재치있고 묘함)	공교工巧(우연)
정교精巧(정밀함)	**교언영색** 巧言令色 교묘한 말과 아첨하는 얼굴빛
기교技巧(솜씨)	

令	命令	司令官	令狀

洞	洞察	空洞化	洞洞屬屬
	洞里	洞房華燭	

嘆	慨嘆	歎息	麥秀之嘆(歎)
	慨歎	悲嘆	
	嘆息	悲歎	

權	權利	執權	著作權
	權限	權勢	權不十年
	政權	霸權	權謀術數

俗	風俗	美風良俗	非僧非俗
	俗談	世俗五戒	
	民俗	半僧半俗	

謂	所謂		

抵	抵抗	抵觸	

未	未熟	未洽	未曾有
	未滿	未嘗不	稀代未聞
	未來	未踏	前代未聞

하여금**영**	명령命令(윗사람이 아랫사람에게 시킴) 사령관司令官(군대에서 지휘 통솔하는 직책)	영장令狀(집행 명령서)

| 밝을**통**
골**동** | 통찰洞察(꿰뚫어 봄, 내다봄)
동리洞里(마을)
공동화空洞化(텅 비게 됨) | **동방화촉** 洞房華燭 혼례를 치른 뒤에 신랑이 신부 방에서 잠
동동촉촉 洞洞屬屬 공경하고 삼가하여 조심스러움 |

| 탄식할**탄**
또**우** | 개탄慨嘆/慨歎(분하여 탄식함)
탄식嘆息/歎息(한숨쉬며 한탄함, 감탄함)
비탄悲嘆/悲歎(슬픔, 탄식) | **맥수지탄** 麥秀之嘆(歎) 나라를 잃음에 대한 탄식 |

| 권세**권** | 권리權利(권세와 이익)
권한權限(권리와 한계, 정당한 범위)
정권政權(정치 권력)
집권執權(정권을 잡음)
권세權勢(권력과 세력) | 패권覇權(우두머리의 권력)
저작권著作權(저작자가 저작물에 대해 가진 권리)
권불십년 權不十年 권세는 십 년을 못 감. 영원한 권력은
없음
권모술수 權謀術數 목적 달성을 위해 술수를 가리지 않음 |

| 풍속**속** | 풍속風俗(관습)
속담俗談(예로부터 전해 온 격언)
민속民俗(민간의 관습)
미풍양속 美風良俗 아름답고 좋은 풍속 | **세속오계** 世俗五戒 화랑이 지켜야 할 다섯 가지 계율
반승반속 半僧半俗 중도 아니고 속인도 아님. 분명하게
이름을 붙일 수 없음
비승비속 非僧非俗 중도 아니고 일반인도 아님. 어중간함 |

| 이를**위** | 소위所謂(이른바) | |

| 막을**저**
칠**지** | 저항抵抗(거역하며 버팀, 반대로 작용하는 힘) | 저촉抵觸(위반됨) |

| 아닐**미** | 미숙未熟(서투름)
미만未滿(같지 않고 낮음)
미래未來(앞날)
미흡未洽(부족함)
미상불未嘗不(아닌게 아님, 아마도) | 미답未踏(누구도 못해봄)
미증유 未曾有 지금껏 본 적 없음
희대미문 稀代未聞 아주 드물게 들음
전대미문 前代未聞 지금까지 없었던 일 |

隔

隔差	隔離	隔靴爬痒
間隔	隔世之感	
遠隔	隔靴搔痒	

靈

| 靈魂 | 幽靈 |
| 妄靈 | 心靈 |

亦

| 亦是 | 馬行處牛亦去 | 盜亦有道 |

猶

| 猶豫 | 過猶不及 | 猶魚有水 |

細

| 細胞 | 仔細 |
| 詳細 | 零細 |

確

| 確認 | 確定 | 確固不動 |
| 確保 | 正確 | |

血

| 血液 | 輸血 | 鳥足之血 |
| 獻血 | 冷血漢 | 血氣旺盛 |

述

| 陳述 | 論述 |
| 敍述 | 述而不作 |

| 사이뜰**격**
막을**격** | 격차隔差(수준 차이)
간격間隔(벌어진 정도)
원격遠隔(멀리 떨어짐)
격리隔離(분리하여 가둠) | **격세지감** 隔世之感 세월이 많이 지난 기분
격화소양 隔靴搔痒 신을 신고 가려운 데를 긁음. 애썼지만
효과는 없고 답답함
격화파양 隔靴爬痒 신을 신고 발바닥을 긁음. 애썼지만
효과는 없고 답답함 |

| 신령**영** | 영혼靈魂(죽은 사람의 넋)
망령妄靈(정신이상) | 유령幽靈(죽은 사람의 혼)
심령心靈(정신의 근원) |

| 또**역** | 역시亦是(마찬가지로, 또한)
마행처우역거 馬行處牛亦去 말이 가면 소도 감. 남이 하면 나도 할 수 있음
도역유도 盜亦有道 도둑에게도 나름의 도덕이 있음 |

| 오히려**유**
원숭이**유** | 유예猶豫(늦춤, 하지 않음)
과유불급 過猶不及 지나침은 부족함만 못 함
유어유수 猶魚有水 물고기와 물의 관계. 친밀함 |

| 가늘**세** | 세포細胞(생물의 기본 단위)
상세詳細(세밀함) | 자세仔細(세밀함)
영세零細(궁핍함) |

| 굳을**확** | 확인確認(사실을 알아보거나 인정함)
확보確保(갖춤, 확실히 보증함)
확정確定(확실히 정함) | 정확正確(바르고 확실함)
확고부동 確固不動 흔들리지 않고 확고함 |

| 피**혈** | 혈액血液(피)
헌혈獻血(피를 뽑아 줌)
수혈輸血(피를 주입시킴) | 냉혈한冷血漢(인정이 없고 냉혹한 사람)
조족지혈 鳥足之血 새 발의 피. 매우 적음
혈기왕성 血氣旺盛 기운이 한창 좋음 |

| 펼**술** | 진술陳述(입으로 말함)
서술敍述(내용을 차근히 말하거나 적음)
술이부작 述而不作 성인의 말을 전하고 말을 덧붙이지 않음 | 논술論述(논리적으로 서술함) |

醉			
	陶醉	痲醉	無我陶醉
	心醉	醉生夢死	
	醉客	金迷紙醉	

聖			
	聖人	聖誕節	凡聖不二
	聖域	太平聖代	聖人君子

請			
	要請	招請	請託
	申請	請求	轉之轉請

官			
	官吏	貪官汚吏	舊官名官
	官僚	削奪官職	官尊民卑
	長官	高官大爵	微官末職
	官員	賣官賣職	

烏			
	三足烏	烏合之卒	烏飛梨落

飛			
	飛行機	風飛雹散	不飛不鳴
	飛上	魂飛魄散	不蜚不鳴
	飛躍	白雲孤飛	

六			
	六旬	六何原則	
	五臟六腑	三十六計	

捲			
	席捲	捲土重來	雲捲天晴

취할취
도취陶醉(취하듯이 빠짐, 술에 취함)
심취心醉(깊이 빠짐)
취객醉客(취한 사람)
마취痲醉(약으로 마비시킴, 판단이 마비됨)

취생몽사 醉生夢死 취한 듯 꿈꾸듯 살다가 죽음. 일생을 허송세월로 보냄
금미지취 金迷紙醉 지극히 사치스런 생활
무아도취 無我陶醉 자신의 존재를 완전 잊고 흠뻑 취함

성인성
성인聖人(성자, 깨달음을 얻은 사람)
성역聖域(신성한 지역이나 부분)
성탄절聖誕節(크리스마스)

태평성대 太平聖代 태평스런 시절
범성불이 凡聖不二 범인과 성인의 구별은 있지만 본성은 모두 평등함
성인군자 聖人君子 지식과 인격이 뛰어나 존경 받는 사람

청할청
요청要請(필요한 것을 청함)
신청申請(알려서 요청함)
초청招請(초대함)

청구請求(상대방에게 요구함)
청탁請託(청하여 부탁함)
전지전청 轉之轉請 여러 사람을 통해 간접적으로 청함

벼슬관
관리官吏(공무원)
관료官僚(관리 집단)
장관長官(각 행정부의 우두머리)
관원官員(벼슬아치)
탐관오리 貪官汚吏 탐욕스러운 비리 벼슬아치
삭탈관직 削奪官職 죄인의 벼슬을 몰수함

고관대작 高官大爵 지위가 높은 벼슬자리
매관매직 賣官賣職 뇌물을 받고 벼슬을 매매함
구관명관 舊官名官 먼저 있던 벼슬아치가 더 훌륭했음
관존민비 官尊民卑 벼슬아치는 높고 귀하며 백성은 낮고 천하게 여김
미관말직 微官末職 지위가 낮은 벼슬자리

까마귀오
삼족오三足烏(신화 속의 세 발 달린 까마귀)
오합지졸 烏合之卒 까마귀 무리 같은 병사. 무질서하고 무능한 사람들이 모임
오비이락 烏飛梨落 까마귀 날자 배 떨어짐. 일이 공교롭게 동시에 일어남

날을비
비행기飛行機(하늘을 나는 기계)
비상飛上(솟아 오름)
비약飛躍(급상승, 논리적 과장)
풍비박산 風飛雹散 사방으로 날아 흩어짐

혼비백산 魂飛魄散 혼이 날아서 흩어질 정도로 놀람
백운고비 白雲孤飛 고향에 계신 부모님을 생각함
불비불명 不飛(蜚)不鳴 새가 삼년 간 날지도 울지도 않음. 큰 일을 위해 때를 기다림

여섯육
육순六旬(60살)
오장육부 五臟六腑 인체 내장의 총칭
육하원칙 六何原則 누가, 언제, 어디서, 무엇을, 어떻게, 왜. 사실관계의 여섯가지 요소
삼십육계 三十六計 도망가는 것이 가장 상책임. 35가지 책략이 안 통하면 36번째 책략인 도망

거둘권
석권席捲(휩쓸어 차지함)
권토중래 捲土重來 한 번 패했다가 추스려 다시 쳐들어옴
운권천청 雲捲天晴 구름이 걷히고 하늘이 맑아짐. 병이나 걱정근심이 없어짐

何		
何等	何必	抑何心情
如何	無可奈何	

矩		
矩券		

態		
狀態	行態	花容月態
事態	炎涼世態	千態萬象
態度	白紙狀態	

兆		
兆	吉兆	五日京兆
兆朕	不吉之兆	

阿		
阿附	阿鼻叫喚	阿附雷同
阿諂	曲學阿世	

難		
論難	難處	多事多難
非難	刻骨難忘	衆口難防
困難	難兄難弟	難忘之澤
災難	難攻不落	患難相恤
難澁	進退兩難	
難航	白骨難忘	

螳		
螳螂	螳螂拒轍	螳螂之斧

어찌하	하등何等(조금도) 여하如何(어떻게 하는지) 하필何必(어째서)	무가내하 無可奈何 고집을 부려 어쩔 수 없음 억하심정 抑何心情 무슨 생각으로 했는지 모름

모날구	구권矩券(어음, 선물하는 물품의 목록)	

모습태	상태狀態(모양이나 형편) 사태事態(일이 벌어진 상태) 염량세태 炎凉世態 권세에 아첨하고 권세가 떨어지면 푸대접하는 세태 백지상태 白紙狀態 아무 것도 모르는 상태 화용월태 花容月態 아름다운 여자의 모습 천태만상 千態萬象 천 가지 만 가지 모양. 모양이나 현상이 제각각 다양함	태도態度(동작의 모양새, 마음가짐) 행태行態(생김새)

조조	조兆(숫자) 조짐兆朕(징조) 길조吉兆(좋은 징조)	불길지조 不吉之兆 흉한 일이 있을 징조 오일경조 五日京兆 얼마 못가는 관직. 부귀영화가 얼마 못 감

언덕아	아부阿附(비위를 맞춤) 아첨阿諂(비위를 맞춤) 아비규환 阿鼻叫喚 아비지옥과 규환지옥. 매우 비참하고 끔찍한 상황	곡학아세 曲學阿世 학문을 굽혀 세속에 아첨함. 출세를 위해 처신하는 학자를 비꼼 아부뇌동 阿附雷同 줏대 없이 남의 말에 아부함

어려울난	논란論難(주장하며 싸움) 비난非難(비방) 곤란困難(몹시 딱하고 어려움) 재난災難(재앙) 난삽難澁(이해하기 어렵고 까다로움) 난항難航(진행이 순조롭지 못함) 난처難處(처리하기 어려움, 처지가 곤란함, 지형이 험함) 각골난망 刻骨難忘 은덕을 잊을 수 없음 난형난제 難兄難弟 형인지 아우인지 분간하기 어려움. 우열을 가릴 수 없이 비슷함	난공불락 難攻不落 공격하기 어려워 함락되지 않는 성. 제갈량의 고사 진퇴양난 進退兩難 오지도 가지도 못함. 궁지에 빠짐 백골난망 白骨難忘 백골이 되더라도 잊기 어려움. 입은 은혜가 엄청나 잊지 못함 다사다난 多事多難 여러 가지 일로 바쁘고 어려운 일도 많음 중구난방 衆口難防 여러 사람을 입막음하기 어려움. 여기 저기서 마구 지껄임 난망지택 難忘之澤 잊을 수 없는 은혜 환난상휼 患難相恤 어려운 일을 겪으면 서로 도와야 함

사마귀당	당랑螳螂(사마귀) 당랑거철 螳螂拒轍 분수도 모르고 강적에게 덤빔 당랑지부 螳螂之斧 사마귀가 앞발을 들어 수레를 막음. 분수도 모르고 강한 적에게 덤벼듦	

| 螳 | 螳螂 | 螳螂拒轍 | 螳螂之斧 |

| 驗 | 試驗 | 經驗 |
| | 實驗 | 體驗 |

| 描 | 描寫 | 素描 | 描虎類犬 |

| 憂 | 憂慮 | 杞憂 | 識字憂患 |
| | 憂鬱 | 杞人之憂 | 憂國衷情 |

| 症 | 症勢 | 後遺症 | 無何之症 |
| | 症狀 | 對症下藥 | 對症療法 |

| 猫 | 家猫 | 窮鼠囓猫 |
| | 猫兒 | 猫頭懸鈴 |

| 徐 | 徐行 |

| 擲 | 快擲 | 投擲 | 乾坤一擲 |

사마귀낭

당랑螳螂(사마귀)
당랑거철 螳螂拒轍 분수도 모르고 강적에게 덤빔
당랑지부 螳螂之斧 사마귀가 앞발을 들어 수레를 막음. 분수도 모르고 강한 적에게 덤벼듦

시험험

시험試驗(능력을 측정함)
실험實驗(현상을 일으켜 관찰함)
경험經驗(겪은 지식이나 기능)
체험體驗(직접한 경험)

그릴묘

묘사描寫(그려 냄, 표현함)
소묘素描(형상을 선으로 그림)
묘호류견 描虎類犬 호랑이를 그리려다 실패하여 개가 됨. 높은 뜻으로 시작했으나 중도에 망함

근심우

우려憂慮(걱정)
우울憂鬱(근심하며 답답함)
기우杞憂(쓸데없는 걱정)
기인지우 杞人之憂 기나라 사람의 군 걱정. 쓸데없는 걱정과 무익한 근심
식자우환 識字憂患 학식이 도리어 근심을 이끌어 옴
우국충정 憂國衷情 나랏일에 근심하는 진실된 마음

증세증

증세症勢(병의 형태)
증상症狀(병을 앓을 때 나타나는 상태)
후유증後遺症(치료후에 남는 증상)
대증하약 對症下藥 증세에 맞는 약을 써야 함. 문제를 알고 대처해야 함
무하지증 無何之症 병명을 몰라 고칠 수 없음
대증요법 對症療法 병의 증상에 대응하는 치료법

고양이묘

가묘家猫(집 고양이)
묘아猫兒(새끼 고양이)
궁서설묘 窮鼠囓猫 궁지에 몰린 쥐가 고양이를 문다
묘두현령 猫頭懸鈴 고양이 목에 방울 달기. 불가능한 탁상공론

천천히할서

서행徐行(천천히 감)

던질척

쾌척快擲(시원하게 내놓음)
투척投擲(힘껏 던짐)
건곤일척 乾坤一擲 하늘과 땅을 한 번에 결정함. 모든 것을 건 승부

星	彗星	行星	綺羅星
	衛星	恒星	井中視星

索	檢索	摸索	索引
	搜索	索莫	暗中摸索

觸	接觸	觸媒	蠻觸之爭
	觸發	一觸卽發	

惠	恩惠	惠澤	惠而不費
	特惠	不費之惠	惠而不知爲政

易	貿易	簡易	易地思之
	交易	難易度	萬古不易
	容易	平易	少年易老學難成

詳	詳細	詳述	顧答審詳
	昭詳	博學而詳說之	

排	排斥	排出	排山壓卵
	排擊	排泄	
	排除	嫉逐排斥	

程	程度	上程	萬里前程
	過程	鵬程萬里	前程萬里
	日程	程門立雪	

별성	혜성彗星(꼬리별, 갑자기 등장한 뛰어난 인물)	항성恒星(머물러 있고 자체 발광하는 별)
	위성衛星(행성을 공전하는 부속 별)	기라성綺羅星(반짝이는 별들이 널림, 훌륭한 사람들이
	행성行星(항성을 공전하는 별)	널림)
	정중시성 井中視星 우물 속에서 별을 봄. 편견 때문에 한 쪽에 치우침	

찾을색 노끈삭	검색檢索(자료를 찾음, 증거를 살핌)	삭막索莫(아득함)
	수색搜索(구석구석 찾음)	색인索引(찾는 정보, 찾기 위한 목록)
	모색摸索(돌파구를 찾음)	**암중모색** 暗中摸索 어둠 속에서 손으로 더듬어 찾음

닿을촉	접촉接觸(서로 닿음)	촉매觸媒(화학 반응을 촉진함)
	촉발觸發(일으킴)	
	일촉즉발 一觸卽發 조금만 닿아도 곧 폭발할 것 같은 모양. 막 일어날 듯 위험한 지경	
	만촉지쟁 蠻觸之爭 만씨와 촉씨의 다툼. 사사한 것 때문에 다툼	

은혜혜	은혜恩惠(베푸는 혜택, 은총)	혜택惠澤(베풀음, 덕분)
	특혜特惠(특별한 혜택)	
	불비지혜 不費之惠 자신에게는 해가 없어도 남에게는 이익되는 은혜	
	혜이불비 惠而不費 정치가는 백성에게 은혜를 베풀되 낭비하지 않아야 함	
	혜이부지위정 惠而不知爲政 은혜로우나 정치는 못함	

바꿀역 쉬울이	무역貿易(물건을 사고 팖)	간이簡易(간단)
	교역交易(나라 사이에 물건을 사고 팖)	난이도難易度(어려움과 쉬움의 정도)
	용이容易(매우 쉬움)	평이平易(까다롭지 않고 쉬움)
	역지사지 易地思之 처지를 바꾸어 생각함	
	만고불역 萬古不易 오랜 세월 변함없음	
	소년이로학난성 少年易老學難成 소년은 늙기 쉬우나 학문은 이루기 어려움	

자세할상	상세詳細(자세함)	상술詳述(자세한 진술)
	소상昭詳(자세함)	
	박학이상설지 博學而詳說之 박학함으로 상세히 풀이하는 것은 사람들이 알아듣게 하기 위함임	
	고답심상 顧答審詳 편지의 회답도 잘 살피며 써야 함	

밀칠배	배척排斥(몰아냄)	배설排泄(배출, 밖으로 내보냄)
	배격排擊(몰아냄)	**질축배척** 嫉逐排斥 시기하고 미워하여 물리침
	배제排除(제외함)	**배산압란** 排山壓卵 산을 떠밀어 달걀을 깨트림. 아주 쉬움
	배출排出(안에서 밖으로 내보냄)	

한도정	정도程度(분량, 수준, 한도)	일정日程(스케줄, 순서)
	과정過程(일이 되어가는 경과)	상정上程(안건을 회의에 내놓음)
	붕정만리 鵬程萬里 붕새가 날아가는 길이 만 리로 트임. 장래가 유망함	
	정문입설 程門立雪 제자가 스승을 존경함	
	만리전정 萬里前程 희망찬 미래	
	전정만리 前程萬里 앞길이 만리임. 미래가 매우 유망함	

輩	先輩 後輩	暴力輩 輩出	當今無輩 奸細之輩

韻	韻致 韻律	韻文 風流韻事

翼	右翼 左翼	雙翼 連理比翼	如虎添翼 比翼連理

怒	憤怒 大怒 喜怒哀樂	怒蠅拔劍 怒甲移乙 怒氣登天	怒氣衝天 疾風怒濤

夢	惡夢 夢寐 蒙昧	一場春夢 盧生之夢 同床異夢	胡蝶之夢 邯鄲之夢 南柯一夢

貨	貨幣 財貨	物貨相通 奇貨可居

陳	陳述 陳列	陳腐 新陳代謝

盛	茂盛 旺盛 豊盛	盛需期 興亡盛衰 榮枯盛衰	珍羞盛饌

무리배	선배先輩(같은 분야의 손윗사람)	배출輩出(인재를 냄)
	후배後輩(같은 분야의 손아랫사람)	당금무배 當今無輩 이 세상에 비길 사람이 없음
	폭력배暴力輩(폭력을 행사하는 무리, 깡패)	간세지배 奸細之輩 간사한 짓을 하는 못된 무리

운운 운치운	운치韻致(고상하고 우아함)	운문韻文(문자 배열의 규율이 있는 글)
	운율韻律(음성의 강약, 장단, 고저)	풍류운사 風流韻事 자연과 하나되어 시를 지으며 즐김

날개익	우익右翼(오른쪽 날개, 우파)	연리비익 連理比翼 부부 사이가 화목함
	좌익左翼(왼쪽 날개, 좌파)	여호첨익 如虎添翼 호랑이에게 날개를 달아줌. 유능한 사람을 도와 더 뛰어나게 됨
	쌍익雙翼(양쪽 날개)	비익연리 比翼連理 부부가 아주 화목함

성낼노	분노憤怒(몹시 화를 냄)	대로大怒(크게 분노함 *대노(x))
	희로애락 喜怒哀樂 기쁨, 노여움, 슬픔, 즐거움. 사람의 여러가지 감정	
	노승발검 怒蠅拔劍 파리 때문에 성내며 칼을 뽑아 듦. 작은 일로 화를 냄	
	노갑이을 怒甲移乙 갑에게 당한 노여움을 을에게 화풀이 함	
	노기등천 怒氣登天 머리 끝까지 화남	
	노기충천 怒氣衝天 머리 끝까지 화남	
	질풍노도 疾風怒濤 거친 바람과 소용돌이 치는 물결. 감정이 시시각각 급격하게 변함	

꿈몽	악몽惡夢(무서운 꿈)	몽매蒙昧 (어리석음)
	몽매夢寐(자면서 꾸는 꿈)	
	일장춘몽 一場春夢 한바탕 허무한 봄 꿈	
	노생지몽 盧生之夢 한때의 헛된 부귀영화	
	동상이몽 同床異夢 같은 잠자리에서 다른 꿈을 꿈. 같이 행동하나 딴생각을 가짐	
	호접지몽 胡蝶之夢 꿈속에서 나비가 되어 나비가 자신인지 자신이 나비인지 분간하지 못함	
	한단지몽 邯鄲之夢 사람의 일생에 '부귀란 헛되고 덧없다'는 뜻 한단에서 여옹이 낮잠을 자면서 꾼 꿈에 유래	
	남가일몽 南柯一夢 한 때의 헛된 부귀	

재물화	화폐貨幣(지폐, 주화 등)	재화財貨(재물)
	물화상통 物貨相通 물품과 재화가 서로 통용됨	
	기화가거 奇貨可居 좋은 기회를 기다려 큰 이익을 봄	

베풀진	진술陳述(자세히 말함)	진부陳腐(케케묵음)
	진열陳列(보여주려 늘어놓음)	
	신진대사 新陳代謝 묵은 것이 없어지고 새것이 대신 생김	

성할성	무성茂盛(우거짐)	흥망성쇠 興亡盛衰 흥하고 망함과 번성과 쇠약
	왕성旺盛(한창 성함)	영고성쇠 榮枯盛衰 성하고 쇠함이 뒤바뀜
	풍성豊盛(넉넉하고 많음)	진수성찬 珍羞盛饌 맛있는 음식을 성대하게 차림
	성수기盛需期(어떤 물품이 한창 쓰이는 때)	

| 衰 | 衰退 | 盛衰 | 榮枯盛衰 |
| | 衰弱 | 興亡盛衰 | 盛者必衰 |

| 亭 | 亭子 | 老人亭 | 植松望亭 |
| | 客亭 | 華亭鶴唳 | |

| 符 | 符號 | 免罪符 | |
| | 符合 | 名實相符 | |

恥	羞恥	廉恥	破廉恥漢
	恥辱	厚顔無恥	
	恥部	不恥下問	

| 奢 | 奢侈 | 驕奢淫佚 | |
| | 豪奢 | 由奢入儉 | |

| 宮 | 宮闕 | 宮趾 | 九重宮闕 |

議	論議	會議	爛商討議
	協議	稟議	
	審議	不可思議	

非	非難	似是而非	是是非非
	是非	非一非再	
	非理	非夢似夢	

쇠할쇠	쇠퇴衰退(쇠하여 전보다 못함)
	쇠약衰弱(힘이 쇠하고 약함)
	성쇠盛衰(성공과 쇠망)

홍망성쇠 興亡盛衰 홍하고 망함과 번성과 쇠약
영고성쇠 榮枯盛衰 성하고 쇠함이 뒤바뀜
성자필쇠 盛者必衰 한 번 성한 자는 반드시 쇠함

정자정 정자亭子(지붕 달린 쉼터)
객정客亭(여관)
화정학려 華亭鶴唳 옛일을 그리워함. 벼슬에 올랐으나 후회함
식송망정 植松望亭 소나무를 심어 정자로 사용함. 바라는 일이 터무니 없음

노인정老人亭(노인들이 쉴 수 있는 곳)

부호부 부호符號(기호)
부합符合(들어맞음)
명실상부 名實相符 이름과 실상이 서로 일치함

면죄부免罪符(재물을 바치면 죄를 면하는 증서)

부끄러울 치 수치羞恥(떳떳하지 못해 부끄러움)
치욕恥辱(부끄럽고 욕됨)
후안무치 厚顏無恥 낯가죽이 두꺼워 부끄러운 줄을 모름
불치하문 不恥下問 아랫사람에게 질문을 부끄러워하지 않음
파렴치한 破廉恥漢 부끄러운 줄 모르는 뻔뻔한 사람

치부恥部(부끄러운 부분)
염치廉恥(폐를 끼쳐 부끄럽고 미안한 마음)

사치할사 사치奢侈(돈을 낭비함)
교사음일 驕奢淫佚 교만하여 사치스럽고 방탕함
유사입검 由奢入儉 사치를 버리고 검소하게 살려고 노력함

호사豪奢(호화롭고 사치스러움)

집궁 궁궐宮闕(임금의 궁전)
궁지宮趾(궁궐 터)

구중궁궐 九重宮闕 문이 겹겹이 달린 깊은 대궐

의논할의 논의論議(토의함)
협의協議(서로 의논함)
심의審議(토의하여 심사함)
불가사의 不可思議 사람의 생각으로는 알 수 없는 오묘함
난상토의 爛商討議 여러 사람이 낱낱이 토의함

회의會議(여럿이 의논함)
품의稟議(여쭈어 의논함)

아닐비 비방할비 비난非難(잘못을 헐뜯음, 나쁘게 말함)
시비是非(옳음과 그름)
사시이비 似是而非 겉은 옳아 보이나 속은 다름
비일비재 非一非再 한 두 번이 아님. 자주
비몽사몽 非夢似夢 꿈인지 생시인지 모르겠음
시시비비 是是非非 옳고 그름을 가려 밝힘

비리非理(부도덕하고 이치에 어긋남)

| 乾 | 乾坤 | 乾達 | 乾木水生 |
| | 乾燥 | 乾坤一擲 | |

| 惹 | 惹起 | 惹端 | |

| 渭 | 涇渭 | 渭樹江雲 | |

| 耽 | 耽溺 | 耽讀 | |

| 靴 | 運動靴 | 軍靴 | 隔靴搔痒 |

| 杜 | 杜絶 | 杜門不出 | 杜漸防萌 |

| 蹢 | 蔦蹢三紀乃獲一 雄 | | |

| 沃 | 肥沃 | 沃沮 | |
| | 沃土 | 門前沃畓 | |

| 하늘건
마를건 | 건곤乾坤(하늘과 땅)
건조乾燥(마름)
건곤일척 乾坤一擲 하늘과 땅을 한 번에 결정함. 모든 것을 건 승부
건목수생 乾木水生 마른 나무에서 물을 짜냄. 억지로 무리한 시도를 함 | 건달乾達(게으른 깡패) |

| 이끌야 | 야기惹起(일으킴) | 야단惹端(떠들썩 함) |

| 물이름위 | 경위涇渭(옳고 그름의 분별)
위수강운 渭樹江雲 서로 거리가 멂 | |

| 즐길탐 | 탐닉耽溺(즐겨서 푹 빠짐) | 탐독耽讀(즐겨 읽음) |

| 신화 | 운동화運動靴(활동하기 편한 신발)
격화소양 隔靴搔痒 신을 신고 가려운 데를 긁음. 애썼지만 효과는 없음 | 군화軍靴(전투용 신발) |

| 막을두 | 두절杜絕(끊김)
두문불출 杜門不出 세상밖에 나가지 않음
두점방맹 杜漸防萌 애초에 싹트지 못하게 막음. 조짐이 나쁠 때 미리 해를 제거함 | |

| 넘을유 | 연유삼기내획일치 鳶蹂三紀乃獲一雉 솔개도 오래면 꿩을 잡는다. 경험이 쌓이면 못하던 것도 할 수 있음 | |

| 기름질옥 | 비옥肥沃(땅이 기름짐)
옥토沃土(기름진 땅)
문전옥답 門前沃畓 집 옆의 좋은 논. 재산이 많음 | 옥저沃沮(나라) |

瑞	祥瑞		

諮	諮問		

焦	焦點 焦燥	焦勞 焦眉之急	勞心焦思

吳	吳越同舟	吳牛喘月	吳下阿蒙

型	模型 類型	大型 典型的	

坤	乾坤	乾坤一擲	

罷	罷業 罷免	革罷 封庫罷職	

顧	回顧 顧客	顧問 三顧草廬	左顧右眄 四顧無親

상서**서**	상서祥瑞(경사스럽고 길함)

물을**자**	자문諮問(전문가에게 물음)

탈초

초점焦點(집중하는 점)　　　　　　　　초로焦勞(애태움)
초조焦燥(마음 졸임)
초미지급 焦眉之急 눈썹에 불이 붙음. 매우 다급함
노심초사 勞心焦思 애를 써 속을 태움

성씨오

오월동주 吳越同舟 원수인 오나라와 월나라 사람이 같은 배를 탐. 적끼리 협력함
오우천월 吳牛喘月 해를 싫어하는 소가 달 보고 해 인줄 알고 헐떡임. 괜히 겁먹음
오하아몽 吳下阿蒙 오나라에 의지한 여몽. 보잘 것 없는 인물

모형형

모형模型(틀, 본보기)　　　　　　　　대형大型(큼)
유형類型(공통의 성질을 분류하는 틀)　전형적典型的(같은 부류의 특징이 잘 나옴)

땅곤

건곤乾坤(하늘과 땅, 온 세상)
건곤일척 乾坤一擲 하늘과 땅을 한 번에 결정함. 모든 것을 건 승부

마칠파

파업罷業(일을 중단하고 요구 시위함)　혁파革罷(묵은 것을 개혁하여 없앰)
파면罷免(직무에서 물러나게 함)
봉고파직 封庫罷職 부정을 저지른 관리를 파직시키고 관서고를 잠금

돌아볼고

회고回顧(되돌아 보고 생각함)　　　　고문顧問(의견 물음, 자문가)
고객顧客(손님, 단골 손님)
삼고초려 三顧草廬 유비가 제갈량을 세 번이나 찾아가 등용함
좌고우면 左顧右眄 좌우를 자주 살핌. 망설임
사고무친 四顧無親 사방을 둘러보아도 친한 사람이 없음. 의지할 사람이 없음

| 杯 | 毒杯 | 苦杯 | |
| | 乾杯 | 杯中蛇影 | |

| 搖 | 搖亂 | 搖籃 | 搖之不動 |
| | 動搖 | 勸上搖木 | |

| 咸 | 咸興差使 | | |

| 舟 | 方舟 | 吳越同舟 | |

| 詐 | 詐欺罪 | 詐稱 | 兵不厭詐 |

| 乎 | 斷乎 | | |

| 酌 | 斟酌 | 無酌定 | 情狀參酌 |
| | 參酌 | 酬酌 | |

| 龜 | 龜裂 | 龜背刮毛 | 兎角龜毛 |
| | 龜鑑 | 盲龜遇木 | |

잔배 독배毒杯(독이 든 잔)   고배苦杯(쓴 술이 든 잔, 실패의 경험)

건배乾杯(축하를 빌며 잔을 높이 듦)

배중사영 杯中蛇影 술잔 속의 뱀 그림자. 아무 일도 아닌데 의심하고 근심함

흔들요 요란搖亂(시끄럽고 어지러움)   요람搖籃(아기 장난감, 근원지)

동요動搖(흔들림, 혼란스러움)

권상요목 勸上搖木 나무 위에 오르라 하고는 나무를 흔들어 댐. 부추겨 놓고 배신함

요지부동 搖之不動 흔들어도 꼼짝 않음

다함 **함흥차사 咸興差使** 한번 가면 소식없이 돌아오지 않음. 함흥으로 갔던 사신이 안 돌아옴

배주 방주方舟(네모난 배)

오월동주 吳越同舟 원수인 오나라와 월나라 사람이 같은 배를 탐. 적끼리 협력함

속일사 사기죄詐欺罪(남을 속여 이익을 취한 범죄)   사칭詐稱(신분을 속임)

병불염사 兵不厭詐 전쟁에서는 무슨 수를 쓰든 이겨야 함

어조사호 단호斷乎(과감하고 엄격함)

술부을작 짐작斟酌(대충 헤아림)   무작정無酌定(정한 것 없음)

참작參酌(잘 헤아림)   수작酬酌(엉큼한 속셈, 술잔을 주고 받음)

정상참작 情狀參酌 범죄자의 사정을 헤아려 형벌을 줄여줌

거북귀
터질균 균열龜裂(갈라져 터짐)   **맹귀우목 盲龜遇木** 눈먼 거북이가 물에 뜬 나무를 붙잡음. 어려운 때 온 뜻밖의 행운

귀감龜鑑(본보기가 됨)

귀배괄모 龜背刮毛 있지도 않은 거북이 털을 깎음. 없는 것을 구하려고 함   **토각귀모 兎角龜毛** 토끼의 뿔과 거북의 털. 세상에 존재할 수 없음

敍	敍述	敍事	自敍傳

弔	弔意	謹弔	慶弔

厚	重厚 厚生	濃厚 厚顔無恥	

恨	恨歎 恨嘆	怨恨 悔恨	徹天之恨

犬	忠犬 愛犬	犬馬 犬猿之間	犬馬之勞 犬兔之爭

智	智慧 機智	仁義禮智 老馬之智	

柳	路柳墻花		

仁	仁者 殺身成仁	仁義禮智 仁者樂山	

펼서	서술敍述(차례대로 내용을 적음) 서사敍事(사실 그대로 적음)	자서전自敍傳(자기가 쓴 자신의 전기)

조상할弔	조의弔意(죽음을 애도함) 근조謹弔(조의)	경조慶弔(기쁜 일과 슬픈 일)

두터울厚	중후重厚(점잖음) 후생厚生(안정되고 넉넉함) 후안무치 厚顔無恥 낯가죽이 두꺼워 부끄러운 줄을 모름	농후濃厚(짙음, 다분함)

한恨	한탄恨歎/恨嘆(원통한 탄식) 원한怨恨(원통한 한) 철천지한 徹天之恨 하늘에 사무치는 큰 원한	회한悔恨(잘못을 뉘우치고 한탄함)

개犬	충견忠犬(충성스런 개) 애견愛犬(애완견, 개를 사랑함) 견마犬馬(스스로를 낮춤) 견원지간 犬猿之間 개와 원숭이처럼 사이가 나쁨	견마지로 犬馬之勞 개와 말의 하찮은 힘. 윗사람을 위한 노력을 겸손하게 표현함 견토지쟁 犬兎之爭 개와 토끼가 추격하다 둘 다 지쳐 죽어 다른 이가 이익을 봄

슬기智	지혜智慧(경험이 풍부함, 슬기) 인의예지 仁義禮智 사람이 갖추어야 할 네 성품. 인정, 정의, 예의, 지혜 노마지지 老馬之智 늙은 말의 지혜. 연륜이 있으면 하찮은 것에도 장점이 있음	기지機智(재치)

버들柳	노류장화 路柳墻花 길 버들과 담 밑의 꽃은 쉽게 꺾을 수 있음. 기생이나 매춘부를 뜻함	

어질仁	인자仁者(착한 사람, 어진이) 살신성인 殺身成仁 목숨을 바쳐 훌륭한 일을 이룸 인의예지 仁義禮智 사람이 갖추어야 할 네 성품. 인정, 정의, 예의, 지혜 인자요산 仁者樂山 어진 사람은 산을 좋아함. 어진 사람은 신중하고 사려깊음	

| 遊 | 遊說 | 浮遊 | 魚遊釜中 |
| | 遊戲 | 遊離 | |

酒	燒酒	飮酒	斗酒不辭
	麥酒	酒池肉林	契酒生面
	洋酒	狗猛酒酸	禊酒生面

刻	浮刻	刻薄	刻鵠類鶩
	深刻	刻骨難忘	刻骨銘心
	卽刻	刻舟求劍	刻骨痛恨

| 迎 | 歡迎 | 迎接 | |
| | 迎入 | 送舊迎新 | |

傷	損傷	負傷	傷弓之鳥
	傷處	重傷	
	殺傷	中傷謀略	

差	差異	差別	天壤之差
	隔差	咸興差使	
	格差	雲泥之差	

盜	强盜	盜用	欺世盜名
	竊盜	鷄鳴狗盜	
	盜聽	開門揖盜	

| 紀 | 紀綱 | 半世紀 | |
| | 紀念 | 風紀紊亂 | |

놀유	유세遊說(정치 선전)	부유浮遊(떠 다님)
	유희遊戲(즐김)	유리遊離(따로 떨어짐)
	어유부중 魚遊釜中 고기가 솥 속에서 논다. 목숨이 오래 가지 못함	

술주	소주燒酒(술)	**구맹주산** 狗猛酒酸 개가 사나우면 술이 시다. 간신배가 있으면 어진 신하가 오지 않음
	맥주麥酒(술)	
	양주洋酒(서양식 술)	**두주불사** 斗酒不辭 한 말의 술도 사양하지 않음. 주량이 대단함
	음주飮酒(술을 마심)	
	주지육림 酒池肉林 호사스럽고 방탕한 술자리	**계주생면** 契酒生面/禊酒生面 남의 물건으로 생색을 냄

새길각	부각浮刻(두드러짐)	**각주구검** 刻舟求劍 어리석고 융통성이 없음
	심각深刻(마음 깊이 새김, 절박함, 중대함)	**각곡유목** 刻鵠類鶩 따오기를 그리려다 오리를 그림. 본받을 보람이라도 있음
	즉각卽刻(즉시)	
	각박刻薄(인색함)	**각골명심** 刻骨銘心 뼈에 새기고 마음에 새김. 마음속 깊이 새김
	각골난망 刻骨難忘 은덕을 잊을 수 없음	
		각골통한 刻骨痛恨 뼈에 새겨진 깊은 원한

맞을영	환영歡迎(환대)	영접迎接(손님 대접)
	영입迎入(맞아들임)	
	송구영신 送舊迎新 묵은해를 보내고 새해를 맞음	

다칠상	손상損傷(부숴짐)	부상負傷(다침)
	상처傷處(다친 곳)	중상重傷(심한 부상)
	살상殺傷(죽이거나 해함)	
	중상모략 中傷謀略 남을 헐뜯거나 해치려 속임수로 일을 꾸밈	
	상궁지조 傷弓之鳥 화살에 상처를 입은 새. 화살에 놀란 새는 구부러진 나무만 봐도 놀람	

다를차	차이差異(같지 않고 다름)	**함흥차사** 咸興差使 한번 간 사람이 소식없이 돌아오지 않음. 함흥으로 갔던 사신이 안 돌아옴
	격차隔差(수준 차이)	
	격차格差(품위의 차이)	**운니지차** 雲泥之差 구름과 진흙의 차이. 사정이 많이 다름
	차별差別(차등을 구별함)	**천양지차** 天壤之差 하늘과 땅의 차이. 엄청난 차이

도둑도	강도强盜(강제로 빼앗음)	**계명구도** 鷄鳴狗盜 작은 재주가 뜻밖에 큰 구실을 함
	절도竊盜(몰래 훔침)	**개문읍도** 開門揖盜 문을 열고 도둑을 부름. 스스로 화를 끌어 들임
	도청盜聽(엿들음)	
	도용盜用(남의 것을 갖다 씀)	**기세도명** 欺世盜名 세상을 속여 명예를 훔쳐 얻음

벼리기	기강紀綱(질서, 태도)	반세기半世紀(50년)
	기념紀念(지난 일을 상기함)	
	풍기문란 風紀紊亂 풍속, 풍습에 대한 규율이 어지러움. 남녀 교제가 무분별함	

延	延長 延期	延滯 遲延	蔓延

針	方針 指針	針葉樹 磨斧爲針	磨斧作針

優	優秀 優先	優劣 優柔不斷	優劣難分

座	座席	計座	座右銘

喜	歡喜 喜悅 喜悲	喜壽 喜怒哀樂 弄璋之喜	一喜一悲

遇	境遇 待遇 處遇	禮遇 千載一遇 盲龜遇木	土昧人遇

拒	拒絕 拒否	抗拒 螳螂拒轍	

證	證據 證言	檢證 反證	傍證 立證

늘일연	연장延長(길이를 늘림) 연기延期(뒤로 미룸) 연체延滯(늦춰짐)	지연遲延(늦추어짐) 만연蔓延(널리 퍼짐)

바늘침	방침方針(앞으로의 계획) 지침指針(바늘 장치, 방침) **마부위침 磨斧爲針** 도끼를 갈아 침으로 만듦. 꾸준히 노력함 **마부작침 磨斧作針** 어려운 일이라도 꾸준하면 언젠가는 이룰 수 있음	침엽수針葉樹(잎이 뾰족한 나무)

넉넉할우	우수優秀(뛰어남) 우선優先(먼저) **우유부단 優柔不斷** 결단을 내리지 못함 **우열난분 優劣難分** 우열을 분간할 수 없음	우열優劣(뛰어남과 열등함)

자리좌	좌석座席(앉는 자리) 계좌計座(예금 계좌, 장부를 기록하는 곳)	좌우명右銘(가르침을 얻는 말)

기쁠희	환희歡喜(매우 즐거움) 희열喜悅(기쁘고 즐거움) **희로애락 喜怒哀樂** 기쁨, 노여움, 슬픔, 즐거움. 사람의 여러가지 감정 **농장지희 弄璋之喜** 아들을 낳은 기쁨 **일희일비 一喜一悲** 기쁜 일과 슬픈 일이 번갈아 생김	희비喜悲(기쁨과 슬픔) 희수喜壽(77세)

만날우	경우境遇(놓인 조건) 대우待遇(대접함) **천재일우 千載一遇** 다시 얻기 어려운 좋은 기회 **맹귀우목 盲龜遇木** 눈먼 거북이가 물에 뜬 나무를 붙잡음. 어려운 때 온 뜻밖의 행운 **토매인우 土昧人遇** 야만인으로 대우	처우處遇(대접함) 예우禮遇(정중히 맞이함)

막을거	거절拒絕(요구를 물리침) 거부拒否(요구를 물리침) **당랑거철 螳螂拒轍** 분수도 모르고 강적에게 덤빔	항거抗拒(대항)

증거증	증거證據(증명하는 근거) 증언證言(사실을 증명하는 말) 검증檢證(검사하여 증명함)	반증反證(사실과 반대임을 증명함) 방증傍證(간접적 증거) 입증立證(증거로 삼음, 증거로 내세움)

嚴

嚴格	嚴重	嚴冬雪寒
嚴正	嚴肅	

傾

傾斜	傾向	傾國之色
傾聽	傾注	傾城之美

招

招來	招待
招請	自招

烈

熾烈	猛烈
激烈	殉國烈士

當

堪當	當局	一騎當千
該當	老當益壯	申申當付
當時	當然之事	

位

位置	地位	位階
順位	單位	尸位素餐

節

節氣	調節	歲寒孤節
節次	四節	堯舜之節
節約	傲霜孤節	

必

必須	事必歸正	出必告反必面
必要	信賞必罰	三人行必有我師
女必從夫	遊必有方	
生者必滅	去者必返	

엄할**엄**	엄격嚴格(엄하고 철저함)	엄중嚴重(몹시 엄함)
	엄정嚴正(엄격하고 공정함)	엄숙嚴肅(엄격하고 숙연함)
	엄동설한 嚴冬雪寒 눈이 오는 추운 겨울	

기울**경**	경사傾斜(기울어짐)	경향傾向(생각이나 행동이 특정 방향으로 기울음)
	경청傾聽(공경하며 들음)	경주傾注(기울여 쏟음, 집중)
	경국지색 傾國之色 나라를 기울게 할 미인	
	경성지미 傾城之美 한 성을 기울게 할 미인	

부를**초**	초래招來(불러 일으킴)	초대招待(참가를 청함)
	초청招請(청하여 부름)	자초自招(스스로 일으킴)

매울**열** 세찰**열**	치열熾烈(불 같음)	맹렬猛烈(기세가 사나움)
	격렬激烈(언행이 사나움)	
	순국열사 殉國烈士 나라를 위해 목숨 바친 열사	

마땅**당**	감당堪當(능히 해냄, 견딤)	당시當時(그 때)
	해당該當(꼭 맞음)	당국當局(담당 기관)
	노당익장 老當益壯 늙을수록 더 기운을 내고 뜻을 굳혀야 함	
	당연지사 當然之事 당연함	
	일기당천 一騎當千 기병 혼자 천명을 상대함. 무예가 뛰어남	
	신신당부 申申當付 거듭 부탁함	

자리**위**	위치位置(자리, 자리를 차지함)	단위單位(어떤 수치의 일정한 기준)
	순위順位(차례, 어떤 순서)	위계位階(벼슬의 높낮이)
	지위地位(신분에 따른 위치)	
	시위소찬 尸位素餐 높은 자리의 책임은 다하지 않고 이익만 취함	

마디**절**	절기節氣(1년을 24절로 구분)	조절調節(적당히 맞춤, 균형을 잡음)
	절차節次(일의 순서나 방법)	사절四節(사계절)
	절약節約(아낌)	
	오상고절 傲霜孤節 굽히지 않는 절개	
	세한고절 歲寒孤節 추운 계절에도 혼자 푸르른 대나무. 겨울	
	요순지절 堯舜之節 요임금과 순임금이 다스리던 시절. 태평한 시절	

반드시**필**	필수必須(꼭 필요함)	필요必要(반드시 요구됨이 있음)
	여필종부 女必從夫 아내는 반드시 남편에게 순종해야 함	
	생자필멸 生者必滅 살아 있는 자는 언젠가는 죽음. 삶은 어떻게 사는가의 문제	
	사필귀정 事必歸正 무슨 일이나 결국 옳은 이치대로 돌아감	
	신상필벌 信賞必罰 공이 있으면 상을 주고 죄가 있으면 벌을 줌	
	유필유방 遊必有方 먼 곳에 갈 때는 행방을 알려야 함	
	거자필반 去者必返 헤어진 사람은 반드시 돌아옴	
	출필고반필면 出必告反必面 나갈 때 부모님께 알리고 돌아와서도 알림	
	삼인행필유아사 三人行必有我師 세 사람이 길을 가면 반드시 내 스승이 있음. 누구나 스승이 될 수 있음	

| 念 | 槪念 | 念慮 | 空念佛 |
| | 記念 | 理念 | 無念無想 |

| 輕 | 輕視 | 輕微 | |
| | 輕薄 | 輕擧妄動 | |

| 客 | 顧客 | 觀光客 | 主客一體 |
| | 乘客 | 客反爲主 | 客隨主便 |

改	改革	改悛	朝令暮改
	改善	改廢	改過不吝
	改編	改良	
	改惡	改過遷善	

| 關 | 關聯 | 無關 | 吾不關焉 |
| | 關係 | 關鍵 | |

| 種 | 各種 | 業種 | 種瓜得瓜 |
| | 種類 | 種豆得豆 | 種麥得麥 |

| 能 | 可能性 | 能見難思 | |
| | 能力 | 多才多能 | |

敬	尊敬	敬意	敬天愛人
	恭敬	敬虔	
	敬老	敬而遠之	

생각념

개념槪念(어떤 것의 일반적 지식, 일반화된 것) 이념理念(사상적 의식)
기념記念(오래 잊지 않고 간직함) 공염불空念佛(입으로만 하는 염불, 말 뿐임)
염려念慮(걱정함)
무념무상 無念無想 아무것도 생각하지 않고 떠올리지 않음

가벼울경

경시輕視(깔봄, 대수롭지 않게 여김) 경미輕微(작고 가벼움)
경박輕薄(경솔하고 천박함)
경거망동 輕擧妄動 경솔하고 망령된 행동

손님객

고객顧客(손님, 단골손님) 관광객觀光客(관광하러 다니는 사람)
승객乘客(탈것을 타는 손님)
객반위주 客反爲主 손님이 주인 행세를 함
주객일체 主客一體 주체와 객체가 하나로 됨. 자아와 자연이 하나로 됨
객수주편 客隨主便 손님은 주인의 말을 따르는 법임

고칠개

개혁改革(새롭게 고침) 개전改悛(잘못을 뉘우쳐 마음을 바꿈)
개선改善(좋게 고침) 개폐改廢(고치거나 없앰)
개편改編(편성을 바꿈) 개량改良(고쳐서 더 좋게 만듦)
개악改惡(고쳐서 더 나빠짐)
개과천선 改過遷善 지나 과오를 고쳐 착하게 됨
조령모개 朝令暮改 아침에 명령을 내리고 저녁에 다시 고침. 일관성이 없음
개과불린 改過不吝 잘못이 있으면 바로 고침

관계할관

관련關聯(서로 상관이 있음) 무관無關(관계없음)
관계關係(서로 상관이 있음) 관건關鍵(빗장과 자물쇠, 가장 중요한 곳)
오불관언 吾不關焉 나는 상관하지 않음

씨종

각종各種(여러 종류) 업종業種(직업이나 사업의 종류)
종류種類(부문을 나누는 갈래)
종두득두 種豆得豆 콩 심으면 콩이 남. 원인에 따라 결과가 나옴
종과득과 種瓜得瓜 오이를 심으면 오이가 나옴. 원인과 결과
종맥득맥 種麥得麥 보리를 심으면 보리가 나옴. 원인과 결과

능할능

가능성可能性(가능한 정도) 능력能力(해낼 수 있는 힘)
능견난사 能見難思 보기는 쉽지만 만들긴 어려움. 일반적으로 추측할 수 없음
다재다능 多才多能 재능이 많고 능력이 뛰어남

공경경

존경尊敬(높이 여김) 경의敬意(존경함)
공경恭敬(공손히 모심) 경건敬虔(위대한 대상 앞에서 조심하는 태도)
경로敬老(노인 공경)
경이원지 敬而遠之 겉으로는 공경하는 체 하면서 속으로는 멀리함
경천애인 敬天愛人 하늘을 공경하고 사람을 사랑함

| 黑 | 黑白 | 黑板 | |
| | 暗黑 | 黑白論理 | |

魚	魚夫	魚池間	魚水之親
	魚父	緣木求魚	一魚混全川
	魚網	水魚之交	
	魚船	魚魯不辨	

曲	歪曲	曲線	曲學阿世
	婉曲	作曲	九曲肝腸
	曲盡	坊坊曲曲	迂餘曲折

可	不可避	不可不	莫無可奈
	可能	不得不	可高可下
	不可分	許可	燈火可親
	可憐	可視	不問可知

害	被害	弊害	利害得失
	侵害	利害打算	
	妨害	百害無益	

| 吉 | 吉兆 | 吉凶禍福 | 吉祥善事 |
| | 吉凶 | 立春大吉 | |

望	展望	羨望	得隴望蜀
	絶望	望夫石	倚門之望
	希望	望雲之情	
	失望	望洋之歎(嘆)	

觀	觀測	客觀	明若觀火
	觀光	袖手傍觀	
	觀察	坐井觀天	

검을흑	흑백黑白(검은색과 흰색, 옳고 그름)	흑판黑板(칠판)
	암흑暗黑(어두움, 비참함)	
	흑백논리 黑白論理 모든 것을 흑 아니면 백의 극단으로 구분하는 편협한 논리	

물고기어	어부魚夫/魚父(물고기 잡는 일을 하는 사람)	어선魚船(고기 잡이 배)
	어망魚網(물고기 잡는 그물)	어지간魚池間(보통 이상, 꽤)
	연목구어 緣木求魚 나무에 올라 물고기를 구함. 되지 않을 일을 함	
	수어지교 水魚之交 고기와 물처럼 떨어질 수 없는 특별한 친분	
	어로불변 魚魯不辨 물고기어 자와 노나라 노자를 구분하지 못함. 무식함	
	어수지친 水水之親 고기와 물의 친함. 임금과 백성, 부부의 친분	
	일어혼전천 一魚混全川 물고기 한 마리가 온 개천을 흐려 놓음	

굽을곡	왜곡歪曲(비틀어 해석함)	**방방곡곡 坊坊曲曲** 가는 곳 모든 장소
	완곡婉曲(에두름)	**곡학아세 曲學阿世** 학문을 굽혀 세속에 아첨함. 출세를 위해 처신하는 학자를 비꼼
	곡진曲盡(매우 정성스러움)	
	곡선曲線(굽은 선)	**구곡간장 九曲肝腸** 굽이굽이 사무친 마음
	작곡作曲(악곡을 창작함)	**우여곡절 迂餘曲折** 여러 가지로 복잡한 사정이나 변화

옳을가	불가피不可避(못 피함)	가시可視(보임)
	가능可能(할 수 있음)	**막무가내 莫無可奈** 어쩔 도리가 없음
	불가분不可分(못 나눔)	**가고가하 可高可下** 어진 사람은 지위의 상하를 가리지 않음
	가련可憐(가쌍)	
	불가불不可不(안할 수 없음, 부득불不得不)	**등화가친 燈火可親** 가을밤은 서늘하여 등불을 가까이 하고 글 읽기에 좋음
	허가許可(할 수 있게 허락함)	**불문가지 不問可知** 묻지 않아도 알 수 있음

해할해	피해被害(손해를 입음, 손해)	**이해타산 利害打算** 이해관계를 따져봄
	침해侵害(침범을 통한 손해 입힘)	**백해무익 百害無益** 조금도 이로움 없이 해로움
	방해妨害(간섭하여 막음)	**이해득실 利害得失** 이익과 손해, 얻음과 잃음
	폐해弊害(잘못으로 생기는 해)	

길할길	길조吉兆(좋은 징조)	**입춘대길 立春大吉** 봄 들어서 좋은 일을 기원함
	길흉吉凶(좋은 일과 나쁜 일)	**길상선사 吉祥善事** 매우 기쁘고 좋은 일
	길흉화복 吉凶禍福 길함, 흉함, 재앙, 복. 사람의 운수	

바랄망	전망展望(경치, 앞날)	**망운지정 望雲之情** 자식이 타향에서 부모를 그리는 정
	절망絶望(희망이 끊김, 허무함)	**망양지탄 望洋之歎(嘆)** 넓은 바다를 보고 탄식을 한다. 자신의 힘이 미치지 못해 탄식함
	희망希望(잘 되길 바람, 잘 될 가능성)	
	실망失望(마음이 상함, 기대에 어긋남)	**득롱망촉 得隴望蜀** 농나라를 얻으니 촉나라를 갖고 싶음. 욕심은 끝이 없음
	선망羨望(부러움)	
	망부석望夫石(남편을 기다리다 죽어 돌이 됨)	**의문지망 倚門之望** 멀리 떠난 아들을 매일 문에 기대 기다리는 어머니의 정

볼관	관측觀測(관찰하여 측정함, 장래를 헤아림)	**수수방관 袖手傍觀** 팔짱을 끼고 방관만 함
	관광觀光(타지를 구경함)	**좌정관천 坐井觀天** 우물 안 개구리. 세상물정을 모름
	관찰觀察(자세히 살펴봄)	**명약관화 明若觀火** 불을 보듯이 뻔함. 명백함
	객관客觀(제 3자 입장에서 생각함)	

寫	描寫	複寫	寫眞

獨	獨立	獨擅	獨守空房
	單獨	獨不將軍	獨也靑靑

他	他國	他人	他山之石
	他鄕	他界	自他共認

序	秩序	序列	秩序整然
	順序	長幼有序	

貴	貴族	富貴榮華	富貴功名
	貴下	貴鵠賤鷄	
	貴重	洛陽紙貴	

良	良心	改良	賢母良妻
	不良	良藥苦口	
	良識	美風良俗	

愛	愛國	愛嬌	舐犢之愛
	友愛	愛鄕心	敬天愛人
	令愛	殉愛譜	愛別離苦
	割愛	愛之重之	自重自愛

在	存在	在籍	命在頃刻
	潛在	介在	人命在天
	現在	健在	

베낄 **사**	묘사描寫(본 것을 그려냄, 그리듯 글을 씀) 복사複寫(원본을 베낌, 복제함)	사진寫眞(물체를 있는 그대로 나타낸 형상)

홀로 **독**	독립獨立(독자적으로 존재함) 단독單獨(혼자, 하나) **독불장군** 獨不將軍 혼자서 장군이 될 수 없음. 혼자 잘난체 하다 고립됨 **독수공방** 獨守空房 사별이나 별거로 남편 없이 혼자 지냄 **독야청청** 獨也靑靑 홀로 푸름. 홀로 높은 절개를 드러냄	독천獨擅(자기 멋대로 처리함)

다를 **타**	타국他國(다른 나라) 타향他鄕(남의 고향) 타인他人(남)	타계他界(죽음, 다른 세상) **타산지석** 他山之石 남의 허물에서도 배울 것이 있음 **자타공인** 自他共認 자신과 남들 모두 인정함

차례 **서**	질서秩序(순조로운 순서가 이뤄짐) 순서順序(정해진 차례) 서열序列(등급, 순서)	**장유유서** 長幼有序 어른과 아이 사이에는 순서가 있음 **질서정연** 秩序整然 질서 있게 가지런함

귀할 **귀**	귀족貴族(높은 신분과 특권을 가진 계층) 귀하貴下(상대방을 높여 부르는 말) **부귀영화** 富貴榮華 부유하고 지위가 높아져 영광을 누림 **귀곡천계** 貴鵠賤鷄 고니는 귀하고 닭은 천함. 먼 것은 귀하고 가까운 것은 천하게 여김 **낙양지귀** 洛陽紙貴 낙양의 종이 값이 오름. 책이 베스트셀러가 됨 **부귀공명** 富貴功名 공을 세워 명성을 얻어 부유한 귀족이 됨	귀중貴重(소중)

어질 **양**	양심良心(도덕의식) 불량不良(상태나 행실이 나쁨) 양식良識(판단력) 개량改良(개선)	**양약고구** 良藥苦口 좋은 약은 입에 씀. 좋은 말은 귀에 거슬림 **미풍양속** 美風良俗 아름답고 좋은 풍속 **현모양처** 賢母良妻 어진 어머니이자 착한 아내

사랑 **애**	애국愛國(나라를 사랑함) 우애友愛(형제애) 영애令愛(남의 딸) 할애割愛(선뜻 줌) 애교愛嬌(예쁘게 보이려 함) 애향심愛鄕心(고향을 사랑하는 마음)	순애보殉愛譜(사랑을 위해 모든 것을 바치는 이야기) **애지중지** 愛之重之 매우 사랑하고 귀중히 여김 **지독지애** 舐犢之愛 어미 소가 송아지를 핥아주며 사랑함. 자녀에 대한 사랑 **경천애인** 敬天愛人 하늘을 공경하고 사람을 사랑함 **애별리고** 愛別離苦 사랑하는 사람과 헤어지는 괴로움 **자중자애** 自重自愛 언행을 신중하게 하며 스스로를 아낌

있을 **재**	존재存在(있음) 잠재潛在(감춰져 있는 것) 현재現在(지금) 재적在籍(소속된 단체 등의 명부에 이름이 등록되어 있음)	개재介在(중간에 끼어있음) 건재健在(잘 있음) **명재경각** 命在頃刻 거의 목숨이 곧 넘어갈 지경 **인명재천** 人命在天 사람이 죽고 사는 것은 하늘에 달려 있음

雪		
雪糖	螢雪之功	螢窓雪案
雪景	雪上加霜	雪泥鴻爪
小雪	孫康映雪	紅爐點雪
大雪	嚴冬雪寒	

體		
全體	主客一體	五體投地
團體	君師父一體	
體系	絶體絶命	

衣		
衣服	錦衣還鄕	斑衣之戲
脫衣	錦衣玉食	衣結屨穿
衣食住	一衣帶水	
錦衣夜行	天衣無縫	

服		
衣服	屈服	上命下服
克服	寤寐思服	驥服鹽車

題		
問題	課題	宿題

近		
隣近	接近	近朱者赤
最近	近墨者黑	
側近	强近之親	

銀		
銀	銀行	金銀寶貨

눈설	설탕雪糖(단 맛이 나는 가루)	소설小雪(24절기)
	설경雪景(눈의 경치)	대설大雪(24절기)
	형설지공 螢雪之功 애써 공부한 보람	
	설상가상 雪上加霜 불행한 일이 거듭하여 겹침	
	손강영설 孫康映雪 가난함 속에서 눈에 비친 빛으로 책을 읽음. 손강의 고사	
	엄동설한 嚴冬雪寒 눈이 오는 추운 겨울	
	형창설안 螢窓雪案 어려운 가운데서도 학문에 힘씀	
	설니홍조 雪泥鴻爪 눈 녹은 진창에 남은 기러기 발자국. 인생이 허무함	
	홍로점설 紅爐點雪 뜨거운 불길 위에 한 점 눈을 뿌림. 순식간에 녹듯이 마음이 탁 트임	

몸체	전체全體(전부)	체계體系(일정한 원리로 짜인 것)
	단체團體(여럿이 모인 집단)	
	주객일체 主客一體 주체와 객체가 하나로 됨. 자아와 자연이 하나로 됨	
	군사부일체 君師父一體 임금과 스승과 아버지의 은혜는 같음	
	절체절명 絶體絶命 궁지에 몰려 목숨이 위급한 처지	
	오체투지 五體投地 두 무릎, 두 팔, 머리의 신체 다섯 부위를 땅에 닿고 하는 절	

옷의	의복衣服(옷)	의식주衣食住(옷, 음식, 집)
	탈의脫衣(옷을 벗음)	
	금의야행 錦衣夜行 비단옷을 입고 밤에 다님. 보람 없는 행동	
	금의환향 錦衣還鄕 비단옷을 입고 고향에 돌아감. 성공하여 고향으로 돌아옴	
	금의옥식 錦衣玉食 비단옷과 흰 쌀밥. 사치스러운 생활	
	일의대수 一衣帶水 간격이 매우 좁음	
	천의무봉 天衣無縫 선녀의 옷에는 바느질 자국이 없음. 완벽함. 순수함	
	반의지희 斑衣之戱 색동옷을 입고 재롱을 부림. 늙어서도 부모에게 효도함	
	의결구천 衣結屨穿 옷이 해지고 구멍이 뚫림. 몹시 가난함	

옷복	의복衣服(옷)	**오매사복** 寤寐思服 자나 깨나 생각함
	극복克服(악조건을 이겨냄, 적을 이김)	**상명하복** 上命下服 상사의 명령에 아랫사람이 복종함
	굴복屈服(굽힌 복종)	**기복염거** 驥服鹽車 천리마가 소금 수레를 끎. 뛰어난 인재가 하찮은 일에 쓰임

제목제	문제問題(해답을 위한 물음, 말썽)	숙제宿題(학습을 위해 주어진 과제)
	과제課題(주어진 문제)	

가까울근	인근隣近(가까운 곳)	**근묵자흑** 近墨者黑 악한 사람을 가까이 하면 물들기 쉬움
	최근最近(가까운 과거, 가까운 거리)	**강근지친** 强近之親 도움을 줄만한 가까운 친척
	측근側近(가까운 곳, 가까운 사람)	**근주자적** 近朱者赤 붉은 빛을 가까이 하면 붉게 됨. 주변 환경이 중요함
	접근接近(가까이 감)	

은은	은銀(귀금속)	**금은보화** 金銀寶貨 귀금속 등의 귀중한 물건
	은행銀行(금융기관)	

聞	所聞 見聞	新聞 前代未聞	聞一知十
窓	窓門 窓口	同窓生 螢窓雪案	北窓三友
京	京城	東京	北京
弱	脆弱 懦弱	衰弱 弱冠	弱肉强食
光	觀光客 月光 日光	隙駒光陰 和光同塵 光明正大	韜光養晦
習	習慣 慣習 學習	自習 死僧習杖 學而時習	三歲之習至于八十
淸	淸掃 淸明 淸算 淸白吏 淸純	肅淸 俟河淸 淸廉潔白 淸風明月 堅壁淸野	刻露淸秀 百年河淸 千年一淸 如俟河淸
業	企業 罷業 事業	就業 自業自得 崇德廣業	箕裘之業

들을**문**	소문所聞(사람들 사이에 퍼지는 말)	**전대미문** 前代未聞 지금까지 없었던 일
	견문見聞(보고 들음)	**문일지십** 聞一知十 하나를 듣고 열을 앎. 총명함
	신문新聞(보도물)	

창**창**	창문窓門(벽에 뚫린 통풍용 문)	**형창설안** 螢窓雪案 어려운 가운데서도 학문에 힘씀
	창구窓口(고객 응대를 위한 창)	**북창삼우** 北窓三友 북쪽 창가의 세 친구. 거문고, 시, 술
	동창생同窓生(같은 학교를 나온 사람)	

| 서울**경** | 경성京城(옛 서울 지명) | 북경北京(베이징) |
| | 동경東京(도쿄) | |

약할**약**	취약脆弱(특정 부분이 약함)	약관弱冠(20살 남자)
	나약懦弱(의지가 약함)	**약육강식** 弱肉强食 약자가 강자에게 먹힘
	쇠약衰弱(힘이 약함)	

빛**광**	관광객觀光客(관광하는 사람)	일광日光(햇빛)
	월광月光(달빛)	
	극구광음 隙駒光陰 달리는 말을 문틈으로 봄. 세월이 빨리 지남	
	화광동진 和光同塵 빛을 감추고 티끌에 섞임. 뛰어남을 감추고 사람들과 어울려 살음	
	광명정대 光明正大 언행이 떳떳함	
	도광양회 韜光養晦 자신의 능력을 드러내지 않고 참고 기다림	

익힐**습**	습관習慣(반복하며 익혀진 행동방식)	학습學習(배워서 익힘)
	관습慣習(널리 인정되는 질서나 풍습)	자습自習(스스로 배움)
	사승습장 死僧習杖 죽은 중의 볼기를 침. 저항할 힘도 없는 사람을 괴롭힘	
	학이시습 學而時習 배우고 복습하고 익히면 참 뜻을 알게 됨	
	삼세지습지우팔십 三歲之習至于八十 세 살 버릇 여든까지 감	

맑을**청**	청소淸掃(깨끗하게 함)	**청풍명월** 淸風明月 맑은 바람과 밝은 달. 온화한 성격. 풍자와 해학
	청명淸明(24절기, 날이 좋음)	**견벽청야** 堅壁淸野 성벽을 견고히 지키고 집을 비워 적에게 아무것도 내주지 않음
	청산淸算(깨끗이 정리함)	**각로청수** 刻露淸秀 가을의 맑고 아름다운 경치
	청백리淸白吏(청렴한 벼슬아치)	**백년하청** 百年河淸 백년이 지나도 황하 강은 맑아지지 않음. 시간이 지나도 이뤄지지 않음
	청순淸純(맑고 순함)	**천년일청** 千年一淸 천 년에 한 번 맑아짐. 불가능한 일을 원함
	숙청肅淸(잘못이나 악인을 없애 깨끗하게 함)	**여사하청** 如俟河淸 물이 맑아지길 기다림. 이뤄지지 않을 일을 원함
	사하청俟河淸(황하가 맑아지길 기대함. 불가능한 일을 기대함)	
	청렴결백 淸廉潔白 마음이 깨끗하고 재물 욕심이 없음	

업**업**	기업企業(영리를 위한 조직체, 회사)	**자업자득** 自業自得 스스로 저지른 일에 따라 스스로 얻음
	파업罷業(일을 중단함)	**숭덕광업** 崇德廣業 높은 덕과 큰 사업. 덕과 업을 높임
	사업事業(목적을 위해 운영함)	**기구지업** 箕裘之業 대대로 물려 받은 사업
	취업就業(일자리를 구함)	

| 神 | 精神 | 神話 | 神出鬼沒 |
| | 神經 | 神祕 | 怪力亂神 |

| 樹 | 針葉樹 | 街路樹 | 風樹之嘆(歎) |
| | 闊葉樹 | 果樹園 | |

| 始 | 始作 | 原始 | 始終如一 |
| | 始祖 | 始終一貫 | 年末年始 |

面	側面	笑面虎	人面獸心
	面接	面從腹背	
	反面	四面楚歌	
	面目	鬼面佛心	

| 便 | 形便 | 便紙 | 男便 |

| 工 | 工場 | 工業 | 士農工商 |
| | 工事 | 工夫 | 同工異曲 |

內	內容	國內	外柔內剛
	內需	內包	外富內貧
	內部	內訌	

| 活 | 生活 | 活動 | 復活 |
| | 活潑 | 活用 | |

귀신**신**	정신精神(영혼이나 마음, 생각)	신비神祕(지혜나 과학으로 이해불가한 현상)
	신경神經(주의를 기울임, 인체의 감각세포)	**신출귀몰** 神出鬼沒 귀신처럼 재빨리 나타났다 사라졌다 함
	신화神話(신기한 이야기, 위대한 업적, 전설적 이야기)	**괴력난신** 怪力亂神 괴이한 힘의 난잡한 귀신. 불가사의한 괴현상이나 존재를 뜻함

나무**수**	침엽수針葉樹(잎이 뾰족한 나무)	과수원果樹園(과실나무를 심은 밭)
	활엽수闊葉樹(잎이 넓은 나무)	**풍수지탄** 風樹之嘆(歎) 바람과 나무의 탄식. 효도 못한 자식의 슬픔
	가로수街路樹(거리에 미관상 심은 나무)	

비로소**시**	시작始作(처음 단계, 처음으로 함)	**시종일관** 始終一貫 처음과 끝이 같음
	시조始祖(처음이 되는 조상, 처음인 사람이나 것)	**시종여일** 始終如一 처음이나 나중이 한결같아서 변함없음
	원시原始(자연 상태, 시초)	**연말연시** 年末年始 한 해의 마지막과 새해의 처음

낯**면**	측면側面(옆 부분)	면목面目(얼굴 생김새, 체면)
	면접面接(직접 만남)	소면호笑面虎(웃고 있지만 속으로 딴맘을 품은 자)
	반면反面(상반됨, 외출 다녀와서 부모를 뵘)	
	면종복배 面從腹背 앞에서는 순종하는 체하고 뒤돌아서 딴 마음을 먹음	
	사면초가 四面楚歌 사방으로 적에게 고립됨	
	귀면불심 鬼面佛心 얼굴은 귀신 같아도 마음은 부처 같음. 겉보기와 다른 훌륭한 인품	
	인면수심 人面獸心 사람 얼굴을 하고 마음은 짐승임. 인간이 못할 흉악한 짓을 함	

편할**편**	형편形便(진행되는 모양, 삶의 질)	남편男便(신랑)
	편지便紙(소식 등을 적어 연락하는 글)	

장인**공**	공장工場(물건을 만드는 설비가 된 장소)	공부工夫(학문이나 기술을 배움)
	공사工事(토목이나 건축 등의 일)	**사농공상** 士農工商 선비, 농부, 장인, 상인의 네 가지 신분
	공업工業(물건을 만드는 산업)	**동공이곡** 同工異曲 표면은 다른데 내용이 똑같음

안**내**	내용內容(속의 것)	국내國內(나라의 안)
	내수內需(국내의 수요)	내포內包(속성이나 내용물을 안에 포함하고 있음)
	내부內部(안쪽)	내홍內訌(내부에서 생긴 분쟁)
	외유내강 外柔內剛 겉으로 보기에는 부드럽지만 속은 강인함	
	외부내빈 外富內貧 외양은 부자지만 실상은 가난함	

살**활**	생활生活(활동하여 살아감, 살림함)	활용活用(잘 응용함)
	활발活潑(힘차게 활동적임)	부활復活(다시 살아남, 없어진 것이 다시 흥함)
	활동活動(움직임, 성과를 위해 힘씀)	

全體	保全	食飲全廢
全般	穩全	
安全	全無識	

全

男子	男妹	男負女戴
男便	甲男乙女	男兒須讀五車書
男女	善男善女	男兒一言重千金

男

對話	神話	萬端說話
電話	說話	閑談屑話

話

農事	農業	士農工商
農村	農民	

農

百姓	百年佳約	百家爭鳴
百貨店	百年大計	百戰百勝
一當百	一罰百戒	百難之中
百年河淸	百年偕老	百聞不如一見
百尺竿頭	百折不屈	

百

海外	海洋	滄海一粟
東海	桑田碧海	

海

自然	杳然	無爲自然
當然	浩然之氣	啞然失色
偶然	泰然自若	
漠然	茫然自失	

然

온전할전
전체全體(모든 것을 포함한 대상)
전반全般(모든 것)
안전安全(평온하고 위험이 없음)
보전保全(보호하여 유지함)

온전穩全(원래 그대로의 완전함)
전무식全無識(아주 무식함)
식음전폐 食飮全廢 음식을 전혀 먹지 않음

사내남
남자男子(사내)
남편男便(신랑)
갑남을녀 甲男乙女 갑이라는 남자와 을이라는 여자. 보통사람들
선남선녀 善男善女 보통사람
남부여대 男負女戴 남자는 지고 여자는 인다. 세간을 짊어지고 떠돌아다님
남아수독오거서 男兒須讀五車書 남자는 모름지기 수레 다섯 대 분량의 책을 읽어야 함
남아일언중천금 男兒一言重千金 남자는 약속을 무겁게 여겨야 함

남녀男女(남자와 여자)
남매男妹(오누이)

말씀화
대화對話(마주하고 이야기함)
전화電話(전화로 이야기함, 전화 장치)
신화神話(신기한 이야기, 위대한 업적, 전설적 이야기)

설화說話(구전으로 계승된 신화)
만단설화 萬端說話 여러 이야기
한담설화 閑談屑話 심심풀이로 하는 실없는 말

농사농
농사農事(곡류나 과채류를 기르는 일)
농촌農村(농사 짓는 지역)
농업農業(농사 짓는 일)

농민農民(농사 일을 하는 사람)
사농공상 士農工商 선비, 농부, 장인, 상인의 네 가지 신분

일백백
백성百姓(일반 국민)
백화점百貨店(대규모 종합 소매점)
백년하청 百年河淸 백년이 지나도 황하 강은 맑아지지 않음. 시간이 지나도 이뤄지지 않음
백척간두 百尺竿頭 백척 높이의 장대 위에 올라섬. 몹시 위태로운 지경에 빠짐
백년가약 百年佳約 남녀가 한 평생 함께 살자는 약속
백년대계 百年大計 백년을 내다 본 큰 계획
일벌백계 一罰百戒 한 사람을 처벌해 다른 백 사람을 계도함
백년해로 百年偕老 부부가 사이좋게 늙어감
백절불굴 百折不屈 백 번 꺾여도 굽히지 않음
백가쟁명 百家爭鳴 여러 사람이 서로 자기주장을 내세움
백전백승 百戰百勝 싸울 때마다 반드시 이김
백난지중 百難之中 온갖 고난을 겪는 중임
백문불여일견 百聞不如一見 백 번 듣는 것이 한 번 보는 것만 못함

일당백一當百(백 명 몫을 해냄)

바다해
해외海外(외국)
동해東海(동쪽 바다, 한반도 동쪽 바다)
상전벽해 桑田碧海 뽕밭이 푸른 바다로 됨. 세상의 변화가 심함
창해일속 滄海一粟 큰 바다에 좁쌀 한 톨. 보잘 것 없는 존재

해양海洋(넓고 큰 바다)

그럴연
자연自然(저절로)
당연當然(마땅함)
우연偶然(뜻밖에 어쩌다)
막연漠然(아득하고 불분명함)
묘연杳然(흐림, 불분명함)

호연지기 浩然之氣 도의에 근거를 두고 흔들리지 않는 바른 마음
태연자약 泰然自若 마음에 충동을 받아도 태연함
망연자실 茫然自失 정신이 나가 어리둥절함
무위자연 無爲自然 인공을 더하지 않은 그대로의 자연
아연실색 啞然失色 얼굴 색이 변할 정도로 크게 놀람

右	右翼	左顧右眄	左衝右突
	極右	右往左往	
	座右銘	左之右之	

| 草 | 草木 | 草案 | 三顧草廬 |
| | 草綠色 | 結草報恩 | 草綠同色 |

女	女性	甲男乙女	男女老少
	女子	女必從夫	窈窕淑女
	男女	善男善女	男尊女卑

門	門	門下	倚門之望
	窓門	門前成市	門前薄待
	部門	登龍門	
	門外漢	門外漢	

二	二重	一擧兩得	二人同心其利斷金
	一石二鳥	二人同心	
	二律背反	一口二言	

土	土地	土曜日	身土不二
	領土	捲土重來	
	土臺	積土成山	

火	火災	防火	負薪入火
	火山	風前燈火	救火投薪
	火焰	燈火可親	燎原之火
	放火	明若觀火	

오른쪽우	우익右翼(정치 성향)	우왕좌왕 右往左往 사방으로 왔다 갔다 함
	극우極右(극단적 우익 정치 성향)	좌지우지 左之右之 이리저리 마음대로 휘두름
	좌우명座右銘(가르침으로 삼는 말)	좌충우돌 左衝右突 이리저리 마구 부딪침
	좌고우면 左顧右眄 좌우를 자주 살핌. 망설임	

풀초	초목草木(풀과 나무)	삼고초려 三顧草廬 유비가 제갈량을 세 번이나 찾아가 등용함
	초록색草綠色(풀 같은 녹색)	
	초안草案(기초안)	초록동색 草綠同色 풀색과 녹색은 같은 색깔. 동의어. 끼리끼리 어울린다.
	결초보은 結草報恩 죽어서라도 은혜를 갚음	

여자여	여성女性(여자)	여필종부 女必從夫 아내는 반드시 남편에게 순종해야 함
	여자女子(여성)	선남선녀 善男善女 보통사람
	남녀男女(남자와 여자)	남녀노소 男女老少 남자, 여자, 노인, 젊은이. 모든 사람
	갑남을녀 甲男乙女 갑이라는 남자와 을이라는 여자. 보통사람들	요조숙녀 窈窕淑女 얌전하고 자태가 아름다운 여자
		남존여비 男尊女卑 남성을 존중하고 여성을 비천하게 여김

문문	문門(드나드는 시설)	문전성시 門前成市 권세가의 문 앞이 방문객으로 붐빔
	창문窓門(벽에 낸 여닫는 창)	등용문 登龍門 출세길에 오름.
	부문部門(분류)	문외한 門外漢 어떤 일에 전문성이나 지식이 없는 사람
	문외한門外漢(전문성이 없는 사람)	의문지망 倚門之望 멀리 떠난 아들을 매일 문에 기대 기다리는 어머니의 정
	문하門下(스승의 가르침을 받는 아래 혹은 아랫사람)	문전박대 門前薄待 인정 없고 매우 야박함

두이	이중二重(두 겹)
	일석이조 一石二鳥 돌 하나로 새 두마리를 잡음. 한 가지 행동으로 여러 이익을 얻음
	이율배반 二律背反 두가지 규율이 서로 반대됨. 법이나 논리의 모순
	일거양득 一擧兩得 한 가지 행동으로 두 가지의 이득을 봄
	이인동심 二人同心 절친한 친구사이
	일구이언 一口二言 한 입으로 두말 함
	이인동심기리단금 二人同心其利斷金 2명이 합심하면 단단한 쇠도 끊을 수 있음

흙토	토지土地(땅)	권토중래 捲土重來 한 번 패했다가 추스려 다시 쳐들어옴
	영토領土(국가의 영역)	적토성산 積土成山 흙이 쌓여 산을 이룸. 작은 것을 모아 크게 이룸
	토대土臺(기반)	
	토요일土曜日(요일)	신토불이 身土不二 몸과 태어난 땅은 하나. 국산이 체질에 맞음

불화	화재火災(불 재앙)	방화放火(불지름)
	화산火山(땅속의 분출로 생긴 산)	방화防火(불을 미리 막음)
	화염火焰(불꽃)	
	풍전등화 風前燈火 바람 앞의 등불. 매우 위급한 상황	
	등화가친 燈火可親 가을밤은 서늘하여 등불을 가까이 하고 글 읽기에 좋음	
	명약관화 明若觀火 불을 보듯이 뻔함. 명백함	
	부신입화 負薪入火 땔감을 지고 불에 뛰어 듦	
	구화투신 救火投薪 불을 끄는 데 장작을 집어 넣음. 성급하다 도리어 화를 키움	
	요원지화 燎原之火 들판을 태우는 불. 세력이 대단해서 막을 수 없게 됨	

| 韓 | 韓國 | 韓半島 | 三韓甲族 |
| | 北韓 | 大韓民國 | |

| 九 | 九天 | 九曲肝腸 | 九折羊腸 |
| | 九牛一毛 | 三旬九食 | |

七	七旬	七顚八倒	竹林七賢
	七顚八起	七去之惡	
	七縱七擒	七零八落	

木	木材	草木	移木之信
	木工	緣木求魚	
	木手	十伐之木	

| 累 | 累積 | 連累 | 累碁 |
| | 累次 | 累計 | 累卵之危 |

| 荊 | 負荊請罪 | | |

| 箴 | 箴言 | | |

| 侈 | 奢侈 | | |

한국**한**	한국韓國(나라)	대한민국大韓民國(나라)
	북한北韓(휴전선의 북쪽 지역, 나라)	삼한갑족 三韓甲族 삼한(한반도 중남부)에서 대대로 문벌이 높은 집안
	한반도韓半島(남북한이 위치한 반도)	

아홉**구**	구천九天(하늘 가장 높은 곳, 저승)	삼순구식 三旬九食 한달에 아홉 끼를 먹을 정도로 매우 궁핍함
	구우일모 九牛一毛 소 아홉마리에서 떨어진 털 하나. 아주 하찮은 것	
	구곡간장 九曲肝腸 굽이굽이 사무친 마음	구절양장 九折羊腸 아홉 번 꺾인 양의 창자. 험한 산길

일곱**칠**	칠순七旬(70세)	칠거지악 七去之惡 아내를 쫓는 7가지. 불효, 불임, 비행, 질투, 질병, 말썽, 절도
	칠전팔기 七顚八起 여러 번의 실패에도 다시 일어남	
	칠종칠금 七縱七擒 일곱번 잡아서 일곱번 놓아줌. 삼국지 제갈량과 맹획의 고사	칠령팔락 七零八落 뿔뿔이 흩어져 없어짐. 가지런하지 못함
	칠전팔도 七顚八倒 어려운 고비를 많이 겪음	죽림칠현 竹林七賢 대나무 숲에 숨은 일곱 현인. 부패한 정치를 비판하며 속세를 떠남

나무**목**	목재木材(나무로 된 재료)	연목구어 緣木求魚 나무에 올라 물고기를 구함. 되지 않을 일을 함
	목공木工(나무로 만듦)	
	목수木手(나무 공작 일을 하는 사람)	십벌지목 十伐之木 열 번 찍어 안 넘어가는 나무가 없음
	초목草木(풀과 나무)	이목지신 移木之信 남을 속이지 않음을 밝힘. 약속을 실천함

여러**누** 자주**누**	누적累積(계속 쌓임)	누계累計(누적된 합계)
	누차累次(여러번)	누기累碁(바둑돌을 쌓아 올림, 위태로움)
	연루連累(관계됨)	누란지위 累卵之危 알을 쌓은 듯한 위태로움

가시나무 **형**	부형청죄 負荊請罪 가시나무를 등에 지고 때려 달라 함. 사죄함

경계**잠**	잠언箴言(교훈이 되는 말)

사치할**치**	사치奢侈(불필요하게 낭비적임)

匙	十匙一飯	

膾	生鮮膾	膾炙人口
	膾炙	人口膾炙

諦	要諦	諦念

捐	義捐	出捐

褒	褒賞金	褒貶

貶	貶下	貶毀

遭	遭遇	遭難者

芻	反芻	

숟가락**시**	십시일반 十匙一飯 여러 사람이 한 사람 구제하기 쉬움

회**회**	생선회生鮮膾(날것인 생선 살로 만든 음식) 회자膾炙(사람들의 입에서 입으로 칭찬이 전해짐)	회자인구 膾炙人口 널리 알려져 언급되어 찬양을 받음 인구회자 人口膾炙 세상 사람의 이야깃거리가 됨

살필**체**	요체要諦(중요한 점)	체념諦念(포기함, 깨닫는 마음)

버릴**연**	의연義捐(기부함)	출연出捐(금품을 냄)

기릴**포**	포상금褒賞金(칭찬하려 주는 상금)	포폄褒貶(선악을 판단함)

낮출**폄**	폄하貶下(남을 깎아내림)	폄훼貶毁(헐뜯음)

만날**조**	조우遭遇(우연한 만남)	조난자遭難者(재난을 당한 사람)

풀**추**	반추反芻(되새김질, 곱씹어 생각함)

| 癡 | 痴呆 | 音痴 | |
| | 白痴 | 癡人說夢 | |

| 鞭 | 鞭撻 | | |

| 宕 | 豪宕 | | |

| 喧 | 喧騷 | | |

| 狐 | 九尾狐 | 董狐之筆 | 借虎威狐 |
| | 狐假虎威 | 假虎威狐 | 城狐社鼠 |

| 喚 | 召喚 | 叫喚 | |
| | 喚起 | 阿鼻叫喚 | |

| 綴 | 點綴 | 補綴 | |

| 哺 | 哺乳類 | 反哺報恩 | 吐哺握髮 |
| | 反哺之孝 | 含哺鼓腹 | |

어리석을 **치**	치매痴呆(뇌 장애, 제정신이 아닌 상태) 백치白痴(뇌 장애, 치매와 비슷함)	음치音痴(음에 대한 감각이 없음) 치인설몽 癡人說夢 바보가 꿈 이야기를 함. 허황된 말

채찍**편**	편달鞭撻(채찍으로 때림, 잘하라고 나무람)	

호탕할**탕**	호탕豪宕(호기가 많고 대범함)	

지껄일**훤**	훤소喧騷(요란하고 소란함)	

여우**호**	구미호九尾狐(꼬리 9개 달린 여우) 호가호위 狐假虎威 남의 세력을 빌어 위세를 부림 동호지필 董狐之筆 권세를 두려워하지 않는 정직한 기록	가호위호 假虎威狐 호랑이의 위세를 여우가 빌려 사용함 차호위호 借虎威狐 호랑이의 위엄을 빌린 여우. 남의 권세를 빌어 위세를 부림 성호사서 城狐社鼠 임금 옆에 있는 간사한 신하

부를**환**	소환召喚(사법기관이 개인을 부르는 일) 환기喚起(생각을 불러 일으킴)	규환叫喚(부르짖음) 아비규환 阿鼻叫喚 아비지옥과 규환지옥. 매우 비참하고 끔찍한 상황

엮을**철**	점철點綴(이어짐, 얼룩짐)	보철補綴(보충하여 엮음)

먹일**포**	포유류哺乳類(젖먹이 동물) 반포지효 反哺之孝 자식이 자라서 부모를 봉양함 반포보은 反哺報恩 자식이 부모가 길러준 은혜에 보답함	함포고복 含哺鼓腹 배불리 먹고 즐겁게 지냄 토포악발 吐哺握髮 손님이 오면 먹던 밥은 뱉고 감던 머리는 쥐고 마중나감

| 槌 | 鐵槌 | | |

| 贅 | 贅言 | | |

| 闊 | 闊葉樹 | 闊步 | 頭童齒闊 |

| 恤 | 救恤 | 矜恤 | |

| 退 | 辭退 | 退職 | 進退維谷 |
| | 退陣 | 後退 | 進退兩難 |

| 設 | 設置 | 施設 | 建設 |

| 棘 | 荊棘 | | |

惡	惡化	好惡	惡衣惡食
	劣惡	惡寒	奸惡無道
	善惡	勸善懲惡	
	憎惡	羞惡之心	

| 망치**퇴** | 철퇴鐵槌(쇠몽둥이) | |

| 혹**췌** | 췌언贅言(쓸데없는 말) | |

| 넓을**활** | 활엽수闊葉樹(잎이 넓은 나무)
활보闊步(활개침) | 두동치활 頭童齒闊 머리털과 이가 빠짐. 노인의 얼굴 |

| 불쌍할**휼** | 구휼救恤(구제, 구호) | 긍휼矜恤(불쌍해서 도움) |

| 물러날**퇴** | 사퇴辭退(그만둠, 물러감, 사양함)
퇴진退陣(군사를 뒤로 물림, 지위에서 물러남)
퇴직退職(현직에서 물러남) | 후퇴後退(뒤로 물러남)
진퇴유곡 進退維谷 오지도 가지도 못함. 궁지에 빠짐
진퇴양난 進退兩難 오지도 가지도 못함. 궁지에 빠짐 |

| 베풀**설** | 설치設置(장치해 둠)
시설施設(설치) | 건설建設(건물을 지음, 이룩함) |

| 가시**극** | 형극荊棘(나무의 가시, 고난의 길) | |

| 악할**악**
미워할**오** | 악화惡化(나빠짐)
열악劣惡(상태가 나쁨)
선악善惡(착함과 악함)
증오憎惡(미워함)
호오好惡(좋음과 미움/싫음)
오한惡寒(열나고 추움) | 권선징악 勸善懲惡 착한 일은 권하고 악한 일은 징계함
수오지심 羞惡之心 옳지 못함을 부끄러워하고 선하지 못함을 미워함
악의악식 惡衣惡食 좋지 못한 옷을 입고 맛없는 음식을 먹음. 음식과 옷이 변변찮음
간악무도 奸惡無道 말할 수 없이 간사하고 악함 |

施

實施	施設	西施矉目
施行	施賞	

照

照明	參照	肝膽相照
照會	觀照	同明相照

菩

菩薩

哀

哀悼	哀乞伏乞	哀而不悲
哀痛	喜怒哀樂	哀而不傷
悲哀	樂極哀生	

脚

行脚	脚光
立脚	馬脚露出

飯

飯饌	茶飯事	日常茶飯事
飯酒	十匙一飯	朝飯夕粥

超

超越	超過

剛

剛勁	外柔內剛
金剛山	內柔外剛

베풀**시**	실시實施(실제로 행함) 시행施行(실제로 행함) 시설施設(설치)	시상施賞(상을 줌) 서시빈목 西施矉目 남의 흉내를 냄
비칠**조**	조명照明(밝게 비춤) 조회照會(정보를 알아봄) 참조參照(참고)	관조觀照(조용히 사물이나 현상을 관찰함) **간담상조** 肝膽相照 서로의 마음을 터놓고 사귐 **동명상조** 同明相照 비슷한 처지 끼리 만남. 서로 공감함
보살**보**	보살菩薩(이상적인 불교 수행자)	
슬플**애**	애도哀悼(죽음을 슬퍼함) 애통哀痛(슬프고 가슴 아픔) 비애悲哀(슬프고 서러움) **애걸복걸** 哀乞伏乞 애처롭게 빌며 요청함	희로애락 喜怒哀樂 기쁨, 노여움, 슬픔, 즐거움. 사람의 여러가지 감정 **낙극애생** 樂極哀生 즐거움이 극에 달하면 슬픔이 생김 **애이불비** 哀而不悲 속으로 슬프지만 겉으로는 아닌척 **애이불상** 哀而不傷 슬프지만 선을 넘지 않음
다리**각**	행각行脚(돌아다님) 입각立脚(입장을 가짐)	각광脚光(등장이 빛남) **마각노출** 馬脚露出 말의 다리가 드러남. 숨기려던 정체가 드러남
밥**반**	반찬飯饌(밥과 같이 먹는 음식) 반주飯酒(식사하며 마시는 술) 다반사茶飯事(흔한 일)	**십시일반** 十匙一飯 여러 사람이 한 사람 구제하기 쉬움 **일상다반사** 日常茶飯事 흔히 있는 일 **조반석죽** 朝飯夕粥 아침에는 밥, 저녁에는 죽. 가난한 삶
뛰어넘을 **초**	초월超越(한계를 넘음)	초과超過(같지 않고 높음)
굳셀**강**	강경剛勁(꿋꿋함) **외유내강** 外柔內剛 겉으로 보기에는 부드럽지만 속은 강인함 **내유외강** 內柔外剛 속은 부드럽고 겉은 강함. 사람이나 사물의 성질을 표현함	금강산金剛山(산 이름)

誣	誣告罪	惑世誣民	

| 懷 | 懷疑的
懷柔 | 虛心坦懷
窮鳥入懷 | |

| 逢 | 相逢 | 逢着 | 逢變 |

| 支 | 支援
支持 | 支配
支給 | 支離滅裂
一木難支 |

| 配 | 支配
配慮 | 分配
配偶者 | 天生配匹 |

| 靡 | 風靡 | | |

| 讓 | 讓步
分讓 | 讓渡
辭讓之心 | 謙讓之德
一步不讓 |

| 履 | 履行
履歷 | 履修
瓜田不納履 | 如履薄氷 |

속일**무**	무고죄誣告罪(처벌 받게 하려 허위로 신고하는 죄)	**혹세무민** 惑世誣民 세상을 어지럽히고 백성을 속임

품을**회**	회의적懷疑的(확신이 없음) 회유懷柔(달래서 말 듣게 함)	**허심탄회** 虛心坦懷 마음속 생각을 터놓고 말함 **궁조입회** 窮鳥入懷 쫓기던 새가 사람의 품안으로 날아듦. 궁하면 적에게도 의지함

만날**봉**	상봉相逢(서로 만남) 봉착逢着(만나서 부딪힘)	**봉변**逢變(변을 당함)

지탱할**지**	지원支援(지지하여 도움) 지지支持(찬동하며 도움) 지배支配(통치함, 규제하고 감독함)	지급支給(내어 줌) **지리멸렬** 支離滅裂 체계 없이 흩어져 갈피를 잡을 수 없음 **일목난지** 一木難支 집이 무너지는 것을 기둥 하나로 막지 못함. 손 쓸 수 없음

나눌**배** 짝**배**	지배支配(통치함, 규제하고 감독함) 배려配慮(보살피고 마음 씀) 분배分配(기준에 따라 나누어 가짐)	배우자配偶者(부부 서로의 다른쪽) **천생배필** 天生配匹 하늘이 맺어 준 부부

쓰러질**미**	풍미風靡(위세로 세상을 휩쓸음)	

사양할**양**	양보讓步(남에게 먼저 기회를 줌, 주장을 굽힘) 분양分讓(여럿에게 나눠줌, 부동산을 나눠 팖) 양도讓渡(남에게 넘겨 줌)	**사양지심** 辭讓之心 겸손하여 남에게 사양함 **겸양지덕** 謙讓之德 겸손하고 사양하는 미덕 **일보불양** 一步不讓 한 걸음도 양보하지 않음

밟을이 신**이**	이행履行(실제로 행함) 이력履歷(학업이나 직업 등의 경력) 이수履修(학문 과정을 마침)	**과전불납리** 瓜田不納履 오이 밭에서 신을 고쳐 신지 않음. 의심 받을 짓은 하지 않음 **여리박빙** 如履薄氷 살얼음판을 밟음. 몹시 위험함

吸	吸收	吸煙	呼吸

株	株式	株主
	株價	守株待兔

兔	兔死狗烹	犬兔之爭

波	波紋	餘波	平地風波
	波長	江湖煙波	一波萬波
	波瀾	萬頃蒼波	
	波動	波瀾萬丈	

仰	信仰	推仰
	崇仰	仰望

宇	宇宙

郎	新郎	花郎

尸	尸位素餐	懷寵尸位

마실흡	흡수吸收(받아들임, 받아들임) 흡연吸煙(담배를 피움)	호흡呼吸(공기를 들이고 내쉼)

그루주	주식株式(증권) 주가株價(주식 가격)	주주株主(주식 소유자) **수주대토** 守株待兔 그루터기를 보며 토끼가 나오길 기다림. 옛 것만 고집하는 어리석음

토끼토	**토사구팽** 兔死狗烹 쓸모 있을 때는 쓰다가 쓸모가 없어지면 버려짐 **견토지쟁** 犬兔之爭 개와 토끼가 추격하다 둘 다 지쳐 죽어 다른 이가 이익을 봄	

물결파	파문波紋(물결, 영향) 파장波長(파동의 길이) 파란波瀾(물결, 시련) **강호연파** 江湖煙波 강이나 호수 위에 안개처럼 이는 잔물결 **만경창파** 萬頃蒼波 한없이 넓고 푸른 바다 **파란만장** 波瀾萬丈 물결의 파장이 심함. 변화가 심함 **평지풍파** 平地風波 고요한 땅에 바람과 물결을 일으킴. 뜻밖에 갑자기 분쟁이 생겨남 **일파만파** 一波萬波 한 사건으로 인해 잇달아 많은 사건이 연쇄됨	파동波動(물결의 움직임) 여파餘波(잔물결, 영향)

우러를앙	신앙信仰(종교적 믿음) 숭앙崇仰(높이 우러름)	추앙推仰(받들어 우러름) 앙망仰望(요구가 실현되길 원함)

집우	우주宇宙(천지 공간, 질서 세계, 지구 외부)	

사내랑	신랑新郎(신혼인 남편)	화랑花郎(신라 때의 청소년 수련 집단)

주검시	**시위소찬** 尸位素餐 높은 자리의 책임은 다하지 않고 이익만 취함 **회총시위** 懷寵尸位 임금의 총애를 믿어 물러가지 않고 벼슬자리를 차지함	

| 茶 | 茶禮 | 茶菓 | 日常茶飯事 |
| | 茶飯事 | 綠茶 | |

| 霜 | 霜降 | 傲霜孤節 | 萬古風霜 |
| | 雪上加霜 | 霜風高節 | |

引	引上	引繼	引受引繼
	引下	引用	
	引受	我田引水	

燈	消燈	走馬燈	燈下不明
	點燈	風前燈火	貧者一燈
	燈油	燈火可親	

尺	咫尺	吾鼻三尺	咫尺之間
	三尺童子	枉尺直尋	尺澤之鯢
	百尺竿頭	咫尺之地	

及	言及	遡及	過如不及
	普及	過猶不及	不狂不及
	及第	駟不及舌	

| 禍 | 禍根 | 轉禍爲福 | 禍不單行 |
| | 禍福 | 吉凶禍福 | |

| 單 | 簡單 | 單獨 | 子子單身 |
| | 單純 | 單位 | 單刀直入 |

차다 차차	차례茶禮(명절 제사) 다반사茶飯事(흔한 일) 다과茶菓(차와 과자)	녹차綠茶(차의 종류) **일상다반사** 日常茶飯事 차 마시고 밥 먹는 일. 흔한 일
서리상	상강霜降(24절기) **설상가상** 雪上加霜 불행한 일이 거듭하여 겹침 **오상고절** 傲霜孤節 굽히지 않는 절개	**상풍고절** 霜風高節 어려움에 처해도 굽히지 않는 높은 절개 **만고풍상** 萬古風霜 살면서 겪은 많은 고생
끌어당길 인	인상引上(끌어 올림) 인하引下(끌어 내림) 인수引受(넘겨 받음) 인계引繼(넘겨줌)	인용引用(말이나 글의 내용 등을 끌어 씀) **아전인수** 我田引水 자기 논에만 물을 끌어 공급함. 억지로 자신에게만 이롭게 함 **인수인계** 引受引繼 업무나 물건 등을 넘겨 주고 받음
등등	소등消燈(불을 끔) 점등點燈(불을 켬) 등유燈油(석유의 일종, 과거 등불에 사용) 주마등走馬燈(불을 밝히는 등, 기억이 머릿속을 스쳐감) **풍전등화** 風前燈火 바람 앞의 등불. 매우 위급한 상황	**등화가친** 燈火可親 가을밤은 서늘하여 등불을 가까이 하고 글 읽기에 좋음 **등하불명** 燈下不明 가까이 있는 것을 모름 **빈자일등** 貧者一燈 가난한 자의 등불 하나. 부자 보다 빈자의 작은 기부가 더 소중함
자척	지척咫尺(아주 가까움) **삼척동자** 三尺童子 키가 석자(약 90센치)인 어린 아이 **백척간두** 百尺竿頭 백척 높이의 장대 위에 올라섬. 몹시 위태로운 지경에 빠짐 **오비삼척** 吾鼻三尺 내 코가 석 자. 자신도 어려워 남을 도울 수 없음 **왕척직심** 枉尺直尋 짧은 것을 굽히고 긴 것을 폄. 작은 것을 희생하고 큰 것을 이익 봄 **지척지지/지척지간** 咫尺之地/咫尺之間 가까운 곳 **척택지예** 尺澤之鯢 작은 연못의 송사리. 소견이 좁은 사람	
미칠급	언급言及(말을 꺼냄) 보급普及(널리 퍼트림) 급제及第(시험에 합격함) 소급遡及(지난 것까지 영향을 줌)	**과유불급** 過猶不及 지나침은 부족함만 못 함 **사불급설** 駟不及舌 소문이 삽시간에 퍼짐. 말조심해야 함 **과여불급** 過如不及 지나친 것은 부족한 것 보다 못함 **불광불급** 不狂不及 미친 듯이 하지 않으면 목표에 도달하지 못함
재앙화	화근禍根(재앙의 근원) 화복禍福(재앙과 복) **전화위복** 轉禍爲福 화가 바뀌어 복이 됨	**길흉화복** 吉凶禍福 길함, 흉함, 재앙, 복. 사람의 운수 **화불단행** 禍不單行 재앙은 겹쳐서 오게 됨
홀단	간단簡單(단순하고 짧음) 단순單純(복잡하지 않음) 단독單獨(혼자)	단위單位(미터, 그램, 리터 등의 수치) **혈혈단신** 孑孑單身 의지할 곳 없는 홀몸 **단도직입** 單刀直入 혼자 칼을 들고 쳐들어감. 요점으로 바로 감

詞

動詞	歌詞
名詞	作詞

肥

肥滿	肥沃	天高馬肥
肥大	肥料	秋高馬肥

謙

謙遜	謙讓
謙虛	謙讓之德

吏

官吏	淸白吏
胥吏	貪官汚吏

撒

撒布	撒水

塔

石塔	金字塔
尖塔	象牙塔

豪

豪傑	豪奢
豪華	英雄豪傑

皇

皇帝	皇宮

| 말사 글사 | 동사動詞(동작을 나타냄) 명사名詞(명칭을 나타냄) | 가사歌詞(노랫말) 작사作詞(노래 글귀를 지음) |

말사
글사
동사動詞(동작을 나타냄)
명사名詞(명칭을 나타냄)
가사歌詞(노랫말)
작사作詞(노래 글귀를 지음)

살찔비
비만肥滿(뚱뚱함)
비대肥大(뚱뚱함)
비옥肥沃(땅이 기름짐)
비료肥料(땅에 영양을 주는 물질)
천고마비 天高馬肥 하늘은 높고 말은 살찜. 가을을 의미함
추고마비 秋高馬肥 가을이 깊어가니 말이 살찜

겸손할겸
겸손謙遜(공손함)
겸허謙虛(공손함)
겸양謙讓(겸손하게 거부, 양보함)
겸양지덕 謙讓之德 겸손하고 사양하는 미덕

벼슬아치
이
관리官吏(공무원)
서리胥吏(하급 관리)
청백리淸白吏(청렴한 공무원)
탐관오리 貪官汚吏 탐욕스러운 비리 벼슬아치

뿌릴살
살포撒布(공중에 뿜어내 뿌림)
살수撒水(물을 뿌림)

탑탑
석탑石塔(돌탑)
첨탑尖塔(뾰족한 탑)
금자탑金字塔(불멸의 업적)
상아탑 象牙塔 관념적인 학문에 대한 학자들의 심취

호걸호
호걸豪傑(기개있는 사람)
호화豪華(화려한 사치)
호사豪奢(사치)
영웅호걸 英雄豪傑 뛰어난 영웅

임금황
황제皇帝(제국의 왕)
황궁皇宮(황제가 사는 궁궐)

劉

劉邦

鳥

鳥類	鳥瞰圖	鳥足之血
白鳥	一石二鳥	驚弓之鳥

念

槪念	理念	無念無想
念慮	念頭	一念通巖

肖

肖像畵	不肖	不肖之父

淑

淑女	貞淑	窈窕淑女

涼

荒凉	凄凉
納凉	炎凉世態

諸

諸侯	諸島	諸行無常
諸般	反求諸己	

妻

挹妻	離妻之明

죽일**유**	유방劉邦(전한나라의 초대 황제)	

새**조** 이름**작**	조류鳥類(새 종류)	조감도鳥瞰圖(새 시점의 지도나 그림)
	백조白鳥(새)	
	일석이조 一石二鳥 돌 하나로 새 두마리를 잡음. 한 가지 행동으로 여러 이익을 얻음	
	조족지혈 鳥足之血 새 발의 피. 매우 적음	
	경궁지조 驚弓之鳥 화살에 놀란 새는 구부러진 나무만 봐도 놀람. 놀란 사람이 위축됨	

생각**염**	개념槪念(보편적 지식이나 관념)	염두念頭(머리속의 생각)
	염려念慮(걱정)	**무념무상** 無念無想 아무것도 생각하지 않고 떠올리지 않음
	이념理念(이상적으로 여기는 최고 개념)	**일념통암** 一念通巖 정신을 집중하면 화살이 바위를 뚫음

닮을**초** 같을**초**	초상화肖像畵(얼굴 그림)	**불초지부** 不肖之父 어리석은 아버지
	불초不肖(못나고 어리석음)	

맑을**숙**	숙녀淑女(예의바른 교양 여성)	**요조숙녀** 窈窕淑女 얌전하고 자태가 아름다운 여자
	정숙貞淑(여자의 행실이 바름)	

서늘할**양**	황량荒凉(거칠고 메마름)	처량凄凉(서글픔)
	납량納凉(서늘함을 느끼게 함)	**염량세태** 炎凉世態 권세에 아첨하고 권세가 떨어지면 푸대접하는 세태

모두**제** 어조사**저**	제후諸侯(봉건 귀족)	**반구저기** 反求諸己 잘못을 자신에게 찾음
	제반諸般(여러 가지, 모든)	**제행무상** 諸行無常 인생이 덧없음. 우주 만물은 끊임 없이 변하며 잠시도 멈추지 않음
	제도諸島(여러 섬, 모든 섬)	

별이름**루**	읍루挹婁(만주의 부족)	**이루지명** 離婁之明 눈이 매우 밝음

寶	寶物	國寶	傳家寶刀

兩	兩極化 兩班 兩親	一擧兩得 進退兩難 首鼠兩端	一刀兩斷 兩者擇一

眠	睡眠 冬眠	休眠 永眠	高枕安眠 不眠不休

琴	伽倻琴 琴瑟	琴瑟之樂 琴瑟相和	

幽	幽靈	幽明	深山幽谷

復	回復 復歸 反復	復活 復興 克己復禮	死灰復燃

簿	帳簿 名簿	家計簿 殺生簿	

刮	刮目	刮目相對	

보배보
보물寶物(귀한 것, 보배로운 물건)
국보國寶(국가의 보물)

전가보도 傳家寶刀 대대로 전해오는 집안의 보물

두양
양극화兩極化(두 계층의 격차가 심해짐)
양반兩班(귀족)
양친兩親(아버지와 어머니)
일거양득 一擧兩得 한 가지 행동으로 두 가지의 이득을 봄
진퇴양난 進退兩難 오지도 가지도 못함. 궁지에 빠짐

수서양단 首鼠兩端 쥐가 머리를 내밀고 구멍 밖으로 나갈까 말까 망설임. 어찌해야 할지 모름
일도양단 一刀兩斷 한 칼에 두 동강이를 냄. 머뭇거림 없이 결단하고 행동함
양자택일 兩者擇一 둘 중에서 하나를 택함

잘면
수면睡眠(잠)
동면冬眠(겨울잠)
휴면休眠(아무것도 안함, 미사용)
영면永眠(죽음)

고침안면 高枕安眠 베개를 높이면 잠이 편안함. 근심이 없음
불면불휴 不眠不休 자지도 않고 쉬지도 않음. 쉬지 않고 열심히 일함

거문고금
가야금伽倻琴(악기)
금슬琴瑟(거문고와 비파, 부부의 정 *금실琴瑟)

금슬지락 琴瑟之樂 부부사이가 좋음
금슬상화 琴瑟相和 거문고와 비파 소리가 조화를 잘 이룸

그윽할유
유령幽靈(귀신)
유명幽明(저승과 이승, 죽음의 완곡적 표현)

심산유곡 深山幽谷 깊숙하고 고요한 산골짜기

회복할복
다시부
회복回復(상태가 다시 좋아짐)
복귀復歸(원래로 되돌아감)
반복反復(계속 되풀이함)
부활復活(폐지한 것을 되돌림, 죽었다 살아남)

부흥復興(다시 흥함)
극기복례 克己復禮 사리사욕을 극복하고 예의를 따름
사회부연 死灰復燃 다 탄 재가 다시 불 붙음. 곤경에 처했던 사람이 훌륭해짐

문서부
장부帳簿(금품의 출납을 기록한 책)
명부名簿(이름 적힌 장부)

가계부家計簿(집안 살림 장부)
살생부殺生簿(죽이고 살릴 사람의 이름을 적은 명부)

긁을괄
괄목쾌目(놀라운 발전에 눈을 비비며 바라봄)
괄목상대 刮目相對 눈을 비비고 상대를 다시 보며 대함. 능력이 갑자기 뛰어나짐

背	背景	違背	二律背反
	背信	背恩	龜背刮毛
	背反	面從腹背	
	背馳	背水之陣	

裂	分裂	決裂	支離滅裂
	龜裂	炸裂	

浩	浩然之氣

洪	洪水

聲	聲明	喊聲	呱呱之聲
	名聲	虛張聲勢	大聲痛哭
	聲援	同聲異俗	

影	撮影	杯中蛇影
	影響力	孤身隻影

粧	丹粧	化粧	化粧室

葬	葬禮式	埋葬

등배 배반할**배**	배경背景(뒷 경치, 뒷받침)	배치背馳(반대되어 어긋남)
	배신背信(신의를 버림)	위배違背(약속을 어김)
	배반背反(신의를 버림)	배은背恩(은혜를 버림)
	면종복배 面從腹背 앞에서는 순종하는 체하고 뒤돌아서 딴 마음을 먹음	
	배수지진 背水之陣 물을 등지고 진을 침. 물러설 곳 없이 싸움	
	이율배반 二律背反 두가지 규율이 서로 반대됨. 법이나 논리의 모순	
	귀배괄모 龜背刮毛 있지도 않은 거북이 털을 깎음. 없는 것을 구하려고 함	

찢을**열**	분열分裂(갈라짐)	작렬炸裂(터져서 흩어짐)
	균열龜裂(거북이 등 무늬처럼 갈라져 터짐)	지리멸렬 支離滅裂 체계 없이 흩어져 갈피를 잡을 수 없음
	결렬決裂(찢어짐, 의견이 불일치함)	

넓을**호** 술거르고	호연지기 浩然之氣 도의에 근거를 두고 흔들리지 않는 바른 마음

넓을**홍**	홍수洪水(물이 넘침)

소리**성**	성명聲明(입장을 밝힘)	성원聲援(소리 질러 응원함)
	명성名聲(널리 알려짐)	함성喊聲(큰 소리를 지름)
	허장성세 虛張聲勢 실속 없이 허세만 부림	
	동성이속 同聲異俗 날 때는 같으나 자라며 환경에 따라 달라짐	
	고고지성 呱呱之聲 아기가 태어나면서 처음 우는 소리	
	대성통곡 大聲痛哭 큰 소리로 슬프게 욺	

그림자**영**	촬영撮影(사진이나 영상으로 찍음)	영향력影響力(다른 것에 미치는 힘)
	배중사영 杯中蛇影 술잔 속의 뱀 그림자. 아무 일도 아닌데 의심하고 근심함	
	고신척영 孤身隻影 외로운 몸과 그 그림자 하나. 외로운 신세	

단장할**장**	단장丹粧(꾸밈)	화장실化粧室(변소)
	화장化粧(얼굴을 꾸밈)	

매장**장**	장례식葬禮式(장사를 예법에 맞게 지내는 의식)	매장埋葬(묻음)

| 載 | 揭載 | 記載 | 千載一遇 |
| | 登載 | 搭載 | 車載斗量 |

| 啓 | 啓蒙 | 啓發 | 啓導 |

| 製 | 製品 | 製造 | |
| | 製作 | 複製 | |

制	牽制	制裁	以毒制毒
	規制	先則制人	柔能制剛
	制限	先發制人	

| 徠 | | | |

追	追加	追擊	追放
	追求	訴追	窮寇莫追
	追跡	追突	

| 蘿 | | | |

| 邊 | 周邊 | 一邊倒 | |
| | 邊方 | 廣大無邊 | |

실을**재**	게재揭載(글, 그림을 실음)	탑재搭載(장치 등이 설치됨)
	등재登載(등록 기재됨)	**천재일우 千載一遇** 다시 얻기 어려운 좋은 기회
	기재記載(기록됨)	**거재두량 車載斗量** 수레에 싣고 한 말로 잰다. 물건이나 인재 등이 널려 귀하지 않음

| 열**계** | 계몽啓蒙(깨닫게 함) | 계도啓導(이끌어 지도함) |
| | 계발啓發(재능이나 능력을 깨우치게 함) | |

| 지을**제** | 제품製品(만들어낸 물품) | 제조製造(큰 규모로 물건을 만듦) |
| | 제작製作(만듦) | 복제複製(본떠 만듦) |

절제할**제**	견제牽制(방해함)	**선즉제인 先則制人** 남보다 먼저 앞서면 남을 이길 수 있음
	규제規制(규정으로 한도를 정함)	**선발제인 先發制人** 전쟁에서 기선을 제압해야 승리함
	제한制限(한도를 정함)	**이독제독 以毒制毒** 독을 없애는데 다른 독을 사용함
	제재制裁(규제 징벌)	**유능제강 柔能制剛** 부드러움이 강함을 이김

올래

쫓을**추**	추가追加(보탬)	소추訴追(법원에 심판을 요구함, 탄핵을 요구함)
	추구追求(목적을 쫓음)	추돌追突(뒤에서 들이받음)
	추적追跡(뒤를 쫓음)	추방追放(쫓아 냄)
	추격追擊(쫓으며 침)	**궁구막추 窮寇莫追** 궁한 도적을 쫓지 말라

쑥나

| 가**변** | 주변周邊(둘레, 근처) | 일변도一邊倒(일방적임) |
| | 변방邊方(가장자리 지역) | **광대무변 廣大無邊** 한없이 넓고 커서 끝이 없음 |

些	些少	些事

尨	尨服

斡	斡旋

旋	旋回	周旋
	斡旋	凱旋將軍

裁	裁判	制裁

免	赦免	謀免
	免除	免職

賀	祝賀	致賀	謹賀新年

謝	謝過	感謝	新陳代謝
	謝罪	謝絶	

| 적을**사** | 사소些少(하찮음) | 사사些事(사소한 일) |

| 삽살개**방** | 방복尨服(얼룩한 옷) | |

| 돌을**알** | 알선斡旋(잘되도록 여러 가지 방법으로 힘씀) | |

| 돌을**선** | 선회旋回(빙빙 돌음)
알선斡旋(잘되도록 여러 가지 방법으로 힘씀) | 주선周旋(잘되도록 여러 가지 방법으로 힘씀)
개선장군 凱旋將軍 싸움에서 이기고 돌아온 장군. 크게 성공해 돌아온 사람 |

| 마를**재** | 재판裁判(옳고 그름을 따져 판단함) | 제재制裁(징벌) |

| 면할**면** | 사면赦免(죄를 용서하여 면제함)
면제免除(의무를 없앰) | 모면謀免(위기를 벗어남)
면직免職(직무에서 물러남) |

| 하례할**하** | 축하祝賀(남의 좋은 일을 기뻐하며 인사함)
치하致賀(축하의 인사말) | 근하신년 謹賀新年 새해를 축하함 |

| 사례할**사** | 사과謝過(잘못을 빎)
사죄謝罪(용서를 빎)
감사感謝(고마움) | 사절謝絶(거절)
신진대사 新陳代謝 묵은 것이 없어지고 새것이 대신 생김 |

161

| 割 | 割引 | 役割 | 群雄割據 |
| | 割當 | 役割 | 鉛刀一割 |

| 痴 | 白痴 | | |

| 端 | 尖端 | 端午 | 首鼠兩端 |
| | 弊端 | 端平 | 複雜多端 |

弄	弄談	才弄	弄假成眞
	嘲弄	弄瓦之慶	假弄成眞
	愚弄	弄璋之慶	

| 瓦 | 弄瓦之慶 | | |

| 慶 | 慶事 | 國慶日 | 弄瓦之慶 |

| 伯 | 畫伯 | 伯仲之勢 | |
| | 伯牙絶絃 | 伯仲之間 | |

| 牙 | 齒牙 | 象牙 | 伯牙絶絃 |

벨**할**	할인割引(가격을 깎음) 할당割當(몫을 나눔) 군웅할거 群雄割據 영웅들이 각지에 자리 잡고 세력을 다툼 연도일할 鉛刀一割 납으로 만든 칼도 한번은 자름. 스스로 겸손함	역할役割(맡은 일) 역할役割(임무, 할 일)

어리석을 **치**	백치白痴(바보)	

끝**단**	첨단尖端(뾰족한 끝, 최신) 폐단弊端(해로움) 단오端午(명절)	단평端平(올바르고 공평함) 수서양단 首鼠兩端 쥐가 머리를 내밀고 구멍 밖으로 나갈까 말까 망설임. 어찌해야 할지 모름 복잡다단 複雜多端 일이 복잡해져 어려움

희롱할**농**	농담弄談(장난으로 하는 말) 조롱嘲弄(비웃거나 깔보면서 놀림) 우롱愚弄(웃음거리로 만듦) 재롱才弄(아이의 귀여운 장난)	농와지경 弄瓦之慶 딸을 낳은 기쁨 농장지경 弄璋之慶 아들을 낳은 경사 농가성진 弄假成眞 장난으로 시작한 것이 진짜가 됨 가롱성진 假弄成眞 장난으로 시작한 것이 진짜가 됨

기와**와**	농와지경 弄瓦之慶 딸을 낳은 기쁨	

경사**경**	경사慶事(기쁜 일) 국경일國慶日(국가 기념일)	농와지경 弄瓦之慶 딸을 낳은 기쁨

맏**백**	화백畵伯(화가) 백아절현 伯牙絶絃 친한 벗을 잃음	백중지세 伯仲之勢 우열을 가리기 어려움 백중지간 伯仲之間 우열을 가리기 어려움

어금니**아**	치아齒牙(이) 상아象牙(코끼리 어금니)	백아절현 伯牙絶絃 친한 벗을 잃음

絶	根絶	絶倫	伯牙絶絃
	拒絶	抱腹絶倒	
	絶望	萬古絶色	

| 掩 | 掩蔽 | 掩耳盜鈴 | 掩目捕雀 |
| | 掩護 | 掩耳盜鐘 | |

| 鈴 | 猫項懸鈴 | 掩耳盜鈴 | 耳懸鈴鼻懸鈴 |
| | 猫頭懸鈴 | 掩耳偸鈴 | |

| 治 | 政治 | 治療 | 以熱治熱 |
| | 治癒 | 無爲而治 | |

| 峰 | 萬壑千峰 | | |

| 逍 | 逍風 | 逍遙吟詠 | |

| 盲 | 盲人 | 盲目 | 群盲評象 |
| | 盲點 | 群盲撫象 | |

| 沈 | 沈滯 | 沈沒 | 沈魚落雁 |
| | 沈默 | 破釜沈舟 | |

끊을절	근절根絕(뿌리째 없애 버림) 거절拒絕(요구를 받아들이지 않음) 절망絕望(희망이 끊김) 절륜絕倫(두드러지게 뛰어남)	포복절도 抱腹絕倒 배를 안고 크게 웃으며 자빠짐 만고절색 萬古絕色 전례 없이 뛰어난 미인 백아절현 伯牙絕絃 친한 벗을 잃음
가릴엄	엄폐掩蔽(숨김) 엄호掩護(뒤덮어 보호함) 엄이도령 掩耳盜鈴 귀를 막고 방울을 훔침. 자기만 안 들리면 된다 믿고 상대를 속이려 함	엄이도종 掩耳盜鐘 귀를 막고 종을 훔침. 자기만 안 들리면 된다 믿고 상대를 속이려 함 엄목포작 掩目捕雀 눈 가리고 참새를 잡으려 함. 일을 대충함
방울령	묘항현령 猫項懸鈴 고양이 목에 방울 달기. 불가능한 탁상공론 묘두현령 猫頭懸鈴 고양이 목에 방울 달기. 불가능한 탁상공론 엄이도령 掩耳盜鈴 귀를 막고 방울을 훔침. 자기만 안 들리면 된다 믿고 상대를 속이려 함 엄이투령 掩耳偸鈴 귀를 막고 방울을 훔침. 자기만 안 들리면 된다 믿고 상대를 속이려 함 이현령비현령 耳懸鈴鼻懸鈴 귀에 걸면 귀걸이 코에 걸면 코걸이. 관점에 따라 다름	
다스릴치	정치政治(집단을 다스림) 치유治癒(치료하여 나음) 치료治療(병이나 상처를 낫게 함)	무위이치 無爲而治 인위적으로 일을 벌이지 않으면서 자연스럽게 잘 다스림 이열치열 以熱治熱 열로 열을 다스림
봉우리봉	만학천봉 萬壑千峰 많은 골짜기와 봉우리	
노닐소	소풍逍風(나들이)	소요음영 逍遙吟詠 이리저리 거닐며 시를 읊음
눈멀맹	맹인盲人(장님) 맹점盲點(빈틈) 맹목盲目(사리분별 못함)	군맹무상 群盲撫象 보통사람의 식견이 좁음 군맹평상 群盲評象 여러 맹인이 코끼리를 평함. 좁은 소견으로 잘못된 판단을 함
잠길침 성씨심	침체沈滯(정체됨) 침묵沈默(조용하고 잠잠함) 파부침주 破釜沈舟 솥을 깨고 배를 가라앉힘. 싸움터에 나가 죽기를 각오함 침어낙안 沈魚落雁 물고기를 잠수하게 하고 기러기를 떨어뜨릴만큼 대단한 미녀	침몰沈沒(물속에 가라앉음)

| 菜 | 菜蔬 | 菜食 | 薄酒山菜 |
| | 野菜 | 花菜 | |

| 諺 | 諺文風月 | | |

| 巫 | 巫堂 | 巫山之夢 | |

| 軟 | 柔軟 | 軟弱 | |

| 悠 | 悠久 | 悠悠自適 | |

得	所得	拾得	得隴望蜀
	納得	一擧兩得	不勞所得
	獲得	種豆得豆	哭不得已笑

羊	山羊	羊頭狗肉	羊質虎皮
	羊毛	多岐亡羊	
	亡羊補牢	亡羊之歎(嘆)	

| 補 | 候補 | 補償 | 亡羊補牢 |
| | 補完 | 補塡 | 絶長補短 |

나물채	채소菜蔬(밭에서 기르는 농작물)	화채花菜(과일과 꽃, 단물을 섞은 음료)
	야채野菜(들에서 자라나는 나물)	박주산채 薄酒山菜 변변찮은 술과 산나물. 자기가 내는
	채식菜食(고기류를 피하고 식물류만 먹음)	술과 안주를 겸손하게 표현함

언문언	언문풍월 諺文風月 한글로 지은 시가를 뜻함

무당무	무당巫堂(점쟁이)	무산지몽 巫山之夢 남녀간의 밀회나 정사를 의미

연할연	유연柔軟(부드럽고 연함)	연약軟弱(무르고 약함)

멀유	유구悠久(오래됨)	유유자적 悠悠自適 속세를 떠나 속박되지 않고 마음대로 삶

얻을득	소득所得(수익)	획득獲得(얻음)
	납득納得(잘 알아서 긍정하고 이해함)	습득拾得(주워서 얻음)
	일거양득 一擧兩得 한 가지 행동으로 두 가지의 이득을 봄	
	종두득두 種豆得豆 콩 심으면 콩이 남. 원인에 따라 결과가 나옴	
	득롱망촉 得隴望蜀 농나라를 얻으니 촉나라를 갖고 싶음. 욕심은 끝이 없음	
	불로소득 不勞所得 노동을 하지 않고 얻은 소득. 투기나 도박, 주워서 거져 얻은 돈	
	곡부득이소 哭不得已笑 울어야 할 것을 마지못해 웃음. 어쩔 수 없이 하게 됨	

양양	산양山羊(염소)	양모羊毛(양 털)
	망양보뢰 亡羊補牢 양을 잃고서 우리를 고침. 실패한 후에 일을 대비함	
	양두구육 羊頭狗肉 양 머리를 내걸고 개고기를 팖. 겉과 속이 다름, 언행이 불일치함	
	다기망양 多岐亡羊 갈래의 길에서 양을 잃음. 학문의 길이 많아 진리를 찾기 어려움	
	망양지탄 亡羊之歎(嘆) 양을 찾다 갈래 길에서 길을 잃음. 진리를 찾기 어려움. 할 것이 많아 혼란함	
	양질호피 羊質虎皮 속은 양이고 가죽은 호랑이. 실속이 없음	

기울보	후보候補(자격을 갖춘 예비인)	보상補償(남에게 끼친 손해를 갚음)
도울보	보완補完(개선)	보전補塡(부족한 것을 보충함)
	망양보뢰 亡羊補牢 양을 잃고서 우리를 고침. 실패한 후에 일을 대비함	
	절장보단 絶長補短 긴 것을 잘라 짧은 것에 보강함. 장점으로 단점을 보충함	

牢	雷獄	亡羊補牢	金石牢約

純	單純	純利益	純眞無垢
	純粹	純潔無垢	至高至純

粹	純粹		

認	確認	認定	認知
	認識	承認	自他共認

禁	禁止	禁忌	禁制
	禁煙	禁斷	監禁

臟	心臟	內臟	五臟六腑
	腎臟	肝臟	

匿	匿名	隱匿	

淹	淹留		

우리**뇌**	뇌옥雷獄(감옥)	
	망양보뢰 亡羊補牢 양을 잃고서 우리를 고침. 실패한 후에 일을 대비함	
	금석뇌약 金石牢約 금과 돌 같은 굳은 약속	

순수할**순**	단순單純(간단함)	**순결무구** 純潔無垢 마음과 몸이 아주 깨끗하여 조금도 더러운 때가 없음
	순수純粹(섞임이 없음, 사욕이 없음)	**순진무구** 純眞無垢 마음이 깨끗하고 순진함
	순이익純利益(비용을 모두 뺀 순수한 이익)	지고지순 至高至純 더할 수 없이 매우 순수함

순수할**수**	순수純粹(섞임이 없음, 사욕이 없음)

알**인**	확인確認(알아보거나 인정함)	승인承認(받아들임, 인정함)
	인식認識(분별하고 판단함)	인지認知(인정하여 앎)
	인정認定(확실하다 여김)	**자타공인** 自他共認 자신과 남들 모두 인정함

금지할**금**	금지禁止(못하게 함)	금단禁斷(금지함)
	금연禁煙(담배를 끊음)	금제禁制(금지하고 말림)
	금기禁忌(꺼림, 금지)	감금監禁(가둠)

내장**장**	심장心臟(중심 기관, 마음)	간장肝臟(간)
	신장腎臟(콩팥)	**오장육부** 五臟六腑 인체 내장의 총칭
	내장內臟(신체 기관을 통틀음)	

숨길**익**	익명匿名(신분을 감춤)	은닉隱匿(감춤)

담글**엄**	엄류淹留(오래 머물음)

瓘			

司	司法府	司令官	牝鷄司晨

穰	飢穰		

衛	衛生 衛星		
	防衛 政如魯衛		

劃	計劃 區劃		
	企劃 劃期的		

印	烙印	捺印	指章
	印刷	拇印	心心相印

櫃	欌櫃	鐵櫃	玉石同匱

巾	手巾	頭巾	黃巾賊

옥관		
맡을사	사법부司法府(법을 관할하는 기관을 통틀음) 사령관司令官(군 최고 지휘관)	빈계사신 牝鷄司晨 암탉이 새벽에 먼저 울음. 부인이 멋대로 집안 일을 처리함
짚양	기양飢穰(흉년과 풍년)	
지킬위	위생衛生(보건) 방위防衛(지킴)	위성衛星(행성 주변을 도는 별) 정여노위 政如魯衛 두 나라의 정치가 비슷함
그을획	계획計劃(앞으로 할 일의 절차, 포부) 기획企劃(일을 꾀하여 계획함)	구획區劃(경계를 지어 가름) 획기적劃期的(뚜렷이 구분되는 것)
도장인 끝끝	낙인烙印(불로 달군 불도장, 불명예) 인쇄印刷(글이나 그림 등을 찍어 냄) 날인捺印(도장 찍음)	무인拇印(손도장, 지장指章) 심심상인 心心相印 마음에서 마음으로 전해짐
궤짝궤	장궤欌櫃(수납용 가구) 철궤鐵櫃(철로 만든 장궤)	옥석동궤 玉石同匱 옥과 돌이 한 궤짝 속에 있음. 현명한 사람과 어리석은 사람이 모임
수건건	수건手巾(닦기 위하여 만든 천 조각) 두건頭巾(머리에 두르는 수건)	황건적黃巾賊(머리에 황색 수건을 두른 도적단)

| 盤 | 基盤 | 地盤 | 盤溪曲徑 |
| | 初盤 | 盤根錯節 | 杯盤狼藉 |

| 衙 | 官衙 | | |

| 譁 | 譁議 | | |

| 徙 | 移徙 | 曲突徙薪 | 徙家忘妻 |

| 封 | 封鎖 | 開封 | 比屋可封 |
| | 封套 | 封窓 | 封庫罷職 |

職	職業	職員	削奪官職
	職場	瀆職	
	職務	辭職	

| 香 | 香氣 | | |

取	取消	攝取	百無一取
	取扱	捨生取義	
	搾取	囊中取物	

소반**반**	기반基盤(밑 바탕) 지반地盤(땅 표면) 초반初盤(처음 부분) 반근착절 盤根錯節 굽은 뿌리와 엉클어진 마디. 뒤얽혀 처리하기 어려운 일 반계곡경 盤溪曲徑 평탄한 계곡과 구불구불한 길. 평탄하게 하지 않고 굽은 억지를 부림 배반낭자 杯盤狼藉 술잔과 접시가 어지럽게 흩어짐. 술마시고 흥청망청 어지럽힘
마을**아**	관아官衙(관공서)
시끄러울 **화**	화의譁議(다투기도 하는 의논)
옮길**사**	이사移徙(거주지를 옮김) 곡돌사신 曲突徙薪 굴뚝을 구불게 만들고 아궁이 근처 나무를 옮김. 화재를 미리 방지함 사가망처 徙家忘妻 이사할 때 아내를 깜빡 잊고 데려가지 않음. 건망증이 심함
봉할**봉**	봉쇄封鎖(외부와 끊김, 잠금) 개봉開封(봉한 것을 열음) 봉투封套(종이로 만든 주머니) 봉창封窓(뚫린 벽에 종이를 발라 열지 못하는 창문) 비옥가봉 比屋可封 집집마다 상 받을 사람이 많음. 백성이 모두 덕이 높고 살만함 봉고파직 封庫罷職 부정을 저지른 관리를 파직시키고 관서고를 잠금
직분**직**	직업職業(종사하는 일) 독직瀆職(직권남용하여 해당 직책을 욕먹임) 직장職場(일하는 곳) 사직辭職(직무를 관둠) 직무職務(담당한 업무) 삭탈관직 削奪官職 죄인의 벼슬을 몰수함 직원職員(직장에 근무하는 사람)
향기**향**	향기香氣(냄새)
가질**취**	취소取消(무효화) 착취搾取(대가 없이 부리며 쥐어짬) 취급取扱(다루거나 사용함) 섭취攝取(먹어서 받아들임, 흡수함) 사생취의 捨生取義 목숨을 버리고 의리를 쫓음 낭중취물 囊中取物 주머니 속의 물건을 꺼내는 일. 매우 쉬움 백무일취 百無一取 많은 것 중에 쓸모 있는 것이 하나도 없음

率			
	比率	率直	百分率
	換率	統率	年利率
	確率	食率	率先垂範

麥		
	麥酒	菽麥不辨
	麥秀之嘆(歎)	種麥得麥

坐			
	坐礁	坐視	坐不安席
	坐席	跏趺坐	坐井觀天

騎		
	騎馬	騎虎之勢
	騎兵	騎虎難下

勢			
	姿勢	伯仲之勢	互角之勢
	趨勢	累卵之勢	勢如破竹
	勢力	虛張聲勢	脫兎之勢
	攻勢	騎虎之勢	氣勢騰騰
	破竹之勢	竿頭之勢	

喉			
	喉頭	咽喉	咽喉之地

姑		
	姑息	因循姑息
	姑息之計	麻姑搔痒

息			
	休息	瞬息間	無子息上八字
	子息	姑息之計	胡奴子息

비율율 거느릴솔	비율比率(전체에서의 일정 분량의 비) 환율換率(화폐 간 교환 비율) 확률確率(어떤 일이 일어날 가능성의 정도) 솔직率直(거짓 없이 곧음) 통솔統率(무리를 거느림)	식솔食率(딸린 식구) 백분율百分率(비율을 백분위로 나타낸 것) 연이율年利率(1년 이자율) 솔선수범 率先垂範 먼저 자신이 본보기를 보임
보리맥	맥주麥酒(보리로 만든 술) 맥수지탄 麥秀之嘆(歎) 나라를 잃음에 대한 탄식 숙맥불변 菽麥不辨 콩인지 보리인지 분별하지 못함. 어리석은 사람 종맥득맥 種麥得麥 보리를 심으면 보리가 나옴. 원인과 결과	
앉을좌	좌초坐礁(배가 암초에 걸림) 좌석坐席(앉는 자리) 좌시坐視(간섭 않고 보기만 함)	가부좌跏趺坐(양반다리로 앉음) 좌불안석 坐不安席 마음이 불편해 가만히 못 있음 좌정관천 坐井觀天 우물 안 개구리. 세상물정을 모름
말탈기	기마騎馬(말을 탐) 기호지세 騎虎之勢 이미 시작된 일을 중도에 그만 둘 수 없음. 호랑이를 타고 달리는 기세 기호난하 騎虎難下 이미 시작된 일을 중도에 그만 둘 수 없음. 호랑이에서 내릴 수 없음	기병騎兵(말 탄 병사)
형세세	자세姿勢(몸이 취한 형태, 사물을 대하는 태도) 추세趨勢(어떤 방향으로 나가는 힘) 파죽지세 破竹之勢 대나무를 쪼개는 기세. 맹렬한 기세 백중지세 伯仲之勢 우열을 가리기 어려움 누란지세 累卵之勢 몹시 위태로운 형세 허장성세 虛張聲勢 실속 없이 허세만 부림 기호지세 騎虎之勢 이미 시작된 일을 중도에 그만 둘 수 없음. 호랑이를 타고 달리는 기세 간두지세 竿頭之勢 대나무 가지 꼭대기에 서있는 형세. 위태로움 호각지세 互角之勢 서로 만만함 세여파죽 勢如破竹 기세가 대나무를 쪼개는 것 같음 탈토지세 脫兔之勢 토끼가 우리에서 도망치는 기세 기세등등 氣勢騰騰 기세가 잔뜩 오름	세력勢力(권세의 힘, 힘을 가진 집단) 공세攻勢(공격하는 태세)
목구멍후	후두喉頭(목구멍 앞부분) 인후咽喉(목구멍 깊은 곳)	인후지지 咽喉之地 목구멍 같은 땅. 매우 중요한 위치의 땅
시어머니 고	고식姑息(임시방편) 고식지계 姑息之計 당장의 편안을 위한 일시적인 방편 인순고식 因循姑息 사람은 습관이나 폐단에 머물러 눈앞의 편함을 취함 마고소양 麻姑搔痒 마고 선녀가 긴 손톱으로 가려운 곳을 긁어줌. 바라던 일이 이뤄짐	
쉴식	휴식休息(잠깐 쉼) 자식子息(부모가 낳은 아이) 고식지계 姑息之計 당장의 편안을 위한 일시적인 방편 무자식상팔자 無子息上八字 자식이 없는 것이 일생이 편함 호로자식 胡奴子息 막되게 자라 교양이나 버릇이 없는 사람	순식간瞬息間(짧은 동안)

| 刊 | 發刊 | 月刊 | 不刊之書 |
| | 刊行 | 週刊 | |

| 菊 | 菊花 | 十日之菊 | |

| 懺 | 悲懺 | | |

| 造 | 構造 | 製造 | 僞造 |
| | 造成 | 變造 | 捏造 |

| 律 | 法律 | 自律 | 二律背反 |
| | 調律 | 韻律 | 千篇一律 |

| 伐 | 征伐 | 殺伐 | 黨同伐異 |
| | 討伐 | 十伐之木 | |

| 征 | 遠征 | 征伐 | |
| | 征服 | 東征西伐 | |

| 魂 | 靈魂 | 魂飛魄散 | |
| | 鬪魂 | 落膽喪魂 | |

새길**간**	발간發刊(신문, 잡지, 책 등을 만듦) 간행刊行(발행함) 월간月刊(한달 동안, 간격)	주간週刊(일주일 동안, 간격) **불간지서 不刊之書** 영원히 후대에 전할 좋은 책
국화**국**	국화菊花(꽃) **십일지국 十日之菊** 국화는 9월 9일이 절정임. 이미 때가 늦음	
근심할**척**	비척悲慽(슬프고 근심스러움)	
지을**조**	구조構造(부분을 모아 전체를 짬) 조성造成(만듦, 만들어 이룸) 제조製造(큰 규모로 물건을 만듦)	변조變造(고쳐 만듦) 위조僞造(가짜를 만듦) 날조捏造(사실이 아닌 것을 사실로 꾸밈)
법칙**율**	법률法律(나라의 규율) 조율調律(알맞게 맞춤, 음을 맞춤) **이율배반 二律背反** 두가지 규율이 서로 반대됨. 법이나 논리의 모순 **천편일률 千篇一律** 비슷하여 특색이 없음	자율自律(스스로의 원칙에 따라 어떤 일을 하는 일) 운율韻律(시문의 음성적인 반복)
칠**벌**	정벌征伐(공격함) 토벌討伐(공격해 물리침) 살벌殺伐(분위기가 무서움, 죽이고 들이침)	**십벌지목 十伐之木** 열 번 찍어 안 넘어가는 나무가 없음 **당동벌이 黨同伐異** 뜻이 맞는 사람끼리 어울리고 안 맞는 사람은 배척함
칠**정**	원정遠征(싸우러 타지로 감) 정복征服(정벌하여 복종시킴) **동정서벌 東征西伐** 동쪽을 정복하고 서쪽을 침. 주변 나라들을 정복함	정벌征伐(군대로 침)
넋**혼**	영혼靈魂(죽은 이의 넋) 투혼鬪魂(투쟁적인 기세)	**혼비백산 魂飛魄散** 혼이 날아서 흩어질 정도로 놀람 **낙담상혼 落膽喪魂** 몹시 놀라 정신이 없음

裔	後裔

諛	泣斬馬諛

寂	寂寞　　靜寂

寞	寂寞　　索寞　　寞寞

虔	敬虔

賦	割賦　賦與 賦課　天賦

薇	薔薇

枝	枝葉　　連理枝　　金枝玉葉

후손예	후예後裔(후손)

일어날속	**읍참마속** 泣斬馬謖 울면서 마속을 베어 죽임. 공정성을 위해 사사로운 정을 버림

고요할적	적막寂寞(고요함)　　　　　　　　　정적靜寂(고요함)

고요할막	적막寂寞(고요하고 쓸쓸함)　　　　막막寞寞(막연함, 고요함) 삭막索寞(황폐하고 쓸쓸함)

공경할건	경건敬虔(공경하며 엄숙함)

부세부	할부割賦(돈을 여러번 나누어 줌)　　부여賦與(지니게 해줌) 부과賦課(돈, 책임 등을 물림)　　　천부天賦(하늘이 주었음. 선천적임)

장미미	장미薔薇(장미꽃)

가지지	지엽枝葉(중요하지 않은 부분)　　　금지옥엽 金枝玉葉 왕족의 자손을 소중히 여김 연리지連理枝(화목한 남녀)

| 賢 | 賢明 | 賢母良妻 | |
| | 聖賢 | 竹林七賢 | |

素	要素	素地	尸位素餐
	素材	儉素	繪事後素
	平素	素朴	

| 奔 | 奔走 | 狂奔 | 東奔西走 |

| 壞 | 土壞 | 天壞之差 | |
| | 鼓腹擊壞 | 霄壞之差 | |

| 燕 | 郢書燕說 | 燕鴻之歎(嘆) | 魚目燕石 |

| 淫 | 淫亂 | 樂而不淫 | 淫談悖說 |
| | 淫蕩 | 荒淫無道 | |

| 縱 | 縱橫 | 操縱士 | 縱橫無盡 |
| | 放縱 | 七縱七擒 | |

| 慾 | 慾心 | 意慾 | 慾望 |
| | 貪慾 | 意欲 | 私利私慾 |

어질**현**	현명賢明(영리하고 이치에 밝음) 성현聖賢(성인과 현인)	**현모양처** 賢母良妻 어진 어머니이자 착한 아내 **죽림칠현** 竹林七賢 대나무 숲에 숨은 일곱 현인. 부패한 정치를 비판하며 속세를 떠남

본디**소**	요소要素(성분, 조건) 소재素材(바탕이 되는 재료) 평소平素(평상시) **시위소찬** 尸位素餐 높은 자리의 책임은 다하지 않고 이익만 취함 **회사후소** 繪事後素 그림은 흰 바탕 위에 그린다는 말. 본질이 먼저고 그 후에 꾸밈이 있다	소지素地(가능성) 검소儉素(낭비 없이 수수함) 소박素朴(꾸밈 없고 자연스러움)

달릴**분**	분주奔走(바쁨) 광분狂奔(미쳐 날뜀)	**동분서주** 東奔西走 부산하게 이리저리 돌아다님

흙덩이**양**	토양土壤(흙덩이) **고복격양** 鼓腹擊壤 배를 두들기면서 땅을 침. 태평함	**천양지차** 天壤之差 하늘과 땅의 차이. 엄청난 차이 **소양지차** 霄壤之差 하늘과 땅의 차이. 엄청난 차이

제비**연**	**영서연설** 郢書燕說 도리에 맞지 않는 것을 억지로 끌어들임 **연홍지탄** 燕鴻之歎(嘆) 계절이 엇갈리는 제비와 기러기 같음. 서로 만나지 못해 한탄함 **어목연석** 魚目燕石 물고기의 눈과 연산의 돌. 거짓과 진실을 혼동시킴

음란할**음**	음란淫亂(음탕하고 난잡함) **낙이불음** 樂而不淫 즐기지만 음탕하지는 않음. 즐거움의 도를 지나치지 않음 **황음무도** 荒淫無道 술과 여자에 빠져 사람의 도리를 못 함 **음담패설** 淫談悖說 음란한 이야기와 상스러운 말	음탕淫蕩(음란하고 방탕함)

세로**종**	종횡縱橫(가로세로, 거침없음) 방종放縱(멋대로 행동함) 조종사操縱士(비행기를 조종하는 사람)	**칠종칠금** 七縱七擒 일곱번 잡아서 일곱번 놓아줌. 삼국지 제갈량과 맹획의 고사 **종횡무진** 縱橫無盡 거침 없이 행동함

욕심**욕**	욕심慾心(탐내는 마음) 탐욕貪慾(탐내는 마음, 지나친 욕심) 의욕意慾/意欲(적극적인 욕망)	욕망慾望(가지고자 하는 바람) **사리사욕** 私利私慾 사사로운 이익과 욕심

苦

苦悶	同苦同樂	千苦萬難
苦痛	甘吞苦吐	惡戰苦鬪
苦惱	良藥苦口	死地同苦
苦衷	苦肉之策	死生同苦
苦盡甘來	千辛萬苦	
鶴首苦待	刻苦勉勵	

泥

泥田鬪狗	雲泥之差	雪泥鴻爪

縛

束縛	結縛	自繩自縛

訟

訴訟	訟事

溢

海溢

編

改編	編入	韋編三絶
編成	編纂	

斗

斗頓	泰山北斗	車載斗量

쓸고	고민苦悶(괴롭게 애태움)
	고통苦痛(몸이나 마음이 아픔)
	고진감래苦盡甘來 괴로움이 다하면 즐거움이 옴
	학수고대 鶴首苦待 학처럼 목을 빼놓고 몹시 기다림
	동고동락 同苦同樂 괴로움과 즐거움을 함께 함
	감탄고토 甘呑苦吐 달면 삼키고 쓰면 뱉음
	양약고구 良藥苦口 좋은 약은 입에 씀. 좋은 말은 귀에 거슬림
	고육지책 苦肉之策 자신을 희생시켜 적을 속이는 계책
	천신만고 千辛萬苦 엄청난 고생
	각고면려 刻苦勉勵 심신의 고통을 이겨내고 하나의 목표를 향함
	천고만난 千苦萬難 천가지 괴로움과 만가지 어려움. 온갖 고난
	악전고투 惡戰苦鬪 죽을힘을 다하여 고되게 싸움
	사지동고 死地同苦 죽는 것도 같이할 정도임
	사생동고 死生同苦 죽는 것도 같이할 정도임

고뇌苦惱(몸과 마음이 괴로움)
고충苦衷(괴로운 마음)

진흙이	이전투구 泥田鬪狗 진흙 밭의 개싸움. 치열하게 싸웠지만 서로 득이 없음
	운니지차 雲泥之差 구름과 진흙의 차이. 사정이 많이 다름
	설니홍조 雪泥鴻爪 눈 녹은 진창에 남은 기러기 발자국. 인생이 허무함

얽을박	속박束縛(못 움직이게 묶음)
	결박結縛(팔 다리를 묶음)

자승자박 自繩自縛 자기가 만든 줄로 자신을 묶음

송사할송	소송訴訟(고소)

송사訟事(소송하는 일)

넘칠일	해일海溢(큰 파도가 육지를 덮침, 쓰나미)

역을편	개편改編(편성을 바꿈)
	편성編成(엮어 모음, 엮어서 만듦)
	위편삼절 韋編三絶 공자가 읽던 책 끈이 세 번이나 끊어짐. 열심히 공부함

편입編入(끼워 넣음)
편찬編纂(정리하여 책으로 만듦)

말두 **싸울두/투**	두둔斗頓(편들어 줌)
	태산북두 泰山北斗 존경을 받는 뛰어난 존재
	거재두량 車載斗量 수레에 싣고 한 말로 잰다. 물건이나 인재 등이 널려 귀하지 않음

腋	腋臭	一狐之腋	

蒼	蒼空		

鶴	群鷄一鶴	梅妻鶴子	
	鶴首苦待	風聲鶴唳	

簫	太平簫		

稀	稀貴	稀釋	稀代未聞
	稀薄	古稀	
	稀微	稀罕	

莽	草莽		

縫	彌縫策	天衣無縫	

常	常識	十常	十常八九
	恒常	人生無常	
	殊常	人之常情	

| 겨드랑이 **액** | 액취腋臭(겨드랑이 암내) | 일호지액 一狐之腋 여우의 겨드랑이 모피. 진귀한 물건 |

겨드랑이 **액**

액취腋臭(겨드랑이 암내)　　　　　　　일호지액 —狐之腋 여우의 겨드랑이 모피. 진귀한 물건

푸를**창**

창공蒼空(푸른 하늘)

학**학**

군계일학 群鷄一鶴 닭 떼 사이의 한 마리 학. 돋보이는 뛰어난 인재
학수고대 鶴首苦待 학처럼 목을 빼놓고 몹시 기다림
매처학자 梅妻鶴子 매화를 아내로 삼고 학을 자식으로 삼음. 속세를 떠난 선비의 삶
풍성학려 風聲鶴唳 바람과 학 소리만 들어도 겁먹음. 긴장할 때에는 별것 아닌 것에도 놀람

퉁소**소**

태평소太平簫(악기)

드물**희**

희귀稀貴(매우 드묾)
희박稀薄(매우 엷음, 가망 없음)
희미稀微(흐릿함)
희석稀釋(농도를 묽게 만듦)

고희古稀(70세)
희한稀罕(매우 드묾, 기묘함)
희대미문 稀代未聞 드문 일이라 거의 듣지 못 함

우거질**망**

초망草莽(풀숲, 촌스러움)

꿰맬**봉**

미봉책彌縫策(눈가림용 임시방편)
천의무봉 天衣無縫 선녀의 옷에는 바느질 자국이 없음. 완벽함. 순수함

떳떳할**상**

상식常識(일반적 지식)
항상恒常(늘)
인생무상 人生無常 인생이 덧없음
인지상정 人之常情 사람이라면 누구나 가진 인정
십상팔구 十常八九 열에 여덟, 아홉으로 거의 예외가 없음

수상殊常(의심스러움)
십상十常(십상팔구의 준말, 열에 여덟 아홉으로 거의 예외가 없음)

| 宗 | 宗教 | 宗廟 | |

| 皮 | 皮膚 | 脫皮 | 虎死留皮 |
| | 毛皮 | 鐵面皮 | 豹死留皮 |

| 勵 | 激勵 | 獎勵 | |
| | 督勵 | 刻苦勉勵 | |

| 訪 | 訪問 | 巡訪 | 訪韓 |

| 蹂 | 蹂躪 | | |

| 躪 | 蹂躪 | | |

婦	夫婦	匹夫匹婦	夫唱婦隨
	婦人	樵童汲婦	夫爲婦綱
	主婦	愚夫愚婦	夫婦有別

| 桃 | 桃花 | 武陵桃源 | |
| | 桃花煞 | 桃園結義 | |

마루**종**	종교宗敎(신앙 문화)	종묘宗廟(왕실의 사당)

가죽**피**	피부皮膚(몸을 싸고 있는 조직) 모피毛皮(털가죽) 탈피脫皮(허물 벗음)	철면피鐵面皮(뻔뻔한 사람) **호사유피** 虎死留皮 호랑이는 죽어서 가죽을 남김 **표사유피** 豹死留皮 표범은 죽어서 가죽을 남김

힘쓸**여**	격려激勵(북돋워 줌) 독려督勵(윗사람이 격려함) **각고면려** 刻苦勉勵 심신의 고통을 이겨내고 하나의 목표를 향함	장려奬勵(조장하려 권함)

찾을**방**	방문訪問(찾아가 봄) 순방巡訪(차례로 방문함)	방한訪韓(한국을 방문함)

밟을**유**	유린蹂躪(짓밟고 침해함)	

짓밟을**인**	유린蹂躪(짓밟고 침해함)	

며느리**부**	부부夫婦(남편과 부인) 부인婦人(아내) **필부필부** 匹夫匹婦 평범한 남녀 **초동급부** 樵童汲婦 나무하는 아이와 물 긷는 아낙네. 보통사람들 **우부우부** 愚夫愚婦 어리석은 남자와 여자 **부창부수** 夫唱婦隨 부부의 화합 **부위부강** 夫爲婦綱 아내는 남편을 섬기는 것이 근본임 **부부유별** 夫婦有別 남편과 아내 사이에 서로 침범하지 않음	주부主婦(안주인)

복숭아**도**	도화桃花(복숭아 꽃) **무릉도원** 武陵桃源 신선이 살던 전설의 명승지. 속세를 떠난 곳 **도원결의** 桃園結義 유비, 관우, 장비가 의형제를 맺음. 삼국지의 고사	도화살桃花煞(여자가 한 남자의 아내로 살지 못하는 운명)

| 芳 | 芳年 | 流芳百世 | |
| | 芳名錄 | 綠陰芳草 | |

| 顚 | 顚倒 | 顚末 | 主客顚倒 |
| | 顚覆 | 七顚八起 | 七顚八倒 |

| 倒 | 壓倒 | 抱腹絶倒 | |
| | 罵倒 | 主客顚倒 | |

| 悟 | 覺悟 | 大悟覺醒 | |
| | 悟性 | 頓悟漸修 | |

| 漸 | 漸次 | 漸進 | 漸入佳境 |
| | 漸漸 | 漸增 | 杜漸防萌 |

| 借 | 賃借 | 借款 | 借廳入室 |
| | 借名 | 借廳借閨 | 借鷄騎還 |

| 眄 | 顧眄 | 左顧右眄 | 徘徊顧眄 |

暗	暗鬱	暗示	暗中飛躍
	暗澹	疑心暗鬼	
	明暗	暗中摸索	

꽃다울방

방년芳年(20세 전후의 여자)　　　　　　　　방명록芳名錄(기념으로 성명을 기록하는 책)
유방백세 流芳百世 향기가 백대에 걸쳐 흐름. 꽃다운 이름이 후세에 길이 전해짐
녹음방초 綠陰芳草 푸른 나무 그늘과 꽃다운 풀. 여름의 아름다운 경치

엎드러질전

전도顚倒(엎어짐)　　　　　　　　　　　　**칠전팔기** 七顚八起 여러 번의 실패에도 다시 일어남
전복顚覆(뒤집힘)　　　　　　　　　　　　**주객전도** 主客顚倒 입장이 서로 뒤바뀜
전말顚末(처음부터 끝까지의 경위)　　　　　**칠전팔도** 七顚八倒 어려운 고비를 많이 겪음

넘어질도

압도壓倒(월등히 우세하여 누름)　　　　　　**포복절도** 抱腹絶倒 배를 안고 크게 웃으며 자빠짐
매도罵倒(심하게 욕함)　　　　　　　　　　**주객전도** 主客顚倒 입장이 서로 뒤바뀜

깨달을오

각오覺悟(미리 작정하고 결심함)　　　　　　오성悟性(사고력)
대오각성 大悟覺醒 큰 깨달음
돈오점수 頓悟漸修 단번에 깨달음을 얻고 도를 닦음. 불교의 수행 방식의 하나

점점점

점차漸次(차츰)　　　　　　　　　　　　　점진漸進(서서히 나아감)
점점漸漸(차츰)　　　　　　　　　　　　　점증漸增(점차 증가함)
점입가경 漸入佳境 갈수록 경치가 더해짐. 점점 더 재미있음
두점방맹 杜漸防萌 애초에 싹트지 못하게 막음. 조짐이 나쁠 때 미리 해를 제거함

빌릴차

임차賃借(빌림)　　　　　　　　　　　　　차관借款(국가간 돈을 빌림)
차명借名(다른 사람 명의를 빌림)
차청차규 借廳借閨 마루를 빌리다가 방으로 들어옴. 도와주면 끝을 모르고 요구함
차청입실 借廳入室 마루를 빌리다가 방으로 들어옴. 도와주면 끝을 모르고 요구함
차계기환 借鷄騎還 닭을 빌려 타고 돌아감. 손님을 박대함

곁눈질할면

고면顧眄(돌이켜 봄)
좌고우면 左顧右眄 좌우를 자주 살핌. 망설임
배회고면 徘徊顧眄 목적 없이 이리저리 기웃거림

어두울암

암울暗鬱(어둡고 답답함)　　　　　　　　　명암明暗(밝음과 어둠)
암담暗澹(어둡고 절망적임)　　　　　　　　암시暗示(넌지시 알려줌)
의심암귀 疑心暗鬼 의심하면 마음속에 망상으로 불안함. 선입견이 판단을 흐리게 함
암중모색 暗中摸索 어둠 속에서 손으로 더듬어 찾음
암중비약 暗中飛躍 어둠 속에서 날고 뜀. 비밀스럽게 행동함

摸	摸倣	摸索	暗中摸索

棒	綿棒	木棒	針小棒大

巖	巖石	一念通巖	

穴	經穴	偕老同穴	

列	隊列	行列	列車

蘊	蘊蓄		

蓄	貯蓄 蓄積	含蓄 含憤蓄怨	

谷	溪谷	山谷	進退維谷

| 본뜰**모** | 모방摸倣
모색摸索(방법을 찾아봄) | **암중모색** 暗中摸索 어둠 속에서 손으로 더듬어 찾음 |

| 막대**봉** | 면봉綿棒(솜머리 막대)
침소봉대 針小棒大 바늘을 보고 몽둥이 만하다고 함. 과장해서 말함 | 목봉木棒(나무 몽둥이) |

| 바위**암** | 암석巖石(바윗돌) | **일념통암** 一念通巖 정신을 집중하면 화살이 바위를 뚫음 |

| 구멍**혈** | 경혈經穴(기혈이 통하는 혈자리) | **해로동혈** 偕老同穴 부부의 금실이 좋아 함께 늙어 묻힘 |

| 벌일**열** | 대열隊列(행렬)
행렬行列(줄지어 감)*항렬行列(친족 집단의 서열) | 열차列車(이어 놓은 차량) |

| 쌓을**온** | 온축蘊蓄(마음 깊이 쌓아둠, 학식을 많이 쌓음) | |

| 모을**축** | 저축貯蓄(절약하여 모음)
축적蓄積(쌓임) | 함축含蓄(내용이 집약됨)
함분축원 含憤蓄怨 분함과 원한을 품음 |

| 골**곡**
곡식곡 | 계곡溪谷(골짜기)
산곡山谷(산골짜기) | **진퇴유곡** 進退維谷 오지도 가지도 못함. 궁지에 빠짐 |

| 陰 | 陰曆 | 陰謀 | 陰德陽報 |
| | 陰陽 | 隙駒光陰 | |

| 鵑 | | | |

| 啼 | | | |

| 榮 | 繁榮 | 共榮 | |
| | 榮光 | 榮枯盛衰 | |

| 耕 | 農耕 | 晝耕夜讀 | 耕當問奴 |
| | 耕作 | 晴耕雨讀 | |

| 戶 | 戶籍 | 家家戶戶 | |

| 癖 | 潔癖 | | |

類	種類	類例	畫虎類狗
	人類	刻鵠類鶩	類萬不同
	類似	類類相從	

그늘**음**

음력陰曆(달 기준의 역법)   음모陰謀(일을 꾸밈)
음양陰陽(음과 양)
극구광음 隙駒光陰 달리는 말을 문틈으로 봄. 세월이 빨리 지남
음덕양보 陰德陽報 몰래 덕을 쌓은 사람은 훗날 보답을 받음

두견이**견**

울**제**

영예**영**
꽃**영**

번영繁榮(번성함)   공영共榮(모두 함께 번영함)
영광榮光(빛나는 영예)   **영고성쇠 榮枯盛衰** 성하고 쇠함이 뒤바뀜

밭갈**경**

농경農耕(논밭 농사 짓는 일)   경작耕作(농작물을 심음, 농사일)
주경야독 晝耕夜讀 낮에는 일하고 밤에는 공부함
청경우독 晴耕雨讀 맑을 땐 밭을 갈고 비가 올 땐 책을 읽음. 삼국지 제갈량의 고사
경당문노 耕當問奴 농사일은 머슴에게 물어야 함. 전문가와 상의해야 함

집**호**

호적戶籍(가족 관계를 적은 공문서)   가가호호 家家戶戶 집집마다

버릇**벽**

결벽潔癖(깨끗함을 병적으로 추구함)

무리**유**

종류種類(부문을 나누는 갈래)   유사類似(비슷함)
인류人類(사람)   유례類例(같은 사례)
각곡유목 刻鵠類鶩 따오기를 그리려다 오리를 그림. 본받은 보람이라도 있음
유유상종 類類相從 끼리끼리 만남
화호유구 畵虎類狗 호랑이를 그리려다가 개를 그림. 어설프게 어려운 일을 하려다가 망함
유만부동 類萬不同 분수에 넘침. 비슷한 것은 많아도 같지 않음

| 陶 | 陶工 | 陶冶 | 自我陶醉 |

| 冶 | 冶金 | | |

報	情報	弘報	因果應報
	報告	報施	反哺報恩
	報道	結草報恩	

| 晚 | 晚餐 | 大器晚成 | 晚秋佳景 |
| | 晚婚 | 晚時之歎(嘆) | |

| 匡 | 匡正 | 改善匡正 | |

| 廓 | 廓大 | 輪廓 | |

| 扶 | 扶養 | 扶助 | 相扶相助 |

| 桑 | 桑田碧海 | 滄桑之變 | 桑麻之交 |

질그릇도	도공陶工(그릇 만드는 기술자) 도야陶冶(도공, 심신단련)	자아도취 自我陶醉 자신에게 끌려 취함
풀무야	야금冶金(합금을 만듦)	
갚을보	정보情報(정황의 보고, 내용을 수집하고 분석함) 보고報告(내용을 알림) 보도報道(새소식을 알림) **결초보은** 結草報恩 죽어서라도 은혜를 갚음 **인과응보** 因果應報 원인과 결과에는 반드시 합당한 이유가 있음 **반포보은** 反哺報恩 자식이 부모가 길러준 은혜에 보답함	홍보弘報(널리 알림) 보시報施(은혜에 보답함)
늦을만	만찬晩餐(저녁 식사) 대기만성 大器晩成 크게 될 인물은 오래 공적을 쌓아 늦게 이뤄짐 만시지탄 晩時之歎(嘆) 기회를 놓친 한탄 만추가경 晩秋佳景 늦가을의 아름다운 경치	만혼晩婚(늦은 결혼)
바를광	광정匡正(바로잡아 고침)	**개선광정** 改善匡正 좋게 고치고 바로잡음
둘레곽 클확	확대廓大(크게 키움)	윤곽輪廓(테두리, 둘레)
도울부	부양扶養(돌봄) 부조扶助(큰 일에 돈을 보태줌)	**상부상조** 相扶相助 서로 도움
뽕나무상	**상전벽해** 桑田碧海 뽕밭이 푸른 바다가 됨. 세상의 변화가 심함 **창상지변** 滄桑之變 큰 변화가 있음 **상마지교** 桑麻之交 뽕과 삼나무를 벗삼아 지냄. 출세길을 버리고 시골에 은거함	

| 池 | 貯水池 | 金城湯池 | 池魚之殃 |
| | 瑤池鏡 | 酒池肉林 | |

| 誹 | 誹謗 | 誹謗之木 | |

| 謗 | 誹謗 | 毁謗 | 誹謗之木 |

| 軋 | 軋轢 | | |

| 轢 | 軋轢 | | |

| 嗾 | 使嗾 | | |

| 缺 | 缺陷 | 缺如 | 金甌無缺 |
| | 缺乏 | 完全無缺 | |

| 陷 | 陷穽 | 陷落 | |
| | 陷沒 | 缺陷 | |

연못지	저수지貯水池(물을 모아 둔 연못)	요지경瑤池鏡(세상일이 기묘함, 확대경으로 보는 장난감)
	금성탕지 金城湯池 해자의 물이 끓는 견고한 성	
	주지육림 酒池肉林 호사스럽고 방탕한 술자리	
	지어지앙 池魚之殃 화가 엉뚱한 곳에 미침	

헐뜯을비	비방誹謗(비난)	
	비방지목 誹謗之木 헐뜯는 나무. 백성이 임금에게 고충을 탄원하는 신문고의 일종	

헐뜯을방	비방誹謗(비난)	훼방毀謗(방해함, 비방함)
	비방지목 誹謗之木 헐뜯는 나무. 백성이 임금에게 고충을 탄원하는 신문고의 일종	

삐걱거릴알	알력軋轢(의견이 충돌됨, 수레바퀴의 삐걱임)

치일역	알력軋轢(의견이 충돌됨)

부추길주	사주使嗾(부추겨 시킴)

이지러질결	결함缺陷(흠이 있음)	완전무결 完全無缺 결점이나 부족함이 없음
	결핍缺乏(부족)	금구무결 金甌無缺 금으로 만든 단지처럼 완전함
	결여缺如(부족)	

빠질함	함정陷穽(위장한 구덩이, 속이는 계략)	함락陷落(땅이 꺼짐, 땅을 빼앗김)
	함몰陷沒(꺼져 앉음)	결함缺陷(흠이 있음)

剔抉	爬羅剔抉	

剔抉	爬羅剔抉	

汨沒	埋沒	沒却
沒頭	沒落	神出鬼沒

迅速		

踏襲	踏查	
踏步	前人未踏	

疑惑	眩惑	不惑之年
誘惑	不惑	惑世誣民

諂諛		

柑橘	橘化爲枳	南橘北枳

| 발라낼**척** | 척결剔抉(나쁜 부분을 없앰) |
| | **파라척결** 爬羅剔抉 손톱으로 후비듯 남의 약점을 들춤. 숨은 인재를 찾아냄 |

| 도려낼**결** | 척결剔抉(나쁜 부분을 없앰) |
| | **파라척결** 爬羅剔抉 손톱으로 후비듯 남의 약점을 들춤. 숨은 인재를 찾아냄 |

빠질**몰**	골몰汨沒(집중)	몰락沒落(망함)
	몰두沒頭(집중)	몰각沒却(없앰)
	매몰埋沒(파묻힘)	**신출귀몰** 神出鬼沒 귀신처럼 재빨리 나타났다 사라졌다 함

| 빠를**신** | 신속迅速(빠름) |

밟을**답**	답습踏襲(이전 것을 그대로 따름)	답사踏査(실제로 가보고 조사함)
	답보踏步(제자리 걸음)
	전인미답前人未踏 아직 아무도 밟지 않음. 누구도 도달못한 경지

미혹할**혹**	의혹疑惑(의심함)	현혹眩惑(어지럽게 하여 꾐)
	유혹誘惑(꾐)	불혹不惑(40살)
	불혹지년 不惑之年 사십 살 부터 세상 일에 혹하지 않음. 공자의 고사
	혹세무민 惑世誣民 세상을 어지럽히고 백성을 속임

| 아첨할**유** | 첨유諂諛(알랑거리며 아첨함) |

귤**귤**	감귤柑橘(귤이나 밀감)
	귤화위지 橘化爲枳 귤을 화수 건너 심으면 탱자가 됨. 주변 환경에 따라 바뀜
	남귤북지 南橘北枳 강남의 귤을 강북에 심으면 탱자가 됨. 환경에 따라 변함

枳	橘化爲枳	南橘北枳	

圓	楕圓	大團圓	破鏡重圓
	圓滿	方枘圓鑿	
	圓滑	方底圓蓋	

協	協力	協議	不協和音
	協商	妥協	同心協力

雷	落雷	地雷	附和雷同
	雷雨	避雷針	

燔	燔鐵		

喫	滿喫	喫煙	

囊	背囊	囊中之錐	錐處囊中

錐	圓錐	囊中之錐	
	試錐	錐處囊中	

탱자지	귤화위지 橘化爲枳 귤을 화수 건너 심으면 탱자가 됨. 주변 환경에 따라 바뀜
	남귤북지 南橘北枳 강남의 귤을 강북에 심으면 탱자가 됨. 환경에 따라 변함

둥글**원**	타원楕圓(길죽한 원)	원활圓滑(거침 없이 잘 되어 나감)
	원만圓滿(모나지 않음, 순조로움)	대단원大團圓(결말을 짓는 마지막 장면)
	방예원조 方枘圓鑿 네모난 자루와 둥근 구멍. 서로 맞지 않음	
	방저원개 方底圓蓋 네모난 바닥에 둥근 뚜껑. 서로 맞지 않음	
	파경중원 破鏡重圓 깨진 거울이 제 모습을 되찾음. 이별한 부부가 재결합	

화합할**협**	협력協力(서로 힘을 합하여 도움)	타협妥協(서로 양보하며 협의함)
	협상協商(서로 의논함)	**불협화음** 不協和音 어울리지 않는 화음
	협의協議(서로 의논함)	**동심협력** 同心協力 마음을 합해 서로 도움

우레**뇌**	낙뢰落雷(떨어지는 벼락)	
	뇌우雷雨(천둥 비)	피뢰침避雷針(벼락을 피하려 세우는 막대기)
	지뢰地雷(밟으면 터지도록 만든 폭발물)	**부화뇌동** 附和雷同 주관 없이 남들을 쫓음

불사를**번**	번철燔鐵(요리용 무쇠 그릇)

먹을**끽**	만끽滿喫(마음껏 먹고 즐김)	끽연喫煙(흡연)

주머니**낭**	배낭背囊(여행 가방)
	낭중지추 囊中之錐 주머니 속의 송곳. 뛰어난 재주는 돋보임
	추처낭중 錐處囊中 주머니를 뚫고 나온 송곳. 뛰어난 사람은 드러남

송곳**추**	원추圓錐(원뿔형태)	시추試錐(땅에 구멍을 깊이 뚫음)
	낭중지추 囊中之錐 주머니 속의 송곳. 뛰어난 재주는 돋보임	
	추처낭중 錐處囊中 주머니를 뚫고 나온 송곳. 뛰어난 사람은 드러남	

| 狂 | 熱狂 | 狂氣 | |
| | 狂風 | 一陣狂風 | |

| 務 | 業務 | 義務 | 君子務本 |
| | 勤務 | 開物成務 | |

| 此 | 於此彼 | 如此 | 此日彼日 |
| | 此際 | 此後 | |

| 員 | 公務員 | 職員 | 議員 |

| 含 | 包含 | 含量 | 含憤蓄怨 |
| | 含蓄 | 含哺鼓腹 | |

滿	滿足	滿身瘡痍	滿山紅葉
	未滿	滿場一致	金玉滿堂
	不滿	餘裕滿滿	野心滿滿
	小滿	自信滿滿	

| 彩 | 色彩 | 光彩 | 多彩 |

| 謫 | | | |

| 미칠**광** | 열광熱狂(좋아서 미친듯이 날뜀)
광풍狂風(사나운 바람) | 광기狂氣(미친 증세나 기질)
일진광풍 一陣狂風 한바탕 부는 사나운 바람 |

| 힘쓸**무** | 업무業務(직장에서 맡은 일)
근무勤務(직무에 종사함)
의무義務(부과되는 책임이나 직무) | **개물성무** 開物成務 만물의 뜻을 열어 일을 성사시킴
군자무본 君子務本 군자는 근본에 힘씀 |

| 이에**차** | 어차피於此彼(이렇든 저렇든)
차제此際(때마침의 기회)
여차如此(이렇게) | 차후此後(이다음)
차일피일 此日彼日 핑계대며 자꾸 기한을 연기함 |

| 인원**원** | 공무원公務員(국가의 사무를 보는 사람)
직원職員(직장에 근무하는 사람) | 의원議員(의회 구성원) |

| 머금을**함** | 포함包含(함께 넣음)
함축含蓄(집약됨)
함량含量(함유량) | **함포고복** 含哺鼓腹 배불리 먹고 즐겁게 지냄
함분축원 含憤蓄怨 분함과 원한을 품음 |

| 가득찰**만** | 만족滿足(흡족함, 충분함)
미만未滿(같지 않고 낮음)
만신창이 滿身瘡痍 온 몸이 상처투성이 가 됨. 어떤 사물이 엉망진창이 됨.
만장일치 滿場一致 모두의 의견이 일치함
여유만만 餘裕滿滿 여유가 많음
자신만만 自信滿滿 자신있음
만산홍엽 滿山紅葉 온 산이 단풍으로 붉게 물듦.
금옥만당 金玉滿堂 높은 벼슬아치가 방안에 가득함. 뛰어난 신하가 많음
야심만만 野心滿滿 큰일을 이루겠다는 야심이 가득함 | 불만不滿(미흡함, 부족함)
소만小滿(24절기) |

| 채색**채** | 색채色彩(빛깔, 어떤 것의 경향)
광채光彩(찬란한 빛) | 다채多彩(여러 빛깔이 호화롭고 아름다움) |

| 귀양갈**적** | | |

將

將軍	將來	凱旋將軍
將帥	獨不將軍	日就月將
將校	百戰老將	

矛

矛盾	矛盾撞着

盾

矛盾	矛盾撞着

柯

南柯一夢

敷

敷地	敷設	敷衍

餐

晚餐	朝餐	尸位素餐
午餐	風餐露宿	

秦

秦始皇帝	朝秦暮楚

董

骨董品	董狐之筆

장수장 장차장	장군將軍(군 지휘관) 장수將帥(장군) **독불장군 獨不將軍** 혼자서 장군이 될 수 없음. 혼자 잘난체 하다 고립됨 **백전노장 百戰老將** 많은 싸움을 치른 노련한 장수. 산전수전다 겪어 능숙한 사람 **개선장군 凱旋將軍** 싸움에서 이기고 돌아온 장군. 크게 성공해 돌아온 사람 **일취월장 日就月將** 날로 발전하여 나아감	장교將校(무관) 장래將來(앞날)
창모	모순矛盾(서로 양립할 수 없음)	**모순당착 矛盾撞着** 앞뒤가 모순됨
방패순	모순矛盾(서로 양립할 수 없음)	**모순당착 矛盾撞着** 앞뒤가 모순됨
가지가	**남가일몽 南柯一夢** 한 때의 헛된 부귀	
펼부	부지敷地(땅) 부설敷設(깔아 놓음)	부연敷衍(자세한 설명)
밥찬	만찬晚餐(저녁 식사) 오찬午餐(점심 식사) **풍찬노숙 風餐露宿** 바람과 이슬을 맞으며 먹고 잠. 큰일을 이루려는 사람의 고초 **시위소찬 尸位素餐** 높은 자리의 책임은 다하지 않고 이익만 취함	조찬朝餐(아침 식사)
성씨진	진시황제秦始皇帝(중국을 최초로 통일한 진 황제) **조진모초 朝秦暮楚** 아침에는 진나라에서 저녁에는 초나라에서 거처함. 정처 없이 살아감	
감독할동	골동품骨董品(희소성 있는 오래된 물건)	**동호지필 董狐之筆** 권세를 두려워하지 않는 정직한 기록

| 舒 | 平心舒氣 | | |

| 雌 | 雌雄 | 雌雄同體 | |

| 沮 | 沮止 | 沮害 | 沃沮 |

| 濊 | 濊貊 | 東濊 | |

| 耆 | 耆老 | | |

| 魏 | | | |

| 釜 | 釜山
游於釜中 | 釜中之魚
破釜沈船 | 釜中生魚 |

| 摩 | 摩擦
按摩 | 撫摩
摩天樓 | |

펼 서	평심서기 平心舒氣 마음을 평안하고 순조롭게 함

암컷 자	자웅雌雄(암컷과 수컷, 승패를 가림) **자웅동체 雌雄同體** 한 몸에 암컷과 수컷의 생식력을 모두를 갖춤

막을 저	저지沮止(막아서 못하게 함) 저해沮害(막아서 못하게 해침) 옥저沃沮(나라)

더러울예 종족이름 **예**	예맥濊貊(부족) 동예東濊(부족)

늙을 기	기로耆老(60세 이상 노인)

성씨 위	

가마 부	부산釜山(도시) **유어부중** 游於釜中 가마솥 속에서 헤엄침. 매우 위험한 상태에 놓임 **부중지어** 釜中之魚 삶아지는지 모르고 솥에서 헤엄치는 물고기 **파부침선** 破釜沈船 가마솥을 부수고 돌아갈 배도 침몰시킴. 결사의 각오로 싸움에 임함 **부중생어** 釜中生魚 솥에 물고기가 생김. 가난하여 오랫동안 밥을 못 지음

문지를마	마찰摩擦(서로 닿아 비벼짐, 이해가 충돌함) 무마撫摩(편법으로 분쟁을 처리함) 안마按摩(몸을 두드리거나 주무름) 마천루摩天樓(고층 건물)

| 幻 | 幻覺 | 幻生 |
| | 幻想 | 夢幻 |

| 鄭 | 鄭重 | |

| 蜀 | 得隴望蜀 | |

| 范 | | |

| 潘 | | |

| 倭 | 倭寇 | 倭軍 |
| | 倭亂 | 壬辰倭亂 |

| 斬 | 斬新 | 泣斬馬謖 | 剖棺斬屍 |
| | 斬首 | 陵遲處斬 | |

| 闕 | 宮闕 | 闕內 |

헛보일**환**	환각幻覺(헛것을 느낌) 환상幻想(헛된 생각이나 공상)	환생幻生(다시 태어남) 몽환夢幻(환상적이나 허황됨)
정나라**정**	정중鄭重(점잖고 무게있음)	
나라이름 **촉**	득롱망촉 得隴望蜀 인간의 욕심은 끝이 없음	
성씨**범**		
성씨**반**		
왜나라**왜**	왜구倭寇(일본 해적) 왜란倭亂(일본이 일으킨 난리) 임진왜란 壬辰倭亂 1592년 일본이 조선을 침략하여 일으킨 난	왜군倭軍(일본군)
벨**참**	참신斬新(새로움) 읍참마속 泣斬馬謖 울면서 마속을 베어 죽임. 공정성을 위해 사사로운 정을 버림 능지처참 陵遲處斬 머리와 사지를 자르는 극형 부관참시 剖棺斬屍 이미 죽은 사람에게 내리는 형벌로 시체를 파 목을 잘라냄	참수斬首(목을 자름)
대궐**궐**	궁궐宮闕(왕의 집)	궐내闕內(궁궐 내부)

| 纖 | 纖維　　　　　纖細　　　　　纖纖玉手 |

| 殖 | 繁殖　　　　　生殖
增殖　　　　　養殖 |

| 繩 | 捕繩　　　　　自繩自縛 |

| 隻 | 隻手空拳　　　孤身隻影 |

| 滄 | 滄海　　　　　滄桑之變
滄海一粟　　　滄海桑田 |

| 鮑 | 管鮑之交 |

| 盧 | 三顧草盧 |

| 釣 | 釣而不綱 |

가늘**섬**	섬유纖維(실) 섬세纖細(가늘고 세밀함)	섬섬옥수 纖纖玉手 가냘프고 고운 여자의 손
불릴**식**	번식繁殖(늘어서 많이 퍼짐) 증식增殖(늘어남)	생식生殖(종족을 불림) 양식養殖(인공적으로 번식시킴)
노끈**승**	포승捕繩(죄인을 묶는 끈)	자승자박 自繩自縛 자기가 만든 줄로 자신을 묶음
외짝**척**	척수공권 隻手空拳 맨손과 맨주먹. 가진 것이 없음 고신척영 孤身隻影 외로운 몸과 그 그림자 하나. 외로운 신세	
큰바다**창**	창해滄海(넓은 바다) 창해일속 滄海一粟 큰 바다에 좁쌀 한 톨. 보잘 것 없는 존재 창상지변 滄桑之變 큰 변화가 있음 창해상전 滄海桑田 푸른 바다가 뽕밭이 됨. 세상이 변했음	
절인물고기 **포**	관포지교 管鮑之交 허물없는 친구사이. 관중과 포숙아의 고사	
농막집**려**	삼고초려 三顧草廬 유비가 제갈량을 세 번이나 찾아가 등용함	
낚시**조**	조이불강 釣而不綱 낚시는 해도 그물질은 안 함. 정도를 넘지 않음	

211

網	鐵條網	一網打盡	天羅地網
	通信網	生口不網	
	網絲	魚網鴻離	

| 頓 | 査頓 | 頓首再拜 | |
| | 斗頓 | 頓悟漸修 | |

| 聚 | 聚合 | 聚散十春 | |

| 傅 | 師傅 | | |

| 紹 | 紹介 | | |

| 葛 | 葛根 | 葛藤 | 夏葛冬裘 |

| 藤 | 葛藤 | | |

| 宰 | 宰相 | 主宰 | 伴食宰相 |

그물**망**	철조망鐵條網(철로 그물을 엮은 것)	망사網絲(그물 뜨는 실)

그물**망**
철조망鐵條網(철로 그물을 엮은 것)　　　망사網絲(그물 뜨는 실)
통신망通信網(통신을 위한 연락 체계)
일망타진 一網打盡 한 그물로 다 잡음
생구불망 生口不網 산 사람 목구멍에 거미줄 치지 않음. 어려워도 먹고는 살 수 있음
어망홍리 魚網鴻離 고기를 잡으려고 그물을 쳤는데 기러기가 잡힘
천라지망 天羅地網 하늘과 땅에 친 그물. 벗어날 수 없는 경계망이나 재앙

조아릴**돈**
둔할**둔**
사돈查頓(혼인으로 형성되는 집안간의 관계)　　　두둔斗頓(편들어 줌)
돈수재배 頓首再拜 머리가 땅에 닿도록 두 번 절함
돈오점수 頓悟漸修 단번에 깨달음을 얻고 도를 닦음. 불교의 수행 방식의 하나

모을**취**
취합聚合(모아 합침)　　　취산십춘 聚散十春 친구와 헤어진 지 10년이 넘음

스승**부**
사부師傅(스승)

이을**소**
소개紹介(알려줌)

칡**갈**
갈근葛根(칡 뿌리)　　　갈등葛藤(칡과 등나무, 서로 화합 못함)
하갈동구 夏葛冬裘 여름에는 베옷과 겨울에는 가죽옷. 상황이나 격에 맞음

등나무**등**
갈등葛藤(칡과 등나무, 서로 화합 못함)

재상**재**
재상宰相(총리 급의 고위 관직)　　　반식재상 伴食宰相 자리만 차지한 무능한 신하
주재主宰(도맡아 처리함)

幣	貨幣	紙幣	僞幣

| 欺 | 詐欺 | 欺罔 | |
| | 欺瞞 | 可欺以方 | |

| 遲 | 遲延 | 遲滯 | |
| | 遲刻 | 陵遲處斬 | |

| 蜜 | 蜜蠟 | 蜜語 | 口蜜腹劍 |

| 堤 | 堤防 | 防潮堤 | |
| | 防波堤 | 堤潰蟻穴 | |

| 弘 | 弘報 | 弘益 | 弘益人間 |

| 翁 | 塞翁之馬 | | |

| 怠 | 怠慢 | 過怠料 | 始勤終怠 |
| | 懶怠 | 倦怠 | |

화폐**폐**	화폐貨幣(돈) 지폐紙幣(종이 돈)	위폐僞幣(가짜 돈)

속일**기**	사기詐欺(속임) 기만欺瞞(속임)	기망欺罔(속임) 가기이방 可欺以方 그럴듯한 말로 속일 수 있음

늦을**지**	지연遲延(늦어짐) 지각遲刻(약속된 시각에 늦음)	지체遲滯(늦음) 능지처참 陵遲處斬 머리와 사지를 자르는 극형

꿀**밀**	밀랍蜜蠟(꿀 찌꺼기 기름) 구밀복검 口蜜腹劍 입으로 좋은 말을 하지만 속으로는 해치려고 함	밀어蜜語(남녀간의 달콤한 말)

둑**제**	제방堤防(둑) 방파제防波堤(파도를 막는 둑) 제궤의혈 堤潰蟻穴 큰 둑도 개미구멍에 무너짐. 사소한 것으로도 큰 재난이 옴	방조제防潮堤(밀물을 막는 둑)

클**홍**	홍보弘報(널리 알림) 홍익인간弘益人間 널리 인간 세계를 이롭게 함. 단군의 건국이념	홍익弘益(널리 이롭게 함)

늙은이**옹**	새옹지마 塞翁之馬 세상 일은 어느게 복이고 화인지 알 수 없음. 새옹의 고사

게으를**태**	태만怠慢(게으름) 나태懶怠(게으름) 시근종태 始勤終怠 처음에 일을 시작할 때는 부지런하나 나중에는 게으름을 피움	과태료過怠料(벌로 물리는 돈) 권태倦怠(싫증)

酉	丁酉再亂		

寅	丙寅洋擾		

斯	阿斯達	斯文亂賊	

| 邦 | 聯邦 | 異邦人 | |
| | 友邦 | 東邦 | |

誰	誰怨誰咎		

似	類似	似而非	非夢似夢
	恰似	似是而非	大姦似忠
	近似	似而非者	春來不似春

| 卿 | 樞機卿 | 公卿大夫 | |
| | 卿 | 巨卿之信 | |

且	苟且	且置	且問且答

닭유 **정유재란** 丁酉再亂 1597년 일본이 임진왜란 이후 다시 일으킨 난

범인 **병인양요** 丙寅洋擾 1866년 프랑스 함대가 강화도를 침범한 사건

이사 아사달阿斯達(단군 조선의 도읍)　　　　　　**사문난적** 斯文亂賊 유교를 어지럽히는 글을 쓰는 사람

나라방 연방聯邦(연합 국가)　　　　　　　　　이방인異邦人(외국인, 낯선 사람)
　　　　우방友邦(우호 국가)　　　　　　　　　동방東邦(동쪽 나라)

누구수 **수원수구** 誰怨誰咎 누구를 원망하거나 탓하지 않음

닮을사 유사類似(비슷함)　　　　　　　　　　　근사近似(거의 같음)
　　　　흡사恰似(비슷함)　　　　　　　　　　　사이비似而非(겉보기에는 비슷하나 아주 다름)
　　　　사시이비 似是而非 겉은 옳아 보이나 속은 다름
　　　　사이비자 似而非者 겉보기에는 비슷하나 아주 다른 가짜
　　　　비몽사몽 非夢似夢 꿈인지 생시인지 모르겠음
　　　　대간사충 大姦似忠 악한 사람이 본성을 숨기고 충신인 척 함
　　　　춘래불사춘 春來不似春 봄이 왔지만 봄 같지 않음. 자신의 처지를 비관함

벼슬경 추기경樞機卿(교황의 고문)　　　　　　**공경대부** 公卿大夫 높은 벼슬에 있는 사람
　　　　경卿(고위 귀족)　　　　　　　　　　　**거경지신** 巨卿之信 굳은 약속. 거경의 고사

또차 구차苟且(궁색함)　　　　　　　　　　　**차문차답** 且問且答 다른 사람과 묻고 답하는 상황
　　　　차치且置(내버려둠)

抱	抱負	抱擁	抱腹絕倒
	懷抱	抱主	抱薪救火

眉	眉間	蛾眉	落眉之厄
	眉眉	焦眉之急	
	白眉	擧案齊眉	

絃	絃樂器	伯牙絕絃	

遙	遙遠	前途遼遠	前道遼遠

乃	人乃天

矯	矯導所	矯正	矯枉過正
	矯導官	矯角殺牛	

惟	思惟

辨	辨明	辨別力	菽麥不辨
	辨償	魚魯不辨	

안을포

포부抱負(자신만만한 계획)　　　　포옹抱擁(품에 껴안음)

회포懷抱(품은 생각)　　　　　　　포주抱主(성매매 업주)

포복절도 抱腹絕倒 배를 안고 크게 웃으며 자빠짐

포신구화 抱薪救火 불을 끄려고 뗼감을 안고 불 속으로 감. 멍청하게 자멸함

눈썹미

미간眉間(눈썹 사이)　　　　　　　백미白眉(가장 뛰어남)

두미頭眉(처음과 끝)　　　　　　　아미蛾眉(나방 눈썹. 미인을 의미)

초미지급 焦眉之急 눈썹에 불이 붙음. 매우 다급함

거안제미 擧案齊眉 밥상을 눈 위로 들어올림. 아내가 남편을 공경함

낙미지액 落眉之厄 눈썹에 떨어진 액. 갑자기 당한 재난

줄현

현악기絃樂器(줄을 켜는 악기)　　　　**백아절현** 伯牙絕絃 친한 벗을 잃음

멀요

요원遙遠(까마득함, 불가능함)　　　　**전도요원** 前途遼遠/前道遼遠 앞으로 갈 길이 멂

이에내

인내천人乃天(사람이 곧 하늘임)

바로잡을교

교도소矯導所(죄수를 수용하는 시설)　　　교정矯正(바로잡음)

교도관矯導官(교도소에서 업무를 보는 공무원)

교각살우 矯角殺牛 작은 일로 인해 큰일을 그르침

교왕과정 矯枉過正 잘못을 고치려다 지나쳐 되려 나쁜 결과가 생김

생각할유 사유思惟(생각함)

분별할변

변명辨明(잘못이나 실수에 대하여 핑계를 댐)　　　변별력辨別力(옳고 그름을 판단함)

변상辨償(보상)

어로불변 魚魯不辨 물고기어 자와 노나라 노자를 구분하지 못함. 무식함

숙맥불변 菽麥不辨 콩인지 보리인지 분별하지 못함. 어리석은 사람

囚	罪囚	囚獄	

| 捨 | 取捨 | 捨短取長 | |
| | 取捨選擇 | 捨生取義 | |

| 慘 | 慘憺 | 慘敗 | |
| | 悽慘 | 慘事 | |

| 泣 | 泣訴 | 哭泣 | |
| | 感泣 | 泣斬馬謖 | |

| 墮 | 墮落 | | |

| 貪 | 貪慾 | 小貪大失 | |
| | 貪官 | 貪官汚吏 | |

| 叫 | 絶叫 | 阿鼻叫喚 | |
| | 叫彈 | 叫天呼地 | |

直	直接	愚直	單刀直入
	率直	矯枉過直	枉尺直尋
	正直	不問曲直	以實直告

가둘수	죄수罪囚(죄인)	수옥囚獄(감옥)

버릴사	취사取捨(얻을 건 얻고 버릴 것은 버림) **취사선택** 取捨選擇 쓸 것은 얻고 버릴 것은 버림	**사단취장** 捨短取長 단점은 버리고 장점은 취함 **사생취의** 捨生取義 목숨을 버리고 의리를 쫓음

참혹할참	참담慘憺(끔직하고 절망적임) 처참悽慘(끔찍하고 슬픔)	참패慘敗(크게 패하거나 실패함) 참사慘事(끔찍한 일)

울읍	읍소泣訴(울면서 하소연함) 감읍感泣(감격의 울음) **읍참마속** 泣斬馬謖 울면서 마속을 베어 죽임. 공정성을 위해 사사로운 정을 버림	곡읍哭泣(소리내는 울음)

떨어질타	타락墮落(잘못된 길로 빠짐)

탐낼탐	탐욕貪慾(지나친 욕심) 탐관貪官(부정한 벼슬아치)	**소탐대실** 小貪大失 작은 것을 탐하다가 큰 것을 잃음 **탐관오리** 貪官汚吏 탐욕스러운 비리 벼슬아치

부르짖을 규	절규絶叫(애타게 부르짖음) **아비규환** 阿鼻叫喚 아비지옥과 규환지옥. 매우 비참하고 끔찍한 상황 **규천호지** 叫天呼地 몹시 슬퍼 하늘과 땅에 울부짖음	규탄叫彈(잘못을 따짐)

곧을직	직접直接(바로 연결됨) 솔직率直(거짓 없이 곧음) **교왕과직** 矯枉過直 구부러진 것을 잡으려다 너무 곧게 함. 오히려 일을 그르침 **불문곡직** 不問曲直 옳고 그르고를 따지지 않고 함부로 함 **단도직입** 單刀直入 혼자 칼을 들고 쳐들어감. 요점으로 바로 감 **왕척직심** 枉尺直尋 짧은 것은 굽히고 긴 것을 폄. 작은 것을 희생하고 큰 것을 이익 봄 **이실직고** 以實直告 사실대로 말함	정직正直(거짓 없이 곧음) 우직愚直(어리석고 고지식함)

| 憐 | 憐憫 | 哀憐 | 乞人憐天 |
| | 可憐 | 同病相憐 | |

| 鹿 | 鹿茸 | 指鹿爲馬 | |
| | 白鹿潭 | 中原逐鹿 | |

| 晴 | 晴天 | 晴耕雨讀 | |
| | 快晴 | | |

| 卜 | 卜術 | 占卜 | |

| 畓 | 田畓 | 門前沃畓 | 南田北畓 |

| 涉 | 交涉 | 涉獵 | 幕後交涉 |
| | 干涉 | 無不干涉 | |

| 崩 | 崩壞 | 崩御 | 天崩之痛 |

| 塊 | 金塊 | 銀塊 | |

불쌍히여길 **연**	연민憐憫(불쌍히 여김)	애련哀憐(가엾음)
	가련可憐(가엾음)	
	동병상련 同病相憐 처지가 서로 비슷한 사람끼리 동정함	
	걸인연천 乞人憐天 거지가 하늘을 불쌍히 여김. 주제 넘은 걱정을 함	

사슴녹	녹용鹿茸(사슴 뿔)	白鹿潭백록담(한라산 정상의 호수)
	지록위마 指鹿爲馬 사슴 보고 말이라고 함. 윗사람을 농락하여 권세를 마음대로 함	
	중원축록 中原逐鹿 천하(중원)를 얻으려 여러 나라가 다툼	

갤**청**	청천晴天(맑은 하늘)	쾌청快晴(맑은 하늘)
	청경우독 晴耕雨讀 맑을 땐 밭을 갈고 비가 올 땐 책을 읽음. 삼국지 제갈량의 고사	

점복	복술卜術(점술)	점복占卜(점술)

논**답**	전답田畓(논밭)	
	문전옥답 門前沃畓 집 옆의 좋은 논. 재산이 많음	
	남전북답 南田北畓 흩어져 있는 논밭. 소유한 논밭이 흩어져 있음	

건널**섭**	교섭交涉(의논)	무불간섭 無不干涉 함부로 남의 일에 간섭함
	간섭干涉(참견)	막후교섭 幕後交涉 은밀한 교섭
	섭렵涉獵(책을 많이 읽음)	

무너질**붕**	붕괴崩壞(무너짐)	천붕지통 天崩之痛 임금이나 아버지를 잃은 슬픔
	붕어崩御(임금의 죽음)	

덩어리괴	금괴金塊(금덩이)	은괴銀塊(은덩이)

| 昏 | 昏亂 | 黃昏 | 昏定晨省 |
| | 昏迷 | 昏睡狀態 | 技成眼昏 |

| 妥 | 妥協 | 妥結 | 妥當性 |

| 探 | 探究 | 探索 | 探囊取物 |
| | 探査 | 探花好色 | |

| 險 | 危險 | 冒險 | 乘危涉險 |
| | 保險 | 危險千萬 | |

| 敢 | 果敢 | 勇敢 | 不敢請固所願 |
| | 敢行 | 焉敢生心 | |

| 聽 | 盜聽 | 聽聞會 | 聽而不聞 |
| | 聽取 | 道聽塗說 | |

| 援 | 支援 | 聲援 | 孤立無援 |
| | 援助 | 應援 | 互助互援 |

| 疑 | 嫌疑 | 疑問 | 半信半疑 |
| | 疑惑 | 疑心 | 疑心暗鬼 |

어두울**혼**	혼란昏亂(마음이 어지러움, 정신이 없음)	황혼黃昏(해가 진 후)
	혼미昏迷(정신이 흐림)	혼수상태昏睡狀態(의식이 없음)
	혼정신성 昏定晨省 자식이 부모님께 아침저녁으로 잠자리를 보살핌	
	기성안혼 技成眼昏 재주를 다 배우고 나니 눈이 어두워짐. 늙어서 좋은 기술이 쓸모 없음	

온당할**타**	타협妥協(서로 양보하여 협의함)	타당성妥當性(적절한 성질)
	타결妥結(서로 협의하여 결정함)	

찾을**탐**	탐구探究(깊은 연구)	**탐화호색** 探花好色 여자를 지나치게 밝힘
	탐사探査(자세한 조사)	**탐낭취물** 探囊取物 주머니에 든 물건 꺼내기. 매우 쉬운 일
	탐색探索(샅샅이 찾음)	

험할**험**	위험危險(목숨을 위태롭게 함, 불안전함)	**위험천만** 危險千萬 몹시 위험함
	보험保險(위험에 대한 보상 계약)	**승위섭험** 乘危涉險 위험하고 험난함을 무릅씀
	모험冒險(위험을 무릅씀)	

감히**감**	과감果敢(결단적이고 용감함)	용감勇敢(겁이 없고 기운참)
	감행敢行(과감히 행함)	
	언감생심 焉敢生心 어찌 감히 그런 마음을 품을 수 있으랴	
	불감청고소원 不敢請固所願 감히 청하지는 못하나 간절히 바람	

들을**청**	도청盜聽(엿들음)	**도청도설** 道聽塗說 길거리에 도는 뜬소문
	청취聽取(들음)	**청이불문** 聽而不聞 들리지 않음. 듣고도 못들은 척
	청문회聽聞會(기관에서 증언을 청취함)	

도울**원**	지원支援(도움)	응원應援(힘이 나게 곁에서 성원해줌)
	원조援助(도움)	**고립무원** 孤立無援 고립되어 도움을 받을 곳이 없음
	성원聲援(소리 내어 응원함)	**호조호원** 互助互援 서로 도움

의심할**의**	혐의嫌疑(의심, 싫어함)	의문疑問(의심하여 물음, 의심함)
	의혹疑惑(의심하여 수상히 여김)	의심疑心(미심적음)
	반신반의 半信半疑 거짓인지 참인지 갈피를 못 잡음. 믿음과 의심이 반반임	
	의심암귀 疑心暗鬼 의심하면 마음속에 망상으로 불안함. 선입견이 판단을 흐리게 함	

| 持 | 維持 | 持續 | 倒持太阿 |
| | 支持 | 曠日持久 | |

| 伏 | 降伏 | 伏線 | 哀乞伏乞 |
| | 屈伏 | 伏地不動 | 伏魔殿 |

| 標 | 目標 | 指標 | |
| | 標準 | 標榜 | |

屬	所屬	金屬	耳屬于垣
	繫屬	屬性	猶屬歇后
	直屬	洞洞屬屬	

| 依 | 依賴 | 依支 | |
| | 依存 | 孤立無依 | |

| 私 | 私生活 | 私事 | 滅私奉公 |
| | 私學 | 私淑 | 先公後私 |

| 納 | 納得 | 納品 | 瓜田不納履 |
| | 容納 | 納付 | 開門納賊 |

| 略 | 戰略 | 省略 | 中傷謀略 |
| | 侵略 | 大略 | |

가질**지**	유지維持(지속)	지속持續(계속됨)
	지지支持(버팀, 원조함)	
	광일지구 曠日持久 오랫동안 허송세월 함	
	도지태아 倒持太阿 칼날을 잡고 자루를 남에게 줌. 남을 이롭게 하고 자신이 해를 입음	

엎드릴**복**	항복降伏(굴복함, 복종함)	복선伏線(나중의 일을 미리 넌지시 안배함)
	굴복屈伏(머리 굽혀 엎드림)	
	복지부동 伏地不動 땅에 엎드려 움직이지 않음. 몸을 사림	
	애걸복걸 哀乞伏乞 애처롭게 빌며 요청함	
	복마전 伏魔殿 마귀가 숨은 장소. 음모가 꾸며지는 근거지	

표할**표**	목표目標(목적으로 정한 수준)	지표指標(향방을 나타냄)
	표준標準(정해진 기준이나 규범)	표방標榜(사상적 주의를 앞세움)

무리**속**	소속所屬(어딘가에 속함)	금속金屬(쇠붙이)
	계속繫屬(남의 관리를 받음)	속성屬性(특징이나 성질)
	직속直屬(직접적으로 속함)	
	동동촉촉 洞洞屬屬 공경하고 삼가하여 조심스러움	
	이속우원 耳屬于垣 담장에도 귀가 달렸음. 말조심	
	유속헐후 猶屬歇后 오히려 지금은 쉬웠고 앞으로 더 어려운 일이 있음	

의지할**의**	의뢰依賴(남에게 부탁함, 남에게 의지함)	의지依支(의존함)
	의존依存(의지함)	**고립무의** 孤立無依 외롭고 의지할 곳이 없음

사사**사**	사생활私生活(사사로운 개인의 생활)	사사私事(사사로운 일)
	사학私學(사립 학교)	사숙私淑(직접 가르침 받지 않았지만 본받음)
	멸사봉공 滅私奉公 사를 버리고 공을 위하여 힘씀	
	선공후사 先公後私 공적인 일을 먼저하고 사적인 일을 뒤로 미룸	

들일**납**	납득納得(해석함, 이해함)	납품納品(물건을 줌)
	용납容納(받아들임)	납부納付(공과금 등을 냄)
	과전불납리 瓜田不納履 오이 밭에서 신을 고쳐 신지 않음. 의심 받을 짓은 하지 않음	
	개문납적 開門納賊 문을 열고 도적에게 바침. 스스로 화를 끌어 들임	

간략할**략**	전략戰略(전쟁이나 사회 등의 책략)	생략省略(줄여서 뺌)
	침략侵略(침범)	대략大略(얼추)
	중상모략 中傷謀略 남을 헐뜯거나 해치려 속임수로 일을 꾸밈	

群	群衆	症候群	群鷄一鶴
	群像	拔群	群盲撫象

脫	逸脫	脫出	穎脫而出
	離脫	脫兎之勢	足脫不及

孤	孤立	孤獨	孤立無援
	孤兒	孤掌難鳴	

崇	崇拜	崇禮門
	崇尙	崇德廣業

寄	寄與	寄附	寄與補裨
	寄贈	寄稿	生寄死歸

歡	歡呼	歡迎	滿心歡喜
	歡喜	歡呼雀躍	
	歡心	感謝歡招	

甲	遁甲	回甲	甲男乙女
	還甲	進甲	甲骨文字

卷	壓券	席券	開卷有益
	開券	手不釋卷	

무리군	군중群衆(무리진 사람들)	증후군症候群(불명확한 병적 증상군)
	군상群像(많은 사람들, 여러 모양)	발군拔群(여럿 중에서 뛰어남)
	군계일학 群鷄一鶴 닭 떼 사이의 한 마리 학. 돋보이는 뛰어난 인재	
	군맹무상 群盲撫象 보통사람의 식견이 좁음	

벗을탈	일탈逸脫(일상에서 벗어남)	탈출脫出(빠져나가 도망침)
	이탈離脫(떨어져 나감)	
	탈토지세脫兔之勢 토끼가 우리에서 도망치는 기세	
	영탈이출 穎脫而出 송곳이 주머니를 뚫고 나옴. 뛰어난 재능은 돋보임	
	족탈불급 足脫不及 맨발로도 따라가지 못함. 능력에 뚜렷한 차이가 있음	

외로울고	고립孤立(홀로 갇힘)	고독孤獨(외로움)
	고아孤兒(부모 없는 아이)	
	고장난명 孤掌難鳴 손뼉도 마주쳐야 소리가 남. 협력해야 일이 이루어짐	
	고립무원 孤立無援 고립되어 도움을 받을 곳이 없음	

높을숭	숭배崇拜(공경함)	숭례문崇禮門(남대문)
	숭상崇尙(높이 여김)	숭덕광업 崇德廣業 높은 덕과 큰 사업. 덕과 업을 높임

부칠기	기여寄與(도움을 주어 보탬)	기부寄附(금품을 자선으로 내놓음)
	기증寄贈(금품을 타인에게 줌)	기고寄稿(언론지에 원고를 보냄)
	기여보비 寄與補裨 이바지하여 돕고 부족을 채워줌	
	생기사귀 生寄死歸 산다는 것은 이 세상에 잠시 머물러 있는 것이며 죽는다는 것은 원래대로 되돌아가는 것이라는 말	

기쁠환	환호歡呼(기쁨의 함성)	환심歡心(기쁜 마음)
	환희歡喜(매우 기쁨)	환영歡迎(반갑게 맞이함)
	환호작약 歡呼雀躍 기뻐서 소리치며 날뜀	
	척사환초 慼謝歡招 마음의 슬픔은 없어지고 즐거움만 생김	
	만심환희 滿心歡喜 매우 기뻐함	

갑옷갑	둔갑遁甲(변신술)	회갑回甲(만 60살)
	환갑還甲(만 60살)	진갑進甲(만 61살)
	갑남을녀 甲男乙女 갑이라는 남자와 을이라는 여자. 보통사람들	
	갑골문자 甲骨文字 짐승 뼈에 새긴 중국 고대 문자로 한자의 시초	

책권	압권壓卷(여럿 중 가장 뛰어남)	수불석권 手不釋卷 손에서 책을 놓지 않음. 열심히 공부함
	개권開券(책을 폄)	
	석권席卷(휩쓸어 차지함)	개권유익 開卷有益 책을 펴서 읽으면 유익함

隱	隱蔽	隱退	子爲父隱
	隱匿	惻隱之心	
	隱密	隱忍自重	

| 庫 | 倉庫 | 庫間 | 封庫罷職 |
| | 國庫 | 倉氏庫氏 | |

| 屈 | 屈伏 | 百折不屈 | 不撓不屈 |
| | 屈辱 | 蚯蟺之屈 | |

| 營 | 經營 | 公營 | 憑公營私 |
| | 運營 | 兎營三窟 | |

弟	兄弟	難兄難弟	兄弟鬪墻
	弟子	結義兄弟	兄友弟恭
	師弟	四海兄弟	

| 象 | 對象 | 象徵 | 象牙塔 |
| | 現象 | 抽象 | 有象無象 |

| 績 | 成績 | 業績 | 紡績 |
| | 實績 | 功績 | 考績幽明 |

| 條 | 條件 | 條約 | 友好條約 |
| | 條項 | 金科玉條 | 逐條發明 |

숨을**은**	은폐隱蔽(숨김)
	은닉隱匿(숨김)
	측은지심 惻隱之心 불쌍히 여기는 마음
	은인자중 隱忍自重 괴로움을 참고 몸가짐을 조심함
	자위부은 子爲父隱 자식은 아버지의 나쁜 것을 숨김. 부자간의 천륜

은폐隱蔽(숨김)　은밀隱密(몰래)
은닉隱匿(숨김)　은퇴隱退(물러남)
측은지심 惻隱之心 불쌍히 여기는 마음
은인자중 隱忍自重 괴로움을 참고 몸가짐을 조심함
자위부은 子爲父隱 자식은 아버지의 나쁜 것을 숨김. 부자간의 천륜

숨을**은**
은폐隱蔽(숨김)　은밀隱密(몰래)
은닉隱匿(숨김)　은퇴隱退(물러남)
측은지심 惻隱之心 불쌍히 여기는 마음
은인자중 隱忍自重 괴로움을 참고 몸가짐을 조심함
자위부은 子爲父隱 자식은 아버지의 나쁜 것을 숨김. 부자간의 천륜

곳집**고**
성씨**사**
창고倉庫(물건을 보관하는 건물)　고간庫間(곳간, 창고)
국고國庫(국가 재산을 보관하는 창고, 관리 기관)
창씨고씨 倉氏庫氏 오래도록 변하지 않음. 중국 창씨와 고씨의 고사
봉고파직 封庫罷職 부정을 저지른 관리를 파직시키고 관서고를 잠금

굽힐**굴**
굴복屈伏(항복)　굴욕屈辱(창피를 당함)
백절불굴 百折不屈 백 번 꺾여도 굽히지 않음
척확지굴 尺蠖之屈 자벌레가 몸을 굽히는 것은 전진하기 위함. 훗날을 위해 잠시 굽힘
불요불굴 不撓不屈 한번 결심한 마음이 흔들거리거나 굽힘이 없이 억셈.

경영할**영**
경영經營(사업을 관리하고 운영함)　공영公營(공공이익을 위한 운영)
운영運營(조직을 관리하고 운영함)
토영삼굴 兎營三窟 토끼집은 입구가 세 개. 만일을 대비해 3가지 탈출구를 마련함
빙공영사 憑公營私 공공의 일로 개인의 이익을 취함

아우**제**
형제兄弟(형과 아우, 형제 자매, 동기)　사제師弟(스승과 제자)
제자弟子(스승에게 가르침을 받은 사람)
난형난제 難兄難弟 형인지 아우인지 분간하기 어려움. 우열을 가릴 수 없이 비슷함
결의형제 結義兄弟 남이지만 의형제를 맺음
사해형제 四海兄弟 천하의 사람들이 모두 형제. 누구나 형제처럼 될 수 있음
형제혁장 兄弟鬩墻 형제가 담장 안에서 싸움
형우제공 兄友弟恭 형제간 우애가 깊음

코끼리**상**
대상對象(목표물, 상대)　상징象徵(추상적인 것을 구체적으로 나타낸 것)
현상現象(관찰되는 상태)　추상抽象(막연한 성질)
상아탑 象牙塔 관념적인 학문에 대한 학자들의 심취
유상무상 有象無象 형체가 있는 것과 없는 것. 이 세상 모든 물체

옷감짤**적**
뽑을**적**
성적成績(결과로의 성과)　공적功績(쌓은 성과)
실적實績(실제 이룩한 성과)　방적紡績(섬유를 가공하여 실로 만듦)
업적業績(이룩한 성과)
고적유명 考績幽明 열등한 자는 물리치고 우수한 자는 승진 시킴

가지**조**
조건條件(성립 요건)　금과옥조 金科玉條 몹시 귀중한 법칙이나 규정
조항條項(규정 항목)　우호조약 友好條約 나라 사이에 우호 관계를 맺는 조약
조약條約(나라 간 계약)　축조발명 逐條發明 죄가 없음을 변명함

| 採 | 採擇 | 採取 | 採薪之憂 |
| | 採用 | 採根 | |

| 珍 | 珍貴 | 山海珍味 | 膏粱珍味 |

| 徒 | 信徒 | 家徒壁立 | |
| | 敎徒 | 無爲徒食 | |

| 松 | 松柏 | 歲寒松柏 | 松茂栢悅 |

| 攻 | 攻擊 | 攻勢 | 遠交近攻 |
| | 攻防 | 難攻不落 | |

| 周 | 周邊 | 周旋 | 周遊天下 |
| | 周圍 | 莊周之夢 | |

八	八旬	十中八九	八方美人
	八耋	四通八達	百八煩惱
	七顚八起	二八靑春	

民	國民	白衣民族	惑世誣民
	住民	民族相殘	輔國安民
	庶民	小國寡民	除暴救民
	經世濟民	民貴君輕	

캘채	채택採擇	채취採取(일부분을 떼어 냄)
	채용採用	채근採根(식물의 뿌리를 캠, 독촉함, 원인을 알아냄)
	채신지우 採薪之憂 병들어 나무를 벨 수 없음. 자신의 병을 겸손하게 표현함	

보배진	진귀珍貴(매우 귀중함)	
	산해진미 山海珍味 산과 바다에서 나는 식재료로 만든 맛좋은 음식	
	고량진미 膏粱珍味 기름진 고기와 좋은 곡식으로 만든 음식	

무리도	신도信徒(종교 신자)	교도敎徒(종교 신자)
	가도벽립 家徒壁立 집에 벽만 있고 아무것도 없음. 집안이 가난함	
	무위도식 無爲徒食 하는 일 없이 먹기만 함	

소나무송	송백松柏(소나무와 잣나무)	
	세한송백歲寒松柏 역경 속에서도 변하지 않는 굳은 절개	
	송무백열 松茂栢悅 소나무가 무성해지니 잣나무가 기뻐함. 친구의 출세를 기뻐함	

칠공	공격攻擊(적을 침)	공세攻勢(공격하는 형세)
	공방攻防(공격과 방어)	
	난공불락 難攻不落 공격하기 어려워 함락되지 않는 성. 제갈량의 고사	
	원교근공 遠交近攻 먼 나라와 친교를 맺고 가까운 나라를 공격함	

두루주	주변周邊(둘레, 근처)	주선周旋(일이 풀리게 알선함)
	주위周圍(둘레, 주변)	
	장주지몽 莊周之夢 꿈에서 나비와 자신을 분간 못함. 장자의 고사	
	주유천하 周遊天下 천하를 두루 구경함	

여덟팔	팔순八旬(80살)	팔질八耋(80살)
	칠전팔기 七顚八起 여러 번의 실패에도 다시 일어남	
	십중팔구 十中八九 열 중에 여덟이나 아홉. 거의 대부분	
	사통팔달 四通八達 사방팔방으로 통해 있어 교통이 편리한 위치	
	이팔청춘 二八靑春 열여섯 전후의 젊은 나이	
	팔방미인 八方美人 여러 방면의 일에 두루 능통한 사람	
	백팔번뇌 百八煩惱 불교에서 주장하는 인간의 108가지 번뇌	

백성민	국민國民(국가의 구성원)	서민庶民(평민)
	주민住民(지역 거주민)	
	경세제민 經世濟民 세상을 다스리고 백성을 구제함	
	백의민족 白衣民族 흰 옷을 즐겨 입는 한민족을 의미	
	민족상잔 民族相殘 같은 민족끼리 서로 싸워 죽임	
	소국과민 小國寡民 적은 나라 적은 백성. 노자가 말한 이상 국가	
	민귀군경 民貴君輕 백성이 가장 귀하고 그 다음이 사직(토지신)이고 마지막이 임금임	
	혹세무민 惑世誣民 세상을 어지럽히고 백성을 속임	
	보국안민 輔國安民 국정을 도와 백성을 편안하게 함	
	제폭구민 除暴救民 폭도를 제거하고 백성을 구함	

| 域 | 地域 | 區域 | 領域 |

緣	因緣	學緣	緣木求魚
	地緣	事緣	天生緣分
	結緣	緣故	

評	評價	酷評	過大評價
	批評	群盲評象	
	評論	下馬評	

覺	覺悟	視覺	觸覺
	錯覺	嗅覺	味覺
	覺醒	聽覺	大悟覺醒

| 繼 | 繼續 | 承繼 | 引受引繼 |
| | 繼承 | 中繼 | 繼繼承承 |

| 核 | 核心 | 結核 | 核武器 |

歎	恨歎	嘆息	感歎
	恨嘆	慨歎	痛歎
	歎息	慨嘆	由我之歎

| 革 | 改革 | 革命 | 馬革裹屍 |
| | 革新 | 革罷 | |

지경**역**	지역地域(어떤 범위, 일정한 영역) 구역區域(갈라진 범위)	영역領域(세력권)

인연**연**	인연因緣(사람들 사이의 관계) 지연地緣(고향 선후배 관계) 결연結緣(인연을 맺음) **연목구어 緣木求魚** 나무에 올라 물고기를 구함. 되지 않을 일을 함 **천생연분 天生緣分** 하늘이 맺어 준 깊은 인연	학연學緣(동창, 선후배 관계) 사연事緣(앞 뒤 사정) 연고緣故(이유, 인연)

평할**평**	평가評價(값을 매김, 가치를 평함) 비평批評(좋고 나쁨을 평함) **군맹평상 群盲評象** 여러 맹인이 코끼리를 평함. 좁은 소견으로 잘못된 판단을 함 **하마평 下馬評** 공직자들 인사에 관해 떠도는 풍문 **과대평가 過大評價** 실제 보다 높게 평가함	평론評論(평가하여 논함) 혹평酷評(가혹하게 평가함)

깨달을**각**	각오覺悟(앞으로의 마음의 준비, 깨달음) 착각錯覺(잘못 깨달음) 각성覺醒(정신을 차림, 깨달음) 시각視覺(눈의 감각) 후각嗅覺(냄새를 맡는 감각)	청각聽覺(듣는 감각) 촉각觸覺(만져서 느끼는 감각) 미각味覺(맛을 느끼는 감각) **대오각성 大悟覺醒** 큰 깨달음

이을**계**	계속繼續(이어감) 계승繼承(이어받음) 승계承繼(이어받음)	중계中繼(중간에서 연결하여 이어줌) 인수인계 引受引繼 업무나 물건 등을 넘겨 주고 받음 **계계승승 繼繼承承** 대대로 이어옴

씨**핵**	핵심核心(중심, 중요) 결핵結核(질병)	핵무기核武器(핵폭탄)

탄식할**탄**	한탄恨歎/恨嘆(한숨 쉬며 탄식함) 탄식歎息/嘆息(한탄하여 한숨을 쉼) 개탄慨歎/慨嘆(슬퍼서 탄식함)	감탄感歎(감동하여 칭찬함) 통탄痛歎(매우 탄식함) **유아지탄 由我之歎** 남에게 폐를 끼쳐 탄식함

가죽**혁**	개혁改革(혁신함) 혁신革新(완전히 새롭게 함) **마혁과시 馬革裹屍** 말 가죽으로 자신의 시체를 쌈. 전쟁에 나가 살아 돌아오지 않겠다는 각오	혁명革命(근본적으로 고침, 새로운 것을 새움) 혁파革罷(낡은 것을 개혁함)

堅			
堅固	堅甲	堅如金石
堅持	堅白同異	

混			
混亂	混濁	玉石混淆
混同	混沌	
混線	渾沌	

亂			
混亂	避亂	亂臣賊子
搖亂	紛亂	快刀亂麻
攬亂	一絲不亂	風紀紊亂
淫亂	自中之亂	

儒		
儒敎	焚書坑儒

氏			
姓氏	攝氏	倉氏庫氏
氏族	和氏之璧	

華			
華麗	拈華示衆	華而不實
昇華	拈華微笑	

鑛		
鑛物	炭鑛
鑛石	鎔鑛爐

龍			
恐龍	車水馬龍	臥龍鳳雛
畵龍點睛	龍味鳳湯	登龍門
龍頭蛇尾	龍虎相搏	

굳을견

견고堅固(단단함)
견지堅持(굳게 유지함)
견갑堅甲(단단한 갑옷)
견백동이 堅白同異 궤변. 흰 돌은 만질 때는 단단하고 볼 때는 흰 색이라 서로 다른 것이라는 궤변 논리
견여금석 堅如金石 굳고 단단한 맹세

섞을혼

혼란混亂(어지럽고 질서가 없음)
혼동混同(헷갈림)
혼선混線(줄, 소통, 전파 등이 꼬임)
혼탁混濁(섞여서 흐림)
혼돈混沌/渾沌(불확실하게 어지러운 상태)
옥석혼효 玉石混淆 훌륭한 것과 쓸데없는 것이 뒤섞임

어지러울 난

혼란混亂(어지럽고 질서가 없음)
요란搖亂(떠들썩함)
교란攪亂(혼동시킴)
음란淫亂(성적으로 난잡함)
피란避亂(전쟁, 재해 등의 난리를 피함)
분란紛亂(어수선하고 떠들썩함)
일사불란 一絲不亂 실 한 올도 흐트러지지 않음. 질서가 제대로 잡혀 있음
자중지란 自中之亂 같은 편 끼리의 싸움
난신적자 亂臣賊子 나라를 어지럽히는 신하와 불효하는 자식. 행동이 막된 사람
쾌도난마 快刀亂麻 삼베를 잘 드는 칼로 단번에 자름. 일을 명쾌하게 처리함
풍기문란 風紀紊亂 풍속, 풍습에 대한 규율이 어지러움. 남녀 교제가 무분별함

선비유

유교儒敎(공자의 유학을 닦음)
분서갱유 焚書坑儒 비평을 금하려 책을 태우고 유생들을 생매장함. 진시황의 고사

성씨씨 각시씨

성씨姓氏(이름의 성)
씨족氏族(동일 선조 가족 집단)
섭씨攝氏(온도 단위)
화씨지벽 和氏之璧 천하에서 가장 이름난 옥
창씨고씨 倉氏庫氏 오래도록 변하지 않음. 중국 창씨와 고씨의 고사

빛날화

화려華麗(눈부시게 아름다움)
염화시중 拈華示衆 말이 아닌 마음으로 전함
염화미소 拈華微笑 말이 아닌 마음으로 전함
승화昇華(고체가 기체로 변함)
화이부실 華而不實 꽃은 화려하나 열매가 없음. 언행 불일치. 겉과 달리 실속이 없음

쇳돌광

광물鑛物(땅속에 있는 천연 무기물)
광석鑛石(광물이 섞인 돌)
탄광炭鑛(석탄 광산)
용광로鎔鑛爐(금속을 녹이는 가마)

용용

공룡恐龍(멸종한 파충류 동물)
화룡점정 畵龍點睛 용을 그릴때 마지막으로 눈동자를 그림. 가장 중요한 것을 마무리함
용두사미 龍頭蛇尾 시작만 좋고 나중은 나빠짐
거수마룡 車水馬龍 수레와 말의 움직임이 용처럼 거창함. 행렬이 성대함
용미봉탕 龍味鳳湯 맛이 좋은 음식
용호상박 龍虎相搏 용과 범이 서로 싸움. 강자끼리 싸움
와룡봉추 臥龍鳳雛 용과 봉황의 새끼. 미래의 뛰어난 인재
등용문 登龍門 출세길에 오름

| 降 | 下降 | 霜降 | 降雨量 |
| | 降伏 | 投降 | 降水量 |

寒	大寒	寒心	歲寒孤節
	小寒	脣亡齒寒	貧寒到骨
	寒露	嚴冬雪寒	

告	警告	廣告	出告反面
	申告	告發	以實直告
	報告	告別	

着	執着	定着	矛盾撞着
	癒着	撞着	
	到着	自家撞着	

示	提示	示威	展示
	示唆	擧示	拈華示衆
	指示	示唆	勿祕昭示

| 都 | 都市 | 都大體 | 駙馬都尉 |
| | 首都 | 都賣金 | |

談	會談	街談巷說	奇談怪說
	俗談	談虎虎至	街談巷語
	懇談	閑談屑話	大言壯談

福	幸福	福不福	壽福康寧
	福券	轉禍爲福	
	福祉	吉凶禍福	

내릴**강**	하강下降(떨어짐)	투항投降(항복함)
항복할**항**	항복降伏(굴복함)	강우량降雨量(내린 비의 양)
	상강霜降(24절기)	강수량降水量(내린 비, 눈, 우박의 총량)

차가울**한**	대한大寒(24절기)	한로寒露(24절기)
	소한小寒(24절기)	한심寒心(같잖고 어이없음)
	순망치한 脣亡齒寒 입술을 잃으면 이가 시림. 가까운 이가 망하면 악영향을 받음	
	엄동설한 嚴冬雪寒 눈이 오는 추운 겨울	
	세한고절 歲寒孤節 추운 계절에도 혼자 푸르른 대나무. 겨울	
	빈한도골 貧寒到骨 가난의 추위가 뼛속까지 도달함. 매우 가난함	

고할**고**	경고警告(경계하여 알림)	광고廣告(선전)
	신고申告(위법을 고함)	고발告發(범죄를 신고하여 처벌을 요구함)
	보고報告(알림)	고별告別(이별을 알림)
	출곡반면 出告反面 나갈 때는 부모님께 말하고 들어와서는 얼굴을 보임	
	이실직고 以實直告 사실대로 말함	

붙을**착**	집착執着(매달림)	당착撞着(말, 행동의 앞뒤가 맞지 않음)
	유착癒着(붙어버림, 관계가 깊음)	**자가당착** 自家撞着 언행이 모순됨
	도착到着(목적 지점에 다다름)	**모순당착** 矛盾撞着 앞뒤가 모순됨
	정착定着(자리 잡음)	

보일**시**	제시提示(나타냄)	시사示唆(미리 알려줌)
	시사示唆(암시)	전시展示(여러 것을 늘어놓고 보임)
	지시指示(가리킴)	**염화시중** 拈華示衆 말이 아닌 마음으로 전함
	시위示威(운동)	**물비소시** 勿祕昭示 감춤 없이 밝힘
	거시擧示(구체적 예시를 들어 보임)	

도읍**도**	도시都市(시설, 문화가 집중된 지역)	도매금都賣金(도매가격, 각각 다르지만 대충 같은
	수도首都(서울 같은 도읍)	취급을 받음)
	도대체都大體(도무지)	**부마도위** 駙馬都尉 임금의 사위

말씀**담**	회담會談(모여서 얘기함)	한담설화 閑談屑話 심심풀이로 하는 실없는 말
	속담俗談(격언)	기담괴설 奇談怪說 기이하고 괴상한 이야기
	간담懇談(터놓고 얘기함)	가담항어 街談巷語 거리에서 떠도는 소문
	가담항설 街談巷說 길거리에 떠도는 소문	**대언장담** 大言壯談 주제에 맞지 않은 말을 지껄임
	담호호지 談虎虎至 호랑이를 말하면 호랑이가 옴	

복**복**	행복幸福(좋은 운수, 만족스러움)	전화위복 轉禍爲福 화가 바뀌어 복이 됨
	복권福券(추첨을 통해 뽑는 것)	길흉화복 吉凶禍福 길함, 흉함, 재앙, 복. 사람의 운수
	복지福祉(행복과 이익)	수복강녕 壽福康寧 행복하게 오래살고 몸이 건강함
	복불복福不福(좋고 좋지 않음. 운)	

參		
參與	參	情狀參酌
參席	人參	曾參殺人
參加	紅蔘	
參拜	山蔘	

雄		
英雄	雄辯	命世之雄
雄壯	英雄豪傑	英雄好色

量		
度量	大量	捨量沈舟
力量	自由裁量	車載斗量

調		
調查	調整	同調
調節	強調	

史		
歷史	史記	變遷史

祝		
祝賀	祝祭	祝福

則		
原則	法則	壽則多辱
規則	責人則明	

秋		
秋夕	如三秋	春蛙秋蟬
立秋	一日千秋	萬古千秋
秋分	秋高馬肥	秋月春風
秋毫	秋風落葉	

참여할참 석삼	참여參與(참가하여 관계함) 참석參席(자리에 참여함) 참가參加(참여하거나 가입함) 참배參拜(절하러 감) **정상참작** 情狀參酌 범죄자의 사정을 헤아려 형벌을 줄여줌 **증삼살인** 曾參殺人 거짓말도 반복하면 믿게 됨. 공자의 제자 증삼의 고사	삼參(숫자 3) 인삼人參(약초) 홍삼紅蔘(삼을 찐 것) 산삼山蔘(산에서 자란 삼)
수컷웅	영웅英雄(재능과 담력이 뛰어난 사람) 웅장雄壯(굉장함) 웅변雄辯(화술 있는 힘찬 연설)	**영웅호걸** 英雄豪傑 뛰어난 영웅 **명세지웅** 命世之雄 한 시대를 바로 잡아 구제할 인재 **영웅호색** 英雄好色 영웅은 여자를 밝힘
헤아릴량	도량度量(양을 헤아림, 깊은 마음) 역량力量(능력) **자유재량** 自由裁量 스스로 판단하여 옳다고 믿는 결정을 함 **사량침주** 捨量沈舟 식량을 버리고 배를 침몰 시킴. 목숨 걸고 대처함 **거재두량** 車載斗量 수레에 싣고 한 말로 잰다. 물건이나 인재 등이 널려 귀하지 않음	대량大量(많음)
고를조	조사調査(살펴봄) 조절調節(적당히 조정함, 균형을 잡음) 조정調整(조절)	강조強調(부각시킴) 동조同調(음율이 같음. 의견이 일치됨. 주파수가 일치함)
사기史	역사歷史(과거의 기록) 사기史記(역사책)	변천사變遷史(세월에 따라 변한 역사나 기록)
빌축	축하祝賀(좋은 일을 기뻐하며 인사함) 축제祝祭(축하하는 잔치)	축복祝福(행복을 빎)
법칙칙	원칙原則(근본 법칙) 규칙規則(모두 지키기로 한 질서) **책인즉명** 責人則明 자기의 잘못을 덮어두고 남의 잘못은 들춤 **수즉다욕** 壽則多辱 오래 살수록 망신스러운 일을 많이 겪음	법칙法則(반드시 지켜야 하는 규범)
가을추	추석秋夕(명절) 입추立秋(24절기) **여삼추** 如三秋 하루가 3년 같음 **일일천추** 一日千秋 하루가 천 년 같음 **추고마비** 秋高馬肥 가을이 깊어가니 말이 살찜 **추풍낙엽** 秋風落葉 가을 바람에 낙엽. 세가 기울어짐 **춘와추선** 春蛙秋蟬 봄 개구리와 가을 매미의 울음. 쓸모 없는 언론 **만고천추** 萬古千秋 영원한 세월 **추월춘풍** 秋月春風 가을 달과 봄바람. 흘러가는 세월	추분秋分(24절기) 추호秋毫(가느다란 털, 몹시 작음)

日

日出	親日	此日彼日
日記	日就月將	煙霞日輝
日本	作心三日	
日沒	一日如三秋	

兵

士兵	將兵	富國強兵
兵役	派兵	兵家常事

完

完全	補完	有終完美
完成	完璧	
未完	完全無缺	

板

看板	揭示板	懸板

考

思考	參考	考察
考慮	再考	考案
熟考	考試	默考

己

自己	知彼知己	十年知己
利己	知己之友	

打

打擊	打破	利害打算
毆打	打開	打草驚巳
打撲	一網打盡	打艸驚巳

規

規定	規模
規制	規範

날**일**	일출日出(해돋이)
	일기日記(하루의 기록)
	일본日本(나라)
	일취월장 日就月將 날로 발전하여 나아감
	작심삼일 作心三日 결심한 것이 3일을 못 감. 의지박약
	일일여삼추 一日如三秋 하루가 3년 같음
	차일피일 此日彼日 핑계대며 자꾸 기한을 연기함
	연하일휘 煙霞日輝 안개, 노을, 빛나는 햇살. 아름다운 경치

일몰日沒(해가 짐)
친일親日(일제와 협력하고 추종함)

병사**병**	사병士兵(병사)
	병역兵役(의무 군생활)
	부국강병 富國强兵 부유한 나라와 강한 군대
	병가상사 兵家常事 군대에서 늘 있는 일. 전쟁에서 승패는 늘 있는 일

장병將兵(군인)
파병派兵(군대를 보냄)

완전할**완**	완전完全(부족 없이 갖춤)
	완성完成(완전히 이룸)
	미완未完(다 갖추지 못함)
	보완補完(보충함)

완벽完璧(흠이 없는 구슬, 완전함)
완전무결 完全無缺 결점이나 부족함이 없음
유종완미 有終完美 끝까지 훌륭하게 마무리 함

널빤지**판**	간판看板(눈에 잘 뜨이게 붙인 표지)
	게시판揭示板(알릴 내용을 붙이는 판)

현판懸板(입구에 다는 명판)

생각할**고**	사고思考(생각)
	고려考慮(헤아림)
	숙고熟考(곰곰이 생각함)
	참고參考(도움될 것을 가져다 씀)
	재고再考(다시 생각함)

고시考試(자격시험, 공무원 시험)
고찰考察(잘 생각하고 살핌)
고안考案(새로운 것을 생각함)
묵고默考(마음속으로 생각함)

몸**기**	자기自己(자신)
	이기利己(자기만 생각함)
	지피지기 知彼知己 적을 알고 나를 앎

지기지우 知己之友 서로 뜻이 통하는 친한 친구
십년지기 十年知己 여러 해 친하게 지낸 친구

칠**타**	타격打擊(세게 침)
	구타毆打(때림)
	타박打撲(때림)
	일망타진 一網打盡 한 그물로 다 잡음
	이해타산 利害打算 이해관계를 따져봄
	타초경사 打草驚巳/打艸驚巳 풀 두들겨서 뱀이 놀람. 뜻밖의 결과가 나옴

타파打破(형식을 깸)
타개打開(문제를 잘 처리함)

법**규**	규정規定(규칙을 정함, 정해진 규칙)
	규제規制(규정에 따른 제한)

규모規模(크기나 범위, 본보기)
규범規範(가치 판단의 기준, 본보기)

士	人士	士農工商	士氣衝天
	博士	著名人士	無名之士
	國士無雙	殉國烈士	萬物博士

順	順坦	順位	順從
	順序	順延	
	順理	耳順	

| 屋 | 家屋 | 酒屋 | |
| | 屋上 | 三間草屋 | |

| 充 | 補充 | 充分 | 自充手 |
| | 擴充 | 充實 | 割股充腹 |

| 億 | 億 | 億兆蒼生 | |
| | 億劫 | 億萬之心 | |

賞	受賞	鑑賞	勸賞黜陟
	褒賞	論功行賞	
	懸賞	信賞必罰	

| 店 | 店鋪 | 百貨店 | |
| | 商店 | 木壚酒店 | |

| 格 | 價格 | 嚴格 | 格物致知 |
| | 資格 | 性格 | |

선비사	인사人士(지위가 있는 사람)	순국열사 殉國烈士 나라를 위해 목숨 바친 열사
	박사博士(전문성을 갖춘 학자)	사기충천 士氣衝天 사기가 하늘을 찌를 듯이 높음
	국사무쌍 國士無雙 나라에 둘도 없는 인재	무명지사 無名之士 이름이 알려지지 않은 선비
	사농공상 士農工商 선비, 농부, 장인, 상인의 네 가지 신분	만물박사 萬物博士 다방면에 박식한 사람
	저명인사 著名人士 유명인	

순할순	순탄順坦(순조로움)	순연順延(차례로 연기함)
	순서順序(차례 관계)	이순耳順(60세)
	순리順理(올바른 이치)	순종順從(고분고분 따름)
	순위順位(등수의 순서)	

집옥	가옥家屋(사람이 사는 집)	주옥酒屋(술집)
	옥상屋上(지붕의 위)	삼간초옥 三間草屋 작은 초가집

채울충	보충補充(부족한 것을 보탬)	충분充分(넉넉함)
	확충擴充(넓혀 보충함)	충실充實(실속이 있음, 튼튼함)
	자충수自充手(스스로 벌인 일로 손해를 봄. 바둑에서 유래)	
	할고충복 割股充腹 배고픔을 견디려 허벅지 살을 먹음. 당장을 모면하려는 어리석은 잔꾀	

억억	억億(숫자)	억조창생 億兆蒼生 수 많은 백성
	억겁億劫(오랜 동안)	억만지심 億萬之心 억만 가지 마음

상줄상	수상受賞(상 받음)	현상懸賞(돈을 걸고 모집함)
	포상褒賞(칭찬의 상)	감상鑑賞(즐기고 평가함)
	논공행상 論功行賞 세운 공을 논하여 상을 줌	
	신상필벌 信賞必罰 공이 있으면 상을 주고 죄가 있으면 벌을 줌	
	권상출척 勸賞黜陟 열심히 하면 상을 주고 게을리 하면 내침	

가게점	점포店鋪(가게)	백화점百貨店(대규모 종합 소매점)
	상점商店(물건을 파는 곳)	목로주점 木壚酒店 목로 상을 펼쳐 놓고 술을 파는 주점

격식격	가격價格(물건의 가치)	성격性格(감정적 기질)
	자격資格(갖춤, 신분)	격물치지 格物致知 사물의 이치를 밝혀 지식을 넓힘
	엄격嚴格(엄하고 딱딱함)	

致	拉致	景致	言行一致
	誘致	滿場一致	
	一致	見危致命	

軍	軍隊	獨不將軍	冬將軍
	軍事	凱旋將軍	千軍萬馬
	白衣從軍	孤軍奮鬪	

團	團體	團束	大同團結
	集團	團欒	一致團結
	團地	團聚	

産	財産	産業	無恒産無恒心
	生産	産地	
	不動産	姙産婦	

| 品 | 製品 | 食品 | 天下一品 |
| | 商品 | 物品 | 品行方正 |

| 材 | 素材 | 取材 | |
| | 材料 | 人材 | |

具	道具	具體性	具色親舊
	器具	具現	百態具備
	具備	具顯	具膳飱飯

| 健 | 健康 | 健在 | 實質剛健 |
| | 健全 | 健鬪 | |

이를치	
납치拉致(강제로 데려감)	만장일치 滿場一致 모두의 의견이 일치함
유치誘致(끌어옴)	견위치명 見危致命 나라의 위태로움을 보고 목숨을 바침
일치一致(같음)	언행일치 言行一致 말과 행동이 같음
경치景致(풍경)	

군사군	
군대軍隊(군인 집단)	군사軍事(군과 전쟁에 관한 일)
백의종군 白衣從軍 벼슬 없이 전쟁에 종군함	
독불장군 獨不將軍 혼자서 장군이 될 수 없음. 혼자 잘난체 하다 고립됨	
개선장군 凱旋將軍 싸움에서 이기고 돌아온 장군. 크게 성공해 돌아온 사람	
고군분투 孤軍奮鬪 고립된 군대가 대군을 상대로 싸움	
동장군 冬將軍 겨울의 추위를 인격화함	
천군만마 千軍萬馬 천 명의 군대와 만마리의 말. 대군	

둥글단	
단체團體(조직체)	단란團欒(원만하고 친밀함)
집단集團(떼)	단취團聚(한자리에 모여 화목함)
단지團地(집단 구역)	대동단결 大同團結 많은 사람들이 같은 목적으로 뭉침
단속團束(다잡음, 지키도록 통제함)	일치단결 一致團結 여럿이 뭉쳐 단결함

낳을산	
재산財産(재화와 자산)	산업産業(기업이나 조직, 생산업)
생산生産(물건을 만들어 냄, 자식을 낳음)	산지産地(난 곳)
부동산不動産	임산부姙産婦(임신한 여자와 아이를 낳은 여자)
무항산무항심 無恒産無恒心 일정한 생업이 없으면 올바른 마음가짐도 없음	

물건품	
제품製品(만들어진 물품)	물품物品(값 있는 물건)
상품商品(판매용품)	천하일품 天下一品 세상에서 가장 뛰어난 물건
식품食品(식용 물건)	품행방정 品行方正 행실이 올바름

재목재	
소재素材(재료)	취재取材(조사)
재료材料(물건을 만드는 원료)	인재人材(능력자)

갖출구	
도구道具(여러 연장)	구현具現/具顯(구체적으로 실제로 나타냄)
기구器具(도구, 기계 등, 수단이 되는 세력)	구색친구 具色親舊 다방면의 사람과 널리 사귐
구비具備(빠짐 없이 갖춤)	백태구비 百態具備 온갖 아름다운 자태를 다 갖춤
구체성具體性(자세한 특성)	구선손반 具膳飧飯 반찬을 갖추고 밥을 먹음

굳셀건	
건강健康(튼튼함 또는 그런 상태)	건투健鬪(의지를 굽히지 않고 씩씩하게 잘 싸움)
건전健全(온전하고 착실함)	실질강건實質剛健 꾸밈없이 성실하고 굳건함
건재健在(건강하게 잘 있음)	

| 卓 | 卓越 | 卓上空論 | |
| | 卓上 | 名論卓說 | |

要	必要	要件	不要不急
	要求	主要	要領不得
	需要	重要	

| 遠 | 遠近 | 永遠 | 日暮途遠 |
| | 遠隔 | 遙遠 | |

| 太 | 太陽 | 太平洋 | |
| | 太極旗 | 太古時代 | |

讀	讀書	句讀點	讀書三昧
	精讀	晝耕夜讀	讀書百遍義自見
	讀者	牛耳讀經	
	眈讀	晴耕雨讀	

野	野外	野蠻	野壇法席
	分野	野望	
	與野	家鷄野雉	

牛	折半	半月	一言半句
	半島	夜半逃走	功過相半
	半導體	半面之識	
	半萬年	半信半疑	

目	注目	目睹	目不識丁
	目標	刮目相對	耳聞目見
	目的	耳目口鼻	一目瞭然

높을**탁**	탁월卓越(월등함)	탁상공론 卓上空論 허황된 공상론
	탁상卓上(탁자 위)	명론탁설 名論卓說 이름난 논문과 탁월한 학설

요긴할**요**	필요必要(소용이 있음)	주요主要(주되고 중요함)
	요구要求(달라고 청함)	중요重要(매우 귀하고 중요함)
	수요需要(필요로 하는 욕구)	불요불급 不要不急 필요하지 않고 급하지도 않음
	요건要件(중요한 용건이나 조건)	요령부득 要領不得 말이나 글의 요령을 잡을 수 없음

멀**원**	원근遠近(먼 곳과 가까운 곳)	영원永遠(끝없음)
	원격遠隔(멀리 떨어짐)	요원遙遠(까마득함, 불가능함)
	일모도원 日暮途遠 낡은 저물고 갈 길은 멈. 뜻은 크나 몸은 쇠약함	

클**태**	태양太陽(해)	태평양太平洋(가장 넓은 바다)
	태극기太極旗(대한민국의 국기)	태고시대 太古時代 아주 옛날 선사시대

읽을**독** 구절**두**	독서讀書(책 읽기)	탐독眈讀(열중하여 읽음)
	정독精讀(뜻을 새기며 읽음)	구두점句讀點(마침표)
	독자讀者(읽는 사람)	
	주경야독 晝耕夜讀 낮에는 일하고 밤에는 공부함	
	우이독경 牛耳讀經 소 귀에 경 읽기. 가르쳐도 알아듣지 못함	
	청경우독 晴耕雨讀 맑을 땐 밭을 갈고 비가 올 땐 책을 읽음. 삼국지 제갈량의 고사	
	독서삼매 讀書三昧 오직 책 읽기에만 골몰함. 한 곳에 정신을 집중함	
	독서백편의자현 讀書百遍義自見 어려운 글도 자꾸 읽으면 이해하게 됨	

들**야**	야외野外(집 밖, 들판)	야만野蠻(미개함, 미개 종족)
	분야分野(나뉜 범위나 부분)	야망野望(크게 이루겠다는 포부)
	여야與野(여당과 야당)	
	가계야치 家鷄野雉 집 닭과 밖의 꿩. 자신의 것 보다 남의 것을 귀하게 여김	
	야단법석 野壇法席 야외에서 크게 벌이는 설교 강좌. 몹시 시끄러운 상태	

반**반**	절반折半(50%)	반만년半萬年(5,000년)
	반도半島(삼면이 섬인 육지)	반월半月(반달)
	반도체半導體(도체와 절연체의 중간 물질)	야반도주 夜半逃走 밤중에 몰래 도망감
	반면지식 半面之識 얼굴을 반만 아는 사이. 서로 알아보지만 친하게 지내지는 않는 사이	
	반신반의 半信半疑 거짓인지 참인지 갈피를 못 잡음. 믿음과 의심이 반반임	
	일언반구 一言半句 짧은 한마디	
	공과상반 功過相半 공로와 허물이 반반임	

눈**목**	주목注目(주의함, 시선을 모음)	목적目的(나아가는 방향)
	목표目標(목적으로 도달할 곳)	목도目睹(목격)
	괄목상대 刮目相對 눈을 비비고 상대를 다시 보며 대함. 능력이 갑자기 뛰어나짐	
	이목구비 耳目口鼻 귀, 눈, 입, 코	
	목불식정 目不識丁 낫 놓고 ㄱ자도 모름	
	이문목견 耳聞目見 귀로 듣고 눈으로 봄	
	일목요연 一目瞭然 한 번 보고 확실히 알 만큼 분명함	

急			
緊急	不要不急	急行無善步
急騰	焦眉之急	危急存亡之秋
急增	轍鮒之急	

通			
普通	通話	萬事亨通
交通	融通性	萬病通治
流通	一脈相通	上通下達
通過	無不通知	
通貨	一文不通	

幸			
多幸	不幸	千萬多幸
幸福	幸運	

角			
角度	角逐	互角之勢
視角	矯角殺牛	氷山一角

席			
座席	參席	席藁待罪
出席	首席	坐不安席

計			
計算	計器盤	姑息之計
統計	計數	百計無策
計劃	百年大計	
計量	三十六計	

書			
讀書	書籍	白面書生
書類	焚書坑儒	
文書	家書萬金	

向			
方向	指向	向隅之歎(嘆)
動向	志向	
向上	所向無敵	

급할급	긴급緊急(매우 급함)	급증急增(갑자기 늘어남)
	급등急騰(갑자기 오름)	
	불요불급 不要不急 필요하지 않고 급하지도 않음	
	초미지급 焦眉之急 눈썹에 불이 붙음. 매우 다급함	
	철부지급 轍鮒之急 수레바퀴 자국 속의 붕어. 다급하고 곤궁함	
	급행무선보 急行無善步 급히 가면 잘 걸을 수 없음	
	위급존망지추 危急存亡之秋 나라의 존망이 걸린 상황	

통할통	보통普通(평범함)	일맥상통 一脈相通 서로 통함. 서로 비슷함
	교통交通(오고 감)	무불통지 無不通知 무슨 일이든 모르는 것이 없음
	유통流通(막힘 없이 통함)	일문불통 一文不通 한 글자도 읽지 못함
	통과通過(합격함, 지나서 감)	만사형통 萬事亨通 일이 순탄하게 진행됨
	통화通貨(통용되는 화폐)	만병통치 萬病通治 여러 병에 모두 효과가 있음
	통화通話(대화, 전화 통화)	상통하달 上通下達 윗사람과 아랫사람의 의견이 서로
	융통성融通性(자금을 돌려 씀, 적절히 처리함)	잘 통하고 전해짐

다행행	다행多幸(좋게 됨, 뜻밖에 잘 됨)	행운幸運(좋은 운수)
	행복幸福(좋은 운수, 만족함)	천만다행 千萬多幸 매우 다행임
	불행不幸(행복하지 않음)	

뿔각	각도角度(기울기 각의 크기)	각축角逐(이기려 다툼)
	시각視角(보는 각도)	
	교각살우 矯角殺牛 작은 일로 인해 큰일을 그르침	
	호각지세 互角之勢 서로 막상막	
	빙산일각 氷山一角 물 위에 떠오른 빙산은 일부분에 지나지 않음	

자리석	좌석座席(자리)	수석首席(1등)
	출석出席(참여함)	석고대죄 席藁待罪 자리에 엎드려 빌 주기를 기다림
	참석參席(참여함)	좌불안석 坐不安席 마음이 불편해 가만히 못 있음

셀계	계산計算(수를 헤아림, 값을 지불함, 고려함)	계량計量(수량을 헤아림)
	통계統計(어림 계산, 자료에 대한 수량적 기술)	계기반計器盤(계량기 눈금이 들어 있는 장치)
	계획計劃(구상하여 작정함)	계수計數(수를 셈)
	백년대계 百年大計 백년을 내다 본 큰 계획	
	삼십육계 三十六計 도망이 가장 상책임. 35가지 책략이 안 통하면 36번째 책략인 도망	
	고식지계 姑息之計 당장의 편안을 위한 일시적인 방편	
	백계무책 百計無策 어려운 상황에서 벗어날 대책이 없음	

글서	독서讀書(책 읽기)	문서文書(글이나 기호로 된 기록)
	서류書類(글이나 기호로 된 기록)	서적書籍(책)
	분서갱유 焚書坑儒 비평을 금하려 책을 태우고 유생들을 생매장함. 진시황의 고사	
	가서만금 家書萬金 여행중 집에서 온 편지는 일만금의 가치가 있음	
	백면서생 白面書生 글만 읽고 세상일에 경험이 없는 사람	

향할향	방향方向(향하는 쪽)	지향指向(특정 방향으로 향하게 함)
	동향動向(정세, 현상의 방향)	지향志向(뜻, 관념이 쏠리는 방향)
	향상向上(수준이 나아짐)	
	소향무적 所向無敵 가는 곳마다 대적할 사람이 없음. 세력이 막강함	
	향우지탄 向隅之歎(嘆) 많은 사람들이 즐거워하나 혼자 구석에서 한탄함	

朴

素朴

注

| 注目 | 注意 |
| 注文 | 孤注一擲 |

界

| 世界 | 境界 | 別世界 |
| 限界 | 他界 | 裏面境界 |

庭

| 庭園 | 法庭 |
| 家庭 | 門庭若市 |

石

石油	鑛石	以卵投石
石炭	他山之石	
隕石	一石二鳥	

集

蒐集	雲集	集大成
集團	集中	離合集散
募集	集中豪雨	

殼

| 地殼 | 甲殼類 | 金蟬脫殼 |

合

合意	合邦	阿附迎合
統合	合併	意氣投合
綜合	塵合泰山	合緣奇緣
團合	烏合之卒	知行合一
談合	合縱連橫	

園

| 庭園 | 公園 | 桃園結義 |
| 樂園 | 失樂園 | |

성씨**박**	소박素朴(꾸밈 없음)	

부을**주**	주목注目(주의집중)	주의注意(조심)
	주문注文(부탁, 의뢰)	
	고주일척 孤注一擲 노름으로 계속 잃다가 남은 돈을 모두 걸음	

지경**계**	세계世界(모든 나라, 모든 사회, 영역)	타계他界(죽음)
	한계限界(경계의 범위)	**별세계 別世界** 딴 세상
	경계境界(가장자리)	**이면경계 裏面境界** 내용의 옳고 그름

뜰**정**	정원庭園(뜰)	법정法庭(법과 정치)
	가정家庭(가족 집단)	
	문정약시 門庭若市 대문 안 뜰이 시장판 같음. 집안이 사람으로 북적임	

돌**석**	석유石油(연료용 기름)	운석隕石(땅에 떨어진 별똥)
	석탄石炭(연료용 퇴적암)	광석鑛石(광물이 포함된 돌)
	타산지석 他山之石 남의 허물에서도 배울 것이 있음	
	일석이조 一石二鳥 돌 하나로 새 두마리를 잡음. 한 가지 행동으로 여러 이익을 얻음	
	이란투석 以卵投石 계란을 바위에 던지기	

모을**집**	수집蒐集(재료를 찾아 모음)	집중集中(중심으로 모임)
	집단集團(여럿이 모인 모임)	**집중호우 集中豪雨** 짧은 시간에 집중적으로 내리는 비
	모집募集(널리 알려 선발함)	**집대성 集大成** 훌륭한 것을 모아 하나의 완전한 것으로 만듦
	운집雲集(구름같이 모임)	**이합집산 離合集散** 흩어졌다 모였다, 모였다 흩어졌다 함

| 껍질**각** | 지각地殼(땅 표층부) | 갑각류甲殼類(게나 가재 같은 동물) |
| | **금선탈각 金蟬脫殼** 매미가 허물을 벗음. 급박한 위기 상황에서 허세를 부려 벗어남 | |

합할**합**	합의合意(서로 뜻이 일치함)	담합談合(짜고 입찰함)
	통합統合(여럿을 하나로 합침)	합방合邦(나라를 합침)
	종합綜合(여럿을 하나로 합침)	합병合併(하나로 합침)
	단합團合(단결, 뭉침)	
	진합태산 塵合泰山 티끌 모아 태산	
	오합지졸 烏合之卒 까마귀 무리 같은 병사. 무질서하고 무능한 사람들이 모임	
	합종연횡 合縱連橫 남북으로 합류하고 동서로 연합함. 강적에 대항하기 위해 동맹함	
	아부영합 阿附迎合 줏대 없이 남의 말에 아부함	
	의기투합 意氣投合 서로 마음이 맞음	
	합연기연 合緣奇緣 기묘하게 연결되는 인연	
	지행합일 知行合一 지식은 행동과 일치해야 함	

동산**원**	정원庭園(뜰, 꽃밭)	공원公園(공공의 정원이나 유원지)
	낙원樂園(고통 없이 즐거운 곳)	실낙원失樂園(잃어버린 낙원)
	도원결의 桃園結義 유비, 관우, 장비가 의형제를 맺음. 삼국지의 고사	

晝	晝夜	白晝	不撤晝夜
	晝餐	晝耕夜讀	

孫	孫子	子孫	世世孫孫
	後孫	代代孫孫	子子孫孫

式	方式	樣式	應行格式
	形式	公式	

運	運營	運命	運否天賦
	運用	運動	運七技三

頭	頭痛	擡頭	百尺竿頭
	沒頭	羊頭狗肉	徹頭徹尾
	念頭	去頭截尾	猫頭懸鈴

戰	戰爭	山戰水戰	骨肉相戰
	戰略	百戰百勝	知彼知己百戰不殆
	戰術	百戰老將	連戰連敗
	戰鬪	臨戰無退	連戰連勝
	戰戰兢兢	惡戰苦鬪	鯨戰蝦死

共	共同	共生	天人共怒
	共助	共同體	自他共認
	共通	不共戴天	

낮주	주야晝夜(밤낮)	주경야독 晝耕夜讀 낮에는 일하고 밤에는 공부함
	주찬晝餐(점심 식사)	불철주야 不撤晝夜 밤낮을 가리지 않음
	백주白晝(대낮)	

손자손	손자孫子(자식의 아들)	대대손손 代代孫孫 자손 대대로 이어짐
	후손後孫(여러 세대 후의 자녀)	세세손손 世世孫孫 자손 대대로 이어짐
	자손子孫(자식과 손자)	자자손손 子子孫孫 자손 대대로 이어짐

법식	방식方式(방법이나 형식)	공식公式(틀에 박힌 형식, 공적인 방식)
	형식形式(사물의 외적 모양, 일정한 절차나 원리)	응행격식 應行格式 마땅히 갖출 격식
	양식樣式(자연히 정해진 방식, 독특한 형식, 일정 모양)	

옮길운	운영運營(운용하고 경영함)	운동運動(몸을 움직임, 목적을 이루려는 활동)
	운용運用(부려서 씀)	운부천부 運否天賦 운의 좋고 나쁨은 하늘의 뜻
	운명運命(정해진 것)	운칠기삼 運七技三 운이 칠할이고 재주나 노력이 삼할임. 운의 영향이 큼

머리두	두통頭痛(머리가 아픈 증세)	염두念頭(마음 먹은 것)
	몰두沒頭(정신을 열중함)	대두擡頭(새롭게 나타남, 머리를 듦)
	양두구육 羊頭狗肉 양 머리를 내걸고 개고기를 판매함. 겉과 속이 다름. 말과 행동이 불일치함	
	거두절미 去頭截尾 머리와 꼬리를 자름. 요점만을 말함	
	백척간두 百尺竿頭 백척 높이의 장대 위에 올라섬. 몹시 위태로운 지경에 빠짐	
	철두철미 徹頭徹尾 머리에서 꼬리까지 통함. 처음부터 끝까지 철저함	
	묘두현령 猫頭懸鈴 고양이 목에 방울 달기. 불가능한 탁상공론	

싸움전	전쟁戰爭(국가간의 싸움, 극심한 경쟁을 비유)	전술戰術(싸움의 방법)
	전략戰略(싸움의 계획)	전투戰鬪(무장하여 싸움, 격렬한 활동)
	전전긍긍 戰戰兢兢 매우 두려워하여 겁냄	
	산전수전 山戰水戰 산과 물에서의 전투를 다 겪음. 세상 경험이 많음	
	백전백승 百戰百勝 싸울 때마다 반드시 이김	
	백전노장 百戰老將 많은 싸움을 치른 노련한 장수. 산전수전 다 겪어 능숙한 사람	
	임전무퇴 臨戰無退 싸움에서 물러섬이 없음	
	악전고투 惡戰苦鬪 죽을힘을 다하여 고되게 싸움	
	골육상전 骨肉相戰 혈족 끼리의 싸움	
	지피지기백전불태 知彼知己百戰不殆 적을 알고 나를 알면 100번 싸워도 위태롭지 않음	
	연전연패 連戰連敗 연속해서 패배함	
	연전연승 連戰連勝 싸울 때마다 이김	
	경전하사 鯨戰蝦死 고래 싸움에 새우가 죽는다	

한가지공	공동共同(함께 일을 함, 같은 관계를 가짐)	공생共生(서로 도우며 삶)
	공조共助(목표를 위해 함께 도움)	공동체共同體(운명을 함께 하는 조직체)
	공통共通(두루 통하고 관계됨, 보편적임)	
	불공대천 不共戴天 한 하늘 아래에서 살 수 없는 원수	
	천인공노 天人共怒 하늘과 땅이 함께 분노함. 절대 용서할 수 없음	
	자타공인 自他共認 자신과 남들 모두 인정함	

速

迅速	拙速	欲速不達
速度	速戰速決	

勇

勇氣	匹夫之勇	白衣勇士
勇敢	兼人之勇	
勇猛	勇敢無雙	

方

方向	方針	四方八方
方法	死後藥方文	
方案	天方地軸	

口

人口	緘口無言	一口二言
家口	耳目口鼻	糊口之策
口號	糊口之策	口如懸河
口演	衆口難防	
有口無言	良藥苦口	

川

河川	山川草木	百川學海
開川	晝夜長川	
間歇川泉	名山大川	

祖

祖上	祖國
先祖	祖父母

午

午後	午前	午餐

孝

孝子	孝道	家貧孝子出
孝女	反哺之孝	

빠를속	신속迅速(날쌔고 빠름)	속전속결 速戰速決 싸움을 오래 끌지 않고 빨리 끝냄
	속도速度(나아가는 빠르기)	욕속부달 欲速不達 마음만 급하다고 일이 잘 풀리지 않음
	졸속拙速(엉터리로 빨리 함)	
날랠용	용기勇氣(씩씩한 기개)	용맹勇猛(용감하고 사나움)
	용감勇敢(용기있고 기운참)	
	필부지용 匹夫之勇 깊은 생각 없이 혈기에서 나온 용기. 분별없이 행동함	
	겸인지용 兼人之勇 몇 사람을 능히 당해낼 만한 용기	
	용감무쌍 勇敢無雙 매우 용감함	
	백의용사 白衣勇士 전쟁에서 다친 군인	
모방	방향方向(어떤 곳을 향한 쪽)	방안方案(일을 해결할 방법)
	방법方法(목적을 위한 수단과 방식)	방침方針(앞으로의 계획)
	사후약방문 死後藥方文 죽은 뒤에 약들고 방문함. 다 끝난 후에 대책 세워봐야 소용 없음	
	천방지축 天方地軸 어리석게 허둥댐	
	사방팔방 四方八方 모든 방면	
입구	인구人口(어떤 지역에 사는 사람의 수)	구호口號(간단히 표현한 문구)
	가구家口(집안 사람의 수, 식구)	구연口演(입으로 사연을 말함)
	유구무언 有口無言 입은 있으나 말이 없음. 변명을 못 함	
	함구무언 緘口無言 입을 다물고 아무 말이 없음	
	이목구비 耳目口鼻 귀, 눈, 입, 코	
	호구지책 糊口之策 가난한 살림에서 겨우 살아가는 방책	
	중구난방 衆口難防 여러 사람을 입막음하기 어려움. 여기 저기서 마구 지껄임	
	양약고구 良藥苦口 좋은 약은 입에 씀. 좋은 말은 귀에 거슬림	
	일구이언 一口二言 한 입으로 두말 함	
	호구지책 糊口之策 가난한 살림에서 겨우 살아가는 방책	
	구여현하 口如懸河 입이 급류 같음. 말을 잘 함	
내천	하천河川(강과 시내)	주야장천 晝夜長川 밤낮으로 쉬지 않고 물 흐르듯이 계속됨
	개천開川(시내, 물이 흐르도록 판 내)	명산대천 名山大川 이름난 산과 산천
	간헐천間歇川(泉) (간간이 수증기를 내뿜는 온천)	백천학해 百川學海 모든 개천은 바다를 배움. 사람이 학문을 배우는데 필요한 자세
	산천초목山川草木 산과 물과 나무와 풀	
할아버지 조	조상祖上(집안의 옛 어른)	조국祖國(조상 대대로 살던 나라)
	선조先祖(할아버지 이상의 조상)	조부모祖父母(할아버지와 할머니)
낮오	오후午後(낮 12시부터 밤 12시까지)	오찬午餐(손님에게 대접하는 점심 식사)
	오전午前(밤 12시부터 낮 12시까지)	
효도효	효자孝子(어버이를 잘 섬기는 아들)	반포지효 反哺之孝 자식이 자라서 부모를 봉양함
	효녀孝女(어버이를 잘 섬기는 딸)	가빈효자출 家貧孝子出 가난한 집에서 효자가 나옴. 역경을 겪어야 성실한 사람이 나옴
	효도孝道(부모를 잘 섬기는 도리)	

平	平均	平素	萬事太平
	平和	平坦	無事泰平
	平時	天下太平	兩性平等

手	手帖	手不釋卷	纖纖玉手
	手段	束手無策	空手來空手去
	失手	自手成家	眼高手卑
	袖手傍觀	一舉手一投足	赤手單身

紙	便紙	紙筆硯墨	眼光紙背
	紙幣	白紙狀態	
	白紙張	僞造紙幣	

| 江 | 漢江 | 漢江投石 | |
| | 錦繡江山 | 萬古江山 | |

| 登 | 登載 | 登錄 | 登龍門 |
| | 登校 | 登場 | 登高自卑 |

食	飮食	門前乞食	無爲徒食
	食糧	好衣好食	飯疏食
	食品	弱肉强食	
	三旬九食	粗衣粗食	

入	輸入	購入	負薪入火
	導入	漸入佳境	落張不入
	介入	入山忌虎	

평평할**평**	평균平均(양이 고름, 양의 중간값)	천하태평 天下太平 아주 평안함
	평화平和(평온하고 화목함)	만사태평 萬事太平 어리석어 모든 일에 걱정이 없음
	평시平時(평소)	무사태평 無事泰平 아무 탈 없이 태평함
	평소平素(평상시)	양성평등 兩性平等 남자와 여자가 차별없이 동등함
	평탄平坦(평평, 순탄함)	

손**수**	수첩手帖(기록용 소책자)	실수失手(고의가 아닌 잘못)
	수단手段(목적을 위한 도구)	
	수수방관 袖手傍觀 팔짱을 끼고 방관만 함	
	수불석권 手不釋卷 손에서 책을 놓지 않음. 열심히 공부함	
	속수무책 束手無策 손이 묶인 듯 어찌할 방법이 없음	
	자수성가 自手成家 물려받은 재산이 없는 사람이 자신의 힘으로 한 살림을 이룩함.	
	일거수일투족 一擧手一投足 사소한 동작 하나하나	
	섬섬옥수 纖纖玉手 가냘프고 고운 여자의 손	
	공수래공수거 空手來空手去 빈손으로 왔다 빈손으로 감. 인생이 허무함	
	안고수비 眼高手卑 눈은 높으나 손은 낮음. 이상은 높으나 그에 따른 행동이 미치지 못함	
	적수단신 赤手單身 맨손과 홑몸. 재산도 없고 의지할 곳도 없는 맨몸	

종이**지**	편지便紙(안부를 적은 글)	백지상태 白紙狀態 아무 것도 모르는 상태
	지폐紙幣(종이 돈)	위조지폐 僞造紙幣 가짜 돈
	백지장 白紙張(흰 종이 낱장, 창백한 얼굴)	안광지배 眼光紙背 눈빛이 종이 뒤까지 봄. 독서 이해력이 깊음
	지필연묵 紙筆硯墨 종이, 붓, 벼, 먹	

강**강**	한강漢江(한국의 강)	한강투석 漢江投石 한강에 돌 던지기. 아무리 애를 써도 소용없음
	금수강산 錦繡江山 비단 수 같이 아름다운 강산	만고강산 萬古江山 오랜 세월 변함이 없는 강산

오를**등**	등재登載(책이나 장부에 올라감)	등장登場(나타남)
	등교登校(학교에 출석함)	등용문 登龍門 출세길에 오름
	등록登錄(문서에 올림)	등고자비 登高自卑 무슨 일이든 순서가 있음

밥**식**	음식飮食(먹을거리)	식품食品(음식물)
	식량食糧(먹을거리)	
	삼순구식 三旬九食 한달에 아홉 끼를 먹을 정도로 매우 궁핍함	
	문전걸식 門前乞食 집집마다 다니며 밥을 구걸함	
	호의호식 好衣好食 잘 입고 잘 먹음	
	약육강식 弱肉强食 약자가 강자에게 먹힘	
	조의조식 粗衣粗食 허름한 옷과 변변찮은 음식. 그런 옷을 입고 그런 음식을 먹음	
	무위도식 無爲徒食 하는 일 없이 먹기만 함	
	반소사 飯疏食 거칠고 반찬 없는 차림. 가난한 것이 마음이 편함	

들**입**	수입輸入(외국 물품을 들여옴)	입산기호 入山忌虎 산에 들어가 놓고 범 잡기를 꺼림. 막상 준비되면 도망침
	도입導入(기술이나 물자를 끌어들임)	부신입화 負薪入火 땔감을 지고 불에 뛰어 듦
	개입介入(끼어듦)	낙장불입 落張不入 한번 결정하면 되돌릴 수 없음. 패를 물리지 못하는 도박의 규칙
	구입購入(사들임)	
	점입가경 漸入佳境 갈수록 경치가 더해짐. 점점 더 재미있음	

廟	宗廟	宗廟社稷	

車	車輛	自動車	前車覆轍
	列車	人力車	車水馬龍
	馬車	車馬費	

| 南 | 江南 | 南男北女 | 南柯一夢 |

| 勉 | 勤勉 | 刻苦勉勵 | |

| 整 | 整理 | 調整 | 整備 |

| 篇 | 短篇 | 玉篇 | 千篇一律 |

視	監視	白眼視	巨視
	無視	可視	微視
	度外視	敵對視	
	視角	旣視感	

回	回復	回避	起死回生
	撤回	回甲	回光返照
	挽回	回顧	

| 奏 | 演奏 | 奏效 | 欣奏累遣 |

사당**묘**	종묘宗廟(왕실의 사당)	**종묘사직** 宗廟社稷 왕실과 국가

수레**차** 수레**거**	차량車輛(모든 자동차를 통틀음)	자동차自動車(차)
	열차列車(찻간을 길게 이어 놓은 차량)	인력거人力車(사람이 끄는 수레)
	마차馬車(말이 끄는 수레)	거마비車馬費(교통비)
	전거복철 前車覆轍 앞에 가던 수레가 엎어진 바퀴자국. 앞 사람의 실패를 교훈 삼음	
	거수마룡 車水馬龍 수레와 말의 움직임이 용처럼 거창함. 행렬이 성대함	

남녘**남**	강남江南(강의 남쪽, 남쪽 지방)	
	남남북녀 南男北女 남쪽 지방은 남자가 잘나고 북쪽 지방은 여자가 예쁨	
	남가일몽 南柯一夢 한 때의 헛된 부귀	

힘쓸**면**	근면勤勉(부지런히 노력함)
	각고면려 刻苦勉勵 심신의 고통을 이겨내고 하나의 목표를 향함

가지런할 **정**	정리整理(바로 잡음, 잘 조절함)	정비整備(수리, 정돈)
	조정調整(조절)	

책**편**	단편短篇(짧은 내용의 글)	**천편일률** 千篇一律 비슷하여 특색이 없음
	옥편玉篇(한자의 뜻과 음을 적은 책)	

볼**시**	감시監視(경계하며 미리 실펴 봄)	가시可視(보임)
	무시無視(값어치를 알아주지 않음, 업신여김)	적대시敵對視(적으로 여김)
	도외시度外視(무시함)	기시감旣視感(데자뷰. 언젠가 본 것처럼 느낌)
	시각視角(눈으로 보는 방향)	거시巨視(크게 보고 파악함, 전체적으로 봄)
	백안시白眼視(업신여김)	미시微視(자세하게 보고 파악함, 부분을 세밀하게 봄)

돌아올**회**	회복回復(나빠진 상태를 좋게 되돌림)	회피回避(피함)
	철회撤回(취소, 되돌림, 철거)	회갑回甲(만 60세)
	만회挽回(회복함)	회고回顧(지난 일을 돌이켜 봄)
	기사회생 起死回生 죽을 뻔 했다가 겨우 살아남	
	회광반조 回光返照 해지기 전의 밝아짐. 죽기 전에 기운이 생김	

아뢸**주**	연주演奏(악기를 들려줌)	**흔주누견** 欣奏累遣 기쁨은 알리고 더러움은 보냄
	주효奏效(효과가 있음, 일이 성취됨)	

| 恭 | 恭敬 | 恭遜 | |

| 瓢 | 簞食瓢飮 | 簞瓢陋巷 | 許由掛瓢 |

| 祭 | 祭祀 | 祝祭 | 冠婚喪祭 |

貫	貫通	本貫	首尾一貫
	貫徹	初志一貫	
	一貫	始終一貫	

| 贊 | 贊成 | 贊反 | 贊辭 |

鄕	故鄕	鄕愁	竝州故鄕
	他鄕	歸鄕	鄕閭有禮
	同鄕	錦衣還鄕	

| 銅 | 銅錢 | 靑銅 | |
| | 銅像 | 黃銅 | |

| 顔 | 顔面 | 龍顔 | 破顔大笑 |
| | 顔色 | 厚顔無恥 | 隔歲顔面 |

| 末 | 週末 | 終末 | |
| | 年末 | 强弩之末 | |

| 終 | 最終 | 終末 | 始終一貫 |
| | 終了 | 終熄 | |

공손할**공**	공경恭敬(공손히 섬김)		공손恭遜(공경하며 겸손함)

바가지**표**	단사표음 簞食瓢飮 대그릇의 밥과 표주박의 물. 질 나쁜 음식
	단표누항 簞瓢陋巷 표주박과 누추한 거리. 소박한 시골 생활
	허유괘표 許由掛瓢 속세를 떠나 청렴하게 살아감

제사**제** 나라**채**	제사祭祀(죽은 사람의 넋을 기리는 일)		관혼상제 冠婚喪祭 관례, 혼례, 상례, 제례의 네가지 예
	축제祝祭(축하하는 잔치)		

꿸**관** 당길**만**	관통貫通(꿰뚫어 통함, 처음부터 끝까지 함)		초지일관 初志一貫 처음 것을 끝까지 밀고 나감
	관철貫徹(주장을 밀고 나가 목적을 이룸)		시종일관 始終一貫 처음 것을 끝까지 밀고 나감
	일관一貫(꾸준함)		수미일관 首尾一貫 처음 것을 끝까지 밀고 나감
	본관本貫(시조의 고향)		

도울**찬**	찬성贊成(동의)		찬사贊辭(칭찬의 말)
	찬반贊反(찬성과 반대)		

시골**향**	고향故鄕(자기가 태어난 곳)		향수鄕愁(고향을 그리워함)
	타향他鄕(객지)		귀향歸鄕(고향으로 돌아감)
	동향同鄕(같은 고향)		
	금의환향 錦衣還鄕 비단옷을 입고 고향에 돌아옴. 출세하여 돌아옴		
	병주고향 竝州故鄕 제2의 고향		
	향려유례 鄕閭有禮 사람의 도리를 다 해야 함을 강조		

구리**동**	동전銅錢(구리로 만든 돈)		청동靑銅(구리와 주석의 합금)
	동상銅像(구리로 만든 기념상)		황동黃銅(구리와 아연의 합금)

얼굴**안**	안면顔面(얼굴)		용안龍顔(왕의 얼굴)
	안색顔色(얼굴 빛)		
	후안무치 厚顔無恥 얼굴이 두껍고 부끄러움을 모름. 뻔뻔함		
	파안대소 破顔大笑 얼굴이 찢어지도록 크게 웃음. 매우 재미있음		
	격세안면 隔歲顔面 오랫동안 못 본 얼굴. 만난지 오래됨		

끝**말**	주말週末(한 주의 끝)		종말終末(끝)
	연말年末(한 해의 끝)		
	강노지말 强弩之末 센 화살도 멀리 쏘면 힘이 떨어져 비단을 뚫을 수 없음. 강한 것도 결국 쇠함		

마칠**종**	최종最終(가장 나중)		종식終熄(끝나 없어짐)
	종료終了(끝남)		시종일관 始終一貫 처음과 끝이 같음
	종말終末(끝)